W0376295

LE PLEIN D'AIR ET D'ÉNERGIE !

Ses vallons colorés nous dépaysent, sa gastronomie du terroir nous régale, son architecture nous impressionne, son histoire nous transporte, ses évènements conviviaux nous rassemblent et ses rendez-vous musicaux nous font chanter, danser… Il est sûr que le Gers est le territoire idéal pour les amoureux des choses simples et pour les gourmands de liberté. Un pas dans ces terres de caractère à l'identité forte, où l'air est bon et les sourires sont partout, et vous pourrez profiter instantanément de tous les instants de calme à votre rythme. Surnommé « le Pays du bien-vivre », les Gersois y défendent son agriculture et sa ruralité sa culture et son histoire, sa gastronomie et ses valeurs, tout en faisant rayonner leur attachement à la fête et leur sens du partage. À peine arrivé en terres gersoises, la vue sur les Pyrénées voisines est à couper le souffle, tout comme la sublime cathédrale d'Auch. À travers le territoire, on rencontre d'innombrables châteaux, fermes fortifiées, bastides du XIIIe siècle et abbayes qui plongent les visiteurs dans le Gers d'antan. D'Artagnan est omniprésent, tout comme l'armagnac et ses vignobles. Pour les plaisirs de la table, les producteurs et les restaurateurs locaux font (re) découvrir l'incontournable foie gras, souvent revisité, mais aussi de nombreuses autres spécialités de la gastronomie gersoise. En terrasse de café, au cœur d'Éauze ou Mirande, ou sous les arcades de Montréal-du-Gers, chaque moment de plaisir est le bienvenu. L'atmosphère détendue et les esprits chaleureux donnent envie de participer aux festivals d'été (Jazz in Marciac évidemment, les ferias de Condom et de Vic-Fezensac ou encore Tempo Latino…), de flâner dans les petites cités et de profiter des nombreux marchés de plein vent. Les visiteurs en repartent revigorés, ayant fait le plein d'air, d'énergie et de découvertes.

SOMMAIRE

Fources. © MARTA P. (MILACROFT) - STOCK.ADOBE.COM

Auch. © PECOLD - SHUTTERSTOCK.COM

6 INSPIRER

Des idées de visites, des infos pratiques, des photos hautes en couleur pour vous projeter avec délice dans vos vacances dans le Gers.

21 DÉCOUVRIR

Nos dossiers approfondis vous permettront d'appréhender toutes les facettes du Gers, une région ancrée dans l'histoire et la gastronomie.

57 PAYS D'AUCH

Le Pays d'Auch concentre le meilleur de l'héritage patrimonial et culturel du département et permet de rayonner dans toutes ses zones.

83 ASTARAC

Terre d'origine du plus célèbre des mousquetaires, l'Astarac était un comté florissant au Moyen Âge. Il en a gardé de belles bastides comme Mirande ou Masseube.

105 ARMAGNAC

Avec son paysage de piémont tapissé de vignes, l'Armagnac attire les amateurs de la plus ancienne des eaux-de-vie et d'appellations gouleyantes.

143 SAVE

Si les paysages conservent leur aspect ondulant, en Save, la brique rose remplace la pierre blonde et les églises arborent des clochers octogonaux.

161 LOMAGNE

Qualifiée de « Toscane française », la Lomagne séduit avec ses collines, ses bastides médiévales, sa pierre blonde et sa lumière granuleuse.

183 ORGANISER SON SÉJOUR

Nos bonnes adresses et nos infos utiles pour aborder l'aspect pratique de votre voyage dans le Gers et permettre son organisation en toute sérénité.

Les ruelles d'Auch.

LOT-ET-GARONNE
LANDES
Vers Nérac
LARROQUE-SUR-L'OSSE
Vers Roquefort
Barbotan-les-Thermes
CASTELNAU-D'AUZAN
FOURCÈS
Séviac
MONTRÉAL
CAUSSENS
MAULÉON-D'ARMAGNAC
Cazaubon
D15
LARRESSINGLE
LAGRAULET-DU-GERS
LAURAËT
BÉRAUT
MAGNAN
GONDRIN
Douze
BRETAGNE-D'ARMAGNAC
MOUCHAN
Castex-d'Armagnac
ESTANG
MANSENCÔME
Vers Villeneuve-de-Marsan
LIAS-D'ARMAGNAC
EAUZE
COURRENSAN
Toujouse
PANJAS
BEZOLLES
SALLES-D'ARMAGNAC
Ramouzens
D626
LAUJUZAN
NOULENS
LANNEPAX
Vers Mont-de-Marsan
D32
ARBLADE-LE-HAUT
LE HOUGA
NOGARO
DÉMU
VIC-FEZENSAC
Luppé-Violles
BÉTHOUS
N124
CASTILLON-DEBATS
D931
LANNE-SOUBIRAN
Forêt d'Aignan
D20
PRÉNERON
BARCELONNE-DU-GERS
TERMES-D'ARMAGNAC
AIGNAN
BELMONT
Vers Pau
BAZIAN
Bernède
ST-MONT
RISCLE
LUPIAC
D3
Riberette
RIGUEPEU
Tasque
Ségos
MAUMUSSON-LAGUIAN
COULOUMÉ-MONDEBAT
PEYRUSSE-GRANDE
D939
Cannet
PROJAN
VIELLA
PLAISANCE
Barran
Adour
D946
BASSOUES
Montesquiou
Beaumarchés
Vers Lembeye
ESTIPOUY
D 14
Vers Tarbes
MARCIAC
Pouylebon
SAINT-CHRISTAUD
D3
TILLAC
N21
MIRANDE
PYRÉNÉES- ATLANTIQUES
MIÉLAN
Forêt de Berdoues
Betplan
Laguian
VILLECOMTAL-SUR-ARROS
ST-MICHEL
Vers Bayonne
Vers Tarbes
MONTÉGUT-ARROS
Basse-Darré
HAUTES- PYRÉNÉES

Autoroute
Nationale 4 voies
Nationale
Départementale
Ville
Sortie d'autoroute
Forêt domaniale
TARN-ET-GARONNE
HAUTE-GARONNE
Bordeaux
Autoroute A62
Vers Agen
Vers Valence
Vers Toulouse
Vers Montauban
Vers Grenade
Vers Muret
Vers Lannemezan
N21
N124
N117
D166
D23
D40
D241
D155
D654
D928
D12
D4
D149
D626
D632
D634
D27
D929
Gers
Arrats
Save
FLAMARENS
Ste-Mère
MIRADOUX
ROMIEU
SAINT-AVIT-FRANDAT
Marsolan
PLIEUX
LECTOURE
MAUROUX
TERRAUBE
CASTELNAU-D'ARBIEU
SAINT-CLAR
AVEZAN
TOURNECOUPE
ST-PUY
URDENS
RÉJAUMONT
Pessoulens
Estramiac
FLEURANCE
Céran
BAJONNETTE
SOLOMIAC
Miramont-Latour
GOUTZ
MONFORT
Lavardens
SARRANT
Peyrusse-Massas
PUYCASQUIER
St-Lary
Castillon-Massas
MAUVEZIN
COLOGNE
Roquelaure
PREIGNAN
TOUGET
Duran
Montaut-les-Créneaux
St-Cricq
Thoux
AUCH
MONTÉGUT
SAINTE-MARIE
CLERMONT-SAVÈS
GIMONT
PESSAN
AUBIET
L'ISLE-JOURDAIN
SÉGOUFIELLE
Pavie
LASSEUBE-PROPRE
MONFERRAN-SAVÈS
AURADÉ
Lasséran
Castelnau-Barbarens
ENDOUFIELLE
PUJAUDRAN
CAZAUX-SAVÈS
BOULAUR
Noilhan
Polastron
ORNÉZAN
SARAMON
SAMATAN
SEYSSES-SAVÈS
NIZAS
SEISSAN
MONCORNEIL-GRAZAN
MONTAMAT
SIMORRE
LOMBEZ
MONTÉGUT-SAVÈS
SABAILLAN
PUYLAUSIC
MASSEUBE
Villefranche
MONTADET
Garravet
LAYMONT
CADEILLAN
Espaon
PANASSAC
BÉZUES-BAJON
ARROUÈDE
SAINT-BLANCARD
MONT-D'ASTARAC
15 KM

QUAND Y ALLER

JANVIER

1° / 11°

FÉVRIER

1° / 12°

MARS

3° / 15°

SAINT-MONT, VIGNOBLE EN FÊTE
(SAINT-MONT)

© JAMES - STOCK.ADOBE.COM

Les villages de l'appellation Saint-Mont font découvrir leur vin autour d'activités originales et festives.

JUILLET

15° / 28°

NUITS MUSICALES EN ARMAGNAC
(LECTOURE)
Ce festival majeur dédié à la musique classique et au chant lyrique prend possession des plus belles églises du Gers.

JAZZ IN MARCIAC
(MARCIAC)
Le plus célèbre des festivals gersois se consacre au jazz et propose toujours des affiches étourdissantes.

AOÛT

15° / 29°

FESTIVAL D'ASTRONOMIE
(FLEURANCE)
Hubert Reeves est un intervenant régulier de ce festival fleurantin qui se plante le nez dans les cieux étoilés du Gers.

LES GASCONNADES
(LECTOURE)
A Lectoure, la culture folklorique gasconne s'exprime en danses, jeux et chants traditionnels le dernier week-end d'août.

SEPTEMBRE

12° / 25°

FESTIVAL SAM'AFRICA
(SAMATAN)
Festival autour de la culture africaine avec des concerts gratuits, des jeux sportifs traditionnels et de nombreuses animations.

GRAND PRIX DE NOGARO
(NOGARO)
Formule Renault, F3, mais aussi voitures anciennes se retrouvent à Nogaro pour un week-end à fond de train.

Le Gers offre un climat doux toute l'année. Les belles journées arrivent dès avril, même si elles peuvent se montrer fraîches. Les étés sont ensoleillés, avec peu de précipitations. Mais il peut faire très chaud, avec au moins un épisode caniculaire durant l'été. Le thermomètre dépasse alors allègrement les 35 °C. L'arrière-saison est sans aucun doute la plus agréable et un moment de choix pour randonner. Les hivers sont pluvieux et gris, les épisodes neigeux ou de gel restent rares.

AVRIL

6° / 17°

WELCOME IN TZIGANIE
(SEISSAN)
Le petit village de Seissan se mobilise tous les ans pour partager la mélancolie et la joie des musiques tziganes.

$

MAI

10° / 22°

FERIA DE PENTECÔTE
(VIC-FEZENSAC)
Pendant 3 jours, Vic-Fezensac vit au rythme de la tradition taurine et mêle spectacle des arènes à celui de la rue.

FESTIVAL DES BANDAS
(CONDOM)
Grand rassemblement de cuivres et percussions avec défilés de bandas, course landaise et nombreuses animations dans les rues.

$

JUIN

13° / 26°

ÉCLATS DE VOIX
(PREIGNAN)
Les plus grandes voix du monde lancent la saison estivale sur une des plus petites scènes de France à Preignan.

$ $

OCTOBRE

8° / 20°

LA RONDE DES FOIES GRAS
(MAUVEZIN)
Les cours de fermes autour de Mauvezin accueillent coureurs et cyclistes pour une course-dégustation de foie gras.

CLASSIC FESTIVAL
(NOGARO)
Festival de voitures anciennes avec une grande exposition, une bourse d'échange, une parade et des animations aux bodégas.

$

NOVEMBRE

4° / 14°

GASCONH'À TABLE
(SAMATAN)
Salon et exposition des producteurs locaux, concours de foie gras, démonstrations culinaires, bals et danses traditionnelles.

FESTIVAL DU COURT MÉTRAGE
(AUCH)
Festival au cœur d'Auch présentant de nombreux courts métrages et mettant en avant l'accès pour tous à la culture et au cinéma.

$

DÉCEMBRE

2° / 11°

LA FLAMME DE L'ARMAGNAC
(MONTRÉAL)
Fête de l'armagnac où les producteurs proposent des visites de chais, des dégustations et des repas festifs au cœur du domaine.

$

LES BONNES RAISONS D'Y ALLER

© ELUSA

LA VILLA GALLO-ROMAINE DE SÉVIAC

S'émerveiller devant les mosaïques conservées de cette vaste demeure du Ve siècle.

LE VILLAGE FORTIFIÉ DE LARRESSINGLE

Comprendre ce qu'est une bastide en flânant dans ce petit village.

© MILACROFT - SHUTTERSTOCK.COM

© BERNARD GIRARDIN - STOCK.ADOBE.COM

LECTOURE

Se joindre aux 200 000 visiteurs annuels en quête des témoignages médiévaux de la ville.

MARCIAC, SUR UN AIR DE JAZZ

Vibrer et swinguer au festival Jazz in Marciac, l'un des plus réputés au monde.

LA COLLÉGIALE DE LA ROMIEU

Arpenter le cloître gothique et grimper au sommet de la tour pour admirer la campagne.

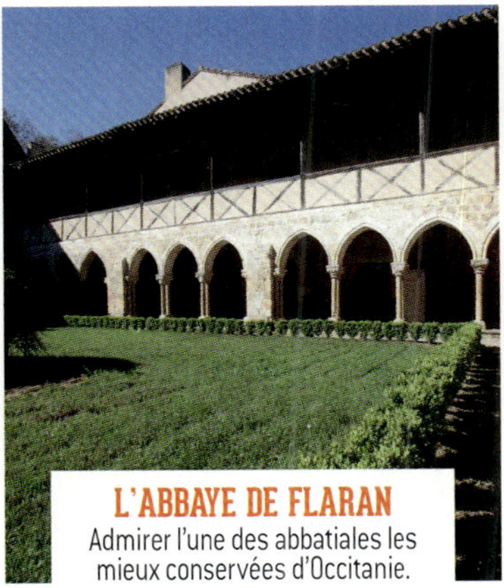

L'ABBAYE DE FLARAN

Admirer l'une des abbatiales les mieux conservées d'Occitanie.

LA GASTRONOMIE

Goûter au foie gras, au magret, au tourin, aux merveilles et autres délices typiques.

LES BONNES RAISONS D'Y ALLER

LA DOUCEUR DE VIVRE

Paysages, patrimoine, grand air et bonne chère... : un bonheur nature !

© MARC ANDREU - STOCK.ADOBE.COM

© BARMALINI - SHUTTERSTOCK.COM

L'ARMAGNAC

Humer les éthers du plus ancien distillat de France dans les chais d'Eauze et de Condom.

© PASCAL MOULIN - STOCK.ADOBE.COM

LES CHEMINS DE SAINT-JACQUES

Flâner ou randonner en compagnie des pèlerins dans des paysages inondés de lumière.

LES 12 MOTS-CLÉS

AÉRONAUTIQUE

À Auch et à l'est du département se développe un nouvel écosystème. Équipementiers ou sous-traitants aéronautiques choisissent le Gers pour installer leurs usines, qui viennent alimenter le géant Airbus voisin. Les entreprises spécialisées se sont démultipliées en une dizaine d'années pour devenir la deuxième force industrielle du département.

AGRICULTURE

Les tournesols tapissent les vallées en éventail au nord, tandis que les maïs s'abreuvent aux gaves pyrénéens au sud. En été, les parcelles forment un patchwork coloré comme une toile de Van Gogh. Responsables, les agriculteurs gersois sont de plus en plus nombreux à opérer une conversion biologique. En plus d'être beau, le Gers est souvent bio.

© VOUVRAYSAN - SHUTTERSTOCK.COM

BASTIDE

En Occitanie, la bastide est une ville neuve construite selon un plan orthogonal, autour d'une place centrale entourée d'arcades. Elle remonte à une période comprise entre 1222 et 1373, qui correspond à un grand essor démographique et urbain. La bastide répond à un projet politique original, basé sur l'égalité et l'autonomie des habitants.

CANARD

Il est sans conteste le roi de la gastronomie gasconne. Les Gersois, ces fins cuisiniers, sont passés maître dans l'art d'en préparer tous les morceaux. Cou farci, foies en terrine, pâté, saucisse et saucisson, manchons confits, magret poêlé ou séché, aiguillettes rôties, bouillon de carcasse, fritons de graisse, cœurs en persillade... À table !

CÔTES-DE-GASCOGNE

L'IGP côtes-de-gascogne est l'une des appellations les plus célèbres du Gers. Les vignobles, plantés à l'ouest et au nord du département, débordent sur les Landes et le Lot-et-Garonne. Les vins blancs, vifs et souvent teintés de notes de fruits exotiques, dominent la production et sont aussi les premiers de leur catégorie à l'export en France.

GASCON

Le Gersois se sent d'abord gascon. Son territoire s'étend du sud de la Garonne aux Pyrénées, à l'exception du Pays Basque. La Gascogne est tombée entre les mains du Duc d'Aquitaine en 1063. Du coup, certains pensent que le Gascon est passéiste. D'autres admirent la ténacité de ce peuple qui a réussi à préserver sa culture au fil des siècles.

GLORIA

Terre catholique, traversée par des chemins de pèlerinage, le Gers compte cinq cathédrales : Auch et ses vitraux majestueux, Lectoure et sa tour-clocher, Condom et son chœur imposant, Eauze tout en élévation, Lombez et sa double nef. Presque toutes ont été construites sur les vestiges d'églises très anciennes pouvant remonter au IIIe siècle.

© RYSAN - SHUTTERSTOCK.COM

MARCHÉ AU GRAS

De novembre à mars, cinq bourgades accueillent un marché au gras : Eauze, Fleurance, Seissan, Gimont et Samatan. Les producteurs locaux se rassemblent sous la halle pour proposer foies frais et carcasses de canard gras. Les locaux viennent de bonne heure pour se procurer les plus beaux foies, qu'il faut choisir ni trop fermes, ni trop souples.

LES 12
MOTS-CLÉS

RANDONNÉE

Avec son relief tout en rondeur, le Gers fait l'éloge de la lenteur. Il se découvre à pied ou à vélo. Empruntant les deux chemins de pèlerinage pour Saint-Jacques-de-Compostelle, les randonneurs pédestres s'y retrouvent nombreux du printemps à l'automne. Les routes peu fréquentées et les parcours VTT en font aussi un paradis pour les cyclistes.

THERMALISME

De Barbotan-les-Thermes, Castéra-Verduzan et Lectoure jaillissent des eaux fumantes dont les vertus sont souvent connues depuis l'Antiquité. Ces stations se transforment aujourd'hui pour accueillir des personnes en quête de détente. Cures thermales mais aussi massages bien-être, spa, piscines couvertes permettent de se créer un cocon de douceur.

RUGBY

Un bon Gersois plaque, botte, cadre, déborde, aplatit. Dès leur plus jeune âge, garçons et filles apprivoisent le ballon ovale. Chaque village dispose de son terrain et vit au rythme des feuilles de match. Pendant le Tournoi des Six Nations, les cafés se remplissent et tout le monde se retrouve pour hisser l'équipe aux portes de la gloire.

© GABRIEL-M - ISTOCKPHOTO.COM

TOSCANE FRANÇAISE

Région de piémont, le Gers est parcouru de collines ondulantes que de fiers cyprès agrémentent de loin en loin. C'est sans doute pour cette raison que Stendhal avait qualifié la Lomagne de « Toscane française ». Ou est-ce grâce à la ville de Fleurance ? Son fondateur, Eustache de Beaumarchais, l'a ainsi baptisée en hommage à la ville de Florence.

© ELODIEHX - STOCK.ADOBE.COM

VOUS ÊTES D'ICI, SI...

- **Vous saluez votre interlocuteur d'un *adishatz*** prononcé de façon forte et fière. Le terme occitan sert aussi bien à dire bonjour qu'au revoir.
- **Vous avez le sens de la fête** : après l'entraînement de rugby, pendant le match de rugby (à la télé), après le match de rugby, à la Saint-Martin, à la Saint-Jean, à la Sainte-Marie, à la Saint-Glinglin... toutes les occasions sont bonnes pour se retrouver, boire un verre, chanter et danser.
- **Vous aimez encore mieux faire la fête** entre hommes, si vous êtes un homme, entre femmes, si vous êtes une femme. Mais on vous rassure, tout le monde se retrouve à l'occasion des fêtes de village ou de famille.
- **Vous aimez les bizarreries culinaires**. Cœur de canard, cou de canard, béret (panse de porc), poumon de porc font les délices des gastronomes gersois.
- **Vous avez plus de 100 ans**. Le Gers est le troisième département français en nombre de centenaires et le deuxième département où l'on vit le plus vieux, avec une espérance de vie de 82,6 ans. Le Gers conserve.

INTERVIEW

MON GERS

AVEC SAMANTHA ROCHER, AUTEURE DU GUIDE

Qu'est-ce qui vous a mené dans le Gers ?

Mon parcours atypique m'a conduit dans le Gers un peu par hasard. Je suis originaire d'un petit village en Aveyron et après avoir beaucoup voyagé à travers le monde, après quelques années passées à Toulouse, j'ai finalement posé mes valises dans les Landes.

Le Gers, j'y passe donc constamment lorsque je navigue entre l'Aveyron, Toulouse et les Landes.

Je m'y arrête constamment pour mes pauses déjeuner, pour mes pauses cafés et j'aime prendre les routes les plus bucoliques pour y découvrir toujours plus de nouveaux paysages.

Qu'est-ce qui vous rattache alors au Gers ?

J'ai grandi dans un environnement et des coutumes très similaires à celles que l'on retrouve dans le Gers. Les Gersois et moi, on a de nombreux points communs ; on partage l'amour de la gastronomie, des traditions, de la préservation de notre patrimoine et de la nature. J'aime me retrouver dans ces petits villages qui défendent leurs couleurs locales et où la vie est simple, paisible.

Quels sont vos endroits préférés dans le Gers ?

Il y de nombreux endroits que j'aime particulièrement dans le Gers. D'abord, le village d'Éauze et ses sublimes maisons à colombages. Ensuite, Marciac et surtout son incroyable ambiance lors du festival de jazz. Et puis, il y a la cathédrale d'Auch, incontournable mais si grandiose qui m'émeut à chaque fois, par son envergure.

Mais ce que j'aime particulièrement, ce sont les levers et les couchers de soleil qui embellissent les collines et les vallons, sur lesquels on peut admirer de nombreux animaux sauvages en pleine nature ; biches, chevreuils, renards, rapaces…

S'il ne fallait retenir qu'un bon conseil pour découvrir ces terres d'Armagnac, quel serait-il ?

N'hésitez pas à aller à la rencontre des acteurs locaux et des producteurs ! Ils seront ravis de partager leur passion pour leur territoire et leur savoir-faire. Vous serez toujours chaleureusement accueilli !

TOP 5

SE RESTAURER

Avec son climat généreux, le Gers donne des produits gastronomiques en abondance. La jeune génération de chefs s'en empare pour dépoussiérer le patrimoine culinaire gascon empreint d'une certaine rusticité. Vous passerez à leurs tables des instants de grâce et de bonheur décomplexés.

© AURÉLIE BROCARDO

AUBERGE LE FLORIDA 80

Castéra-Verduzan
Le chef du Florida réinvente avec respect et audace les produits du terroir, en toute saison. Grande table du Gers !

LA FALÈNE BLEUE 124

EN PHOTO

Lannepax
Installée à Lannepax, la Falène Bleue déplace les foules tant pour son cadre charmant que sa cuisine inventive.

LA TABLE D'OLIVIER 160

Samatan
La Table d'Olivier est une perle rare ! Le chef propose ici une cuisine de très haute volée à des prix résolument accessibles.

JEFF ENVOIE DU BOIS !!! 70

Auch
Dans ce restaurant au décor chic et urbain, vous découvrirez une cuisine raffinée et très inventive, autour de produits locaux et de saison.

RACINE 176

Lectoure
Lionel et Laurence vous accueillent dans ce petit bistro gastronomique de Lectoure et vous proposent des plats à la durée de vie limitée à huit jours.

TOP 5

SE LOGER

Pas facile d'effectuer une sélection des meilleurs hébergements tant ils sont de qualité dans le Gers. Hôtel classique, chambre d'hôte de luxe, cabanes perchées dans les arbres, demeure d'exception ou ancien monastère, voici quelques propositions qui se distinguent par leur charme.

© LA MAISON D'AUX

LA MAISON D'AUX

La Romieu
La Maison d'Aux est une maison d'hôte au charme exceptionnel, nichée au cœur du merveilleux village médiéval de La Romieu.

© DOMAINE D'ESCAPA

DOMAINE D'ESCAPA

Mirande
Roulottes, cabanes perchées, cubes d'observation des étoiles séduiront les amateurs d'hébergement insolite dans un parc de 40 ha.

© EGI – STOCK.ADOBE.COM

HÔTEL-RESTAURANT HENRI IV

Eauze
Situé sur une petite place cachée, l'hôtel propose dix chambres dotées de tout le confort nécessaire pour un séjour au calme.

© BRUNO CASASSUS

HÔTEL DE FRANCE

Auch
Cette vénérable institution auscitaine, ancien relais de poste du XVIIIe siècle, est sans aucun doute le plus bel hôtel du Gers.

MONASTERE DE SAINT-MONT

Saint-Mont
Un ancien monastère transformé en hôtel de luxe, table gastronomique et Spa, au milieu des vignes de l'Armagnac. Qui dit mieux ?

© MICHEL CAROSSIO

TOP 5

ACTIVITES

Puisque le bonheur est dans le pré, il est temps de s'y promener pour aller le chercher. Randonnée sur les chemins de Saint-Jacques-de-Compostelle, vélo sur une voie ferrée désaffectée, atelier de marionnettes et chasse au trésor, les activités sont pensées pour être pratiquées en famille.

ABBAYE DE FLARAN

Valence-sur-Baïse
Certainement l'une des plus belles abbayes cisterciennes qui abrite une collection unique de 300 chefs-d'œuvre de l'art européen.

© PERNELLE VOYAGE - STOCK.ADOBE.COM

128

© B. DELFINO

148

MUSÉE EUROPÉEN D'ART CAMPANAIRE

L'Isle-Jourdain
Si vous visitez l'Isle-Jourdain sans vous arrêter à son musée d'art campanaire, vous risquez de vous faire sonner les cloches !

VÉLORAIL DE L'ARMAGNAC

Nogaro
Une sortie en famille, à vélo et sans risque ? C'est possible grâce aux draisines installées sur l'ancienne voie ferrée de Nogaro.

© OFFICE DE TOURISME DE NOGARO EN ARMAGNAC – JEAN-PAUL CAMPISTRON

122

CHEMIN DE SAINT JACQUES DE COMPOSTELLE

Lectoure
Saviez-vous que le tronçon jacquaire entre Lectoure et Condom était classé au Patrimoine mondial de l'humanité par l'UNESCO ?

© ANDRES VICTORERO - ISTOCKPHOTO.COM

178

© ELUSA

132

VILLA GALLO-ROMAINE DE SEVIAC

Montréal
De cette ancienne villa gallo-romaine du IVe siècle de 6 500 m^{2}, les archéologues ont mis au jour de somptueuses mosaïques. A voir à Montréal !

IDÉES DE SÉJOUR

Territoire méconnu, le Gers regorge de plaisirs à dénicher aux détours de petites routes qui montent et descendent en épousant sa géographie. Vous découvrirez une constellation de villages hors du temps, dominés par le clocher de leur église, agencés autour de leur place centrale et de leur halle. Ces ensembles architecturaux témoignent d'un développement conséquent au Moyen Âge. De nombreuses bastides, des châteaux intimidants, des abbayes et des cathédrales surgissent au milieu de nulle part. Aux champs de tournesols ou de maïs succèdent les vignes qui produisent de plaisants côtes-de-gascogne et armagnacs. L'ensemble est baigné d'une lumière enchanteresse qui ravira les amateurs de photographie. Avec ses nombreux chemins de randonnée dont deux GR qui mènent à Compostelle, le Gers est aussi idéal pour une découverte au rythme introspectif de la marche. À pied, à cheval ou en voiture, le Gers exhale un parfum de douce France.

RANDO EN GASCOGNE TOULOUSAINE

Sur une petite semaine, nous vous proposons un circuit d'une centaine de kilomètres, de l'Isle-Jourdain à Marciac, en passant par la capitale gersoise. Enfilez vos chaussures de randonnée, et partez à la découverte lente de la Gascogne toulousaine.

› Jour 1 - L'Isle-Jourdain

Le TER en provenance de Toulouse vous dépose aux abords de l'Isle-Jourdain (p.147). 15 minutes de marche suffisent pour gagner le centre. Vous pouvez visiter la Maison Claude Augé et sa très belle verrière Art déco, ainsi que le musée européen d'Art campanaire dédié aux cloches et carillons.

› Jour 2 - Jusqu'à Gimont

22,2 km. Faites tamponner votre crédencial à la Collégiale Saint-Martin et admirez son impressionnant clocher du XIVe siècle. Il est temps d'entamer votre randonnée en empruntant le GR653 ou Via Tolosa. Vous mettez vos pas dans ceux de nombreux pèlerins comme en atteste la statue surmontant le portail de l'église de Monferran-Savès. Si vos pieds vous portent encore, vous pouvez visiter le Conservatoire de la vie agricole et rurale d'autrefois en atteignant Gimont (p.153). Nuit à Gimont.

Auch.

› Jour 3 - Jusqu'à Auch

30 km. En quittant Gimont (p.153), ne manquez pas de vous arrêter à la très jolie chapelle Notre-Dame-de-Cahuzac, un des plus anciens lieux de pèlerinage en Gascogne. La tour crénelée du château de Montégut vous indique qu'Auch ★★★ (p.60) est toute proche. Nuit à Auch.

› Jour 4 - À Auch

Après la longue journée de marche de la veille, offrez-vous une journée de pause pour visiter la capitale du Gers ★★★. Si vous résidez dans la ville basse, empruntez les pousterles pour gagner la ville haute. Faites un détour par la Maison Henri IV (p.62) et son escalier monumental (p.60) avant de gagner la cathédrale Sainte-Marie et son trésor abrité dans la Tour d'Armagnac.

En redescendant de la ville, ne manquez surtout pas le très beau musée des Amériques aux Jacobins, la deuxième collection d'art précolombien après le musée Branly, à Paris. Nuit à Auch ★★★ (p.60).

› Jour 5 - Jusqu'à l'Isle-de-Noé

22,8 km. Vous enfilez vos chaussures de marche pour prendre la direction de l'Isle-de-Noé. Le chemin, très vallonné, vous offre de beaux panoramas sur des paysages bucoliques. Le village de Barran vous permet d'apprécier la régularité des bastides gersoises. C'est aussi la dernière bastide du Gers ★★★ à avoir conservé sa tour-porte. Pour dîner, le château de l'Isle-de-Noé vous accueille dans son restaurant.

› Jour 6 - Arrivée à Marciac

30 km. Pour cette dernière étape, ne manquez pas le beau point de vue qu'offre Montesquiou perché au sommet d'une colline. L'église Saint-Christophe de Saint-Christaud (p.92) vous impressionne par sa force implacable. Enfin, vous atteignez Marciac ★ (p.94). Si vous y passez en dehors du festival, le musée Les Territoires du Jazz célèbrera en fanfare la fin de votre randonnée.

LA ROUTE DES VINS DU GERS

Partez à la découverte de la terre des Côtes-de-Gascogne sur un circuit de cinq jours, de Lectoure à Auch.

› Jour 1 - Lectoure

Débutez votre périple à Lectoure ★★ (p.172) et rendez-vous au Domaine d'Arton, sur la route de Miradoux (p.182). Passez la journée et la nuit en ville, en visitant notamment la Maison de la Photographie, le Musée archéologique et ses autels tauroboliques et en flânant chez les nombreux antiquaires.

› Jour 2 - Condom et Montréal

Direction Condom ★★ (p.136) et le musée de l'Armagnac qui vous enseignera les bases de cette eau-de-vie très ancienne. Visitez la maison Ryst-Dupeyron hébergée dans l'hôtel de Cugnac. Route vers Montréal en faisant un détour par le charmant village de Larressingle (p.129). Faites une halte au Domaine de Pellehaut, une des belles signatures gersoises. Nuit à Montréal.

Eauze.

› Jour 3 - Eauze

Visite de la villa gallo-romaine de Séviac et route vers **Eauze** ★ (p.109). Vous pénétrez au cœur des terres des côtes-de-gascogne. Les domaines sont nombreux dans la région. Pour vous changer les papilles, vous pouvez visiter Lactalium Vodka, une vodka élaborée avec du lait. Nuit à Eauze.

› Jour 4 - Cap à l'ouest

Rendez-vous à la lisière des Landes. Les domaines d'armagnac y sont nombreux entre **Eauze** ★ (p.109) et **Le Houga** (p.123). Piquez vers **Nogaro** (p.120) pour déjeuner et rendez-vous à la cave Vins chez Moi aux belles références. **Saint-Mont** (p.103) et ses très vieilles vignes vous retiendra pour l'après-midi. Nuit au monastère de Saint-Mont.

› Jour 5 - Auch

Route vers **Auch** ★★★ (p.60), en passant par **Vic-Fezensac** ★ (p.80) et Saint-Jean-Poutge. Visite du formidable Domaine Herrebouc, une des références les plus intéressantes en côtes-de-gascogne.

Arrivé à Auch, gagnez la ville haute, où se trouvent les incontournables de la capitale gersoise. La cathédrale bien sûr et son Trésor, mais aussi le formidable musée des Amériques ou l'excellent musée de la Résistance et de la Déportation. Terminez par un dîner fin à l'Hôtel de France, ancienne maison Daguin. Nuit à Auch.

LES PLUS BEAUX VILLAGES DU GERS

Le Gers ★★★ compte six villages recensés dans le classement des « plus beaux villages de France ». Situés dans le nord du département, ils peuvent être visités à l'occasion d'un circuit de 2 jours.

› Jour 1 - De Fourcès à Condom

Partez de **Fourcès** (p.135) au nord-ouest du Gers ★★★. Les maisons s'égrènent telles les perles d'un collier encadrant la place centrale. Prenez la route pour **Montréal** (p.131), première bastide du Gers fondée en 1255. Sa place carrée, en arcade est typique de la région. **Larressingle** (p.129) à l'atmosphère des plus médiévales vous attend derrière son mur de fortification. Vous pouvez passer la nuit à **Condom** ★★ (p.136) ou dans ses environs.

› Jour 2 - De Romieu à Sarrant

La Romieu ★★ (p.178) et sa Collégiale marquent la première étape de la journée. La légende d'Angéline et ses chats vous feront traverser le village. Une trentaine de kilomètres vous séparent de **Lavardens** (p.79) et son château imposant, digne des contes de fées. Enfin, les petites routes du Gers ★★★ vous conduiront à **Sarrant** (p.169), qui vous rappellera **Fourcès** (p.135) par sa forme. Ne manquez pas de prendre un thé en feuilletant un livre dans l'excellente librairie Des Livres et Vous. Vous êtes aux portes de la Haute-Garonne et pouvez poursuivre votre route vers Toulouse ou Montauban.

La bastide de Fourcès.

DÉCOUVRIR

Il émerge de ce paysage de piémont une identité culturelle forte intimement liée à son histoire. Nés de la formation des Pyrénées, les collines et vallons du Gers ont très tôt été habités. Les Romains amènent avec eux la culture de la vigne et la méthode de conservation du confit. Les Vascons importent leurs traditions, leur langue et l'alambic. Les guerres d'unification de la France dessinent un territoire de châteaux et de villages fortifiés. Les Guerres de Religion laissent un pays exsangue et balafré. Il faut attendre le XIXe siècle pour que le Gers s'engage sur un chemin apaisé. L'ancienne Gascogne cultive ses terres fertiles, élève des oies et des canards et veille sur ses fûts d'Armagnac. Elle fait perdurer son folklore joyeux et sa langue chantante à l'occasion de festivals animés. Mais elle offre aussi un visage pastoral et bucolique que le cinéaste Étienne Chatiliez a ainsi résumé : « Le bonheur est dans le pré. »

ARMAGNAC

Considérée comme la plus ancienne eau-de-vie française, l'armagnac serait né il y a 700 ans dans les monastères de Gascogne. L'aygue ardente, ou « eau de feu », était élaborée par les religieux à des fins médicinales. Le négoce de l'armagnac ne débute qu'au XVe siècle pour atteindre son apogée au XIXe siècle. Les vignobles dévalent les pentes des coteaux de cet ancien fief du Moyen Âge, divisé en trois terroirs distincts : Bas-Armagnac, Armagnac-Ténarèze et Haut-Armagnac. Les 14 000 hectares de vignes façonnent une grande partie du Gers et débordent légèrement sur les Landes et le Lot-et-Garonne. 682 producteurs élèvent l'armagnac en fûts de chêne de façon artisanale, les meilleures bouteilles pouvant atteindre plusieurs milliers d'euros. Les éthers subtils de cet alcool puissant sont le fruit d'un savoir-faire unique : c'est à ce titre que l'armagnac figure à l'inventaire du patrimoine culturel immatériel de France.

Aux origines

L'armagnac n'aurait peut-être jamais vu le jour sans un savant brassage culturel. Il est communément admis que les Celtes, les Romains et les Vascons ont permis, sans le savoir, l'élaboration de cette eau-de-vie très ancienne. Les premiers ont inventé le fût de bois cintré à chaud. Il permettait la conservation de la cervoise et le transport de liquides comme l'eau potable. Les deuxièmes, en envahissant la Gaule aquitaine en 56 av. J.-C., nous ont laissé la culture de la vigne en héritage. Les troisièmes, peuple ibère aux racines ancrées dans les Pyrénées méridionales, entrent en conflit à de nombreuses reprises avec les Wisigoths et les Francs dès le Ve siècle. L'expansion du califat omeyyade dans la péninsule ibérique au début du VIIIe siècle pousse les Vascons à occuper le sud de l'Aquitaine. Ils amènent avec eux une invention arabe des plus intrigantes : l'alambic. Les Gascons disposent désormais de tout le nécessaire pour mettre au point l'armagnac, et même son nom. Le chevalier Herreman, compagnon de Clovis, se voit octroyer un fief dans le Sud-Ouest vers l'an 500. Son nom est latinisé en « Arminius » qui deviendra Armagnac en gascon. Au Moyen Âge, nombreux sont les alchimistes en quête d'un élixir de longue vie, qu'ils espèrent obtenir par distillation de boissons fermentées. Mais il faut attendre 1310 et la plume fertile de Maître Vital Dufour, prieur d'Eauze et de Saint-Mont, pour rapporter les bienfaits d'une aygue ardente concoctée maison. Il rapporte dans son manuscrit en latin « Pour garder la santé et rester en bonne forme » que son eau-de-vie compte 40 vertus thérapeutiques. Parmi celles-ci, « *elle cuit un œuf, les viandes cuites ou crues, elle les conserve. [...] Elle aiguise l'esprit si on en prend avec modération, [...] rend l'homme joyeux au-dessus de tout, conserve la jeunesse et retarde*

Vignes aux alentours de Bourrouillan, Bas Armagnac.

© VOUVRAYSAN - SHUTTERSTOCK.COM

Fûts d'Armagnac.

la sénilité. » L'armagnac ne se consomme pas encore, mais il est utilisé en gargarismes pour lutter contre la toux, la fièvre ou encore la surdité. Son haut degré d'alcool permet de désinfecter les plaies. Il se commercialise comme potion médicinale et le succès est tel que les Cadets de Gascogne s'en procurent avant de monter au front contre les Anglais en 1429. Les alambics se multiplient en Gascogne. L'essor véritable de l'eau-de-vie comme boisson débute au XVIIe siècle. Les Hollandais se montrent friands de vins venus de France. Les Anglais présents en Aquitaine interdisent le transport du vin, mais pas celui de l'alcool. Par conséquent, les Hollandais font remonter de nombreuses barriques d'armagnac par voie fluviale. Le métier de bouilleur de cru fait son apparition pour pourvoir à la demande. Au XVIIIe siècle, l'armagnac fait son apparition comme digestif sur la table du roi Louis XV. Un siècle plus tard, en 1857, le terroir de production est officiellement délimité et il compte plus de 100 000 hectares de vignes. Le phylloxera porte un coup d'arrêt brutal à la production d'armagnac à la fin du XIXe siècle. Le puceron dévaste le vignoble en moins de 3 ans, à l'exception du Bas-Armagnac naturellement protégé par son sol sablonneux. Une loi de 1909 élargit l'aire de production et crée un cahier des charges encadré par l'INAO, destiné à mettre fin aux fraudes. L'eau-de-vie obtient l'AOC en 1936 et le Bureau National Interprofessionnel de l'Armagnac (BNIA) voit le jour sous Vichy.

Les cépages de l'Armagnac

L'armagnac est réalisé à partir de vins blancs distillés vieillis en fût de chêne. Le décret de Fallières du 25 mai 1909 qui délimite le territoire de production fixe l'encépagement. Il faut replanter la vigne après la terrible attaque du phylloxera et 10 cépages sont retenus. Au fil des vendanges, des assemblages et des modes, les viticulteurs n'en retiennent que 4 : l'ugni blanc, la folle blanche, le colombard et le baco 22 A. Ces raisins ont pour avantage commun de se montrer résistants et d'offrir des rendements appréciables. L'ugni blanc emporte les suffrages avec 55 % des surfaces plantées. Le cépage d'origine toscane offre un rendement de 100 à 150 hectolitres à l'hectare et délivre des notes fines et légères une fois distillé. La folle blanche est le cépage emblématique de l'Armagnac. Venu des Charentes, il est mieux connu sous le nom de gros plant en pays nantais et se fait surnommer *piquepoult* en gascon. Il était le cépage phare avant la dévastation des vignes par le phylloxera. Aujourd'hui il ne représente plus que 5 % à 8 % des surfaces cultivées. Sa fragilité et sa faible résistance au gel en font un cépage délaissé par les vignerons, même s'il reste apprécié pour ses arômes floraux délicats. Le colombard, un autre cépage venu de Charente et très dominant dans la production de cognac, est largement cultivé, mais surtout commercialisé en vin blanc sec. Il dégage des notes épicées, une belle rondeur, mais ne produit que rarement des armagnacs monocépages. Enfin, le baco 22 A est né de l'hybridation de la folle blanche et du noah. En 1898, un instituteur landais, François Baco, entreprend des greffes de cépages français sur des pieds de vignes américains. Il sauve ainsi et relance la production armagnacaise. De ses 6000 essais, il retient le 22e pied de la rangée A, qui semble se plaire dans les sols sablonneux du Bas-Armagnac. Le baco résiste bien au mildiou, à l'oïdium et au gel. Controversé par sa nature hybride, il est interdit en 1992, mais vite réintégré au cahier des charges de l'INAO. Ses propriétés permettent de réduire l'usage intensif de produits phytosanitaires. Le baco représente aujourd'hui 30 % des surfaces plantées en Armagnac.

© F. IREN & C. PINHEIRA - AUTHOR'S IMAGE

L'armagnac.

Les secrets de fabrication

L'élaboration de l'armagnac suit un processus long et technique. Les raisins sont récoltés en septembre, éraflés, puis pressés. Les jus sont vinifiés sans ajout de sucre ou de soufre. Les lies, levures contenues dans le raisin, vont transformer le sucre en alcool et apporter de la rondeur à l'eau-de-vie. La distillation peut commencer 10 jours après la fermentation et doit impérativement être achevée le 31 mars suivant la vendange. L'hiver, les alambics chauffent à plein et les bouilleurs de cru n'ont que peu le temps de dormir. Ils obtiennent 15 à 20 litres d'armagnac avec 100 litres de vin blanc. L'alambic armagnacais breveté en 1818 permet une distillation en continu. Il est constitué de deux tours en cuivre. La première comprend une cuve de charge dans laquelle le vin est versé. Celle-ci surmonte le réfrigérant traversé par un serpentin qui permet de condenser les vapeurs d'alcool. Le vin entre dans le réfrigérant par le bas et circule autour du serpentin. En remplissant la tour, il se réchauffe au contact du serpentin, avant de se déverser dans la seconde tour. Un tuyau le conduit au sommet de la tour de chauffe. Le vin descend dans la chaudière où il sera mis à bouillir en traversant une série de plateaux. Les vapeurs d'alcool remontent en gouttelettes dans le corps de chauffe. Elles se chargent des arômes du vin en traversant les plateaux. Un col de cygne transfère les gouttelettes vers le serpentin réfrigérant. La condensation s'opère et une pièce d'armagnac, ou fût, attend le précieux distillat à la sortie du serpentin. Si le gaz est de plus en plus utilisé pour la régularité de sa flamme, certains préfèrent la traditionnelle chauffe au bois. Celle-ci nécessite une grande maîtrise technique et plusieurs essences sont utilisées pour garantir une flamme régulière. À la sortie de l'alambic, l'eau-de-vie est incolore. Elle prend sa couleur ambrée après un vieillissement en fût de chêne de 420 litres. Surveillé comme le lait sur le feu, l'armagnac est régulièrement dégusté au cours de cette période qui dure d'un an à... l'infini. Cela permet de procéder aux assemblages nécessaires et de transférer l'eau-de-vie d'une barrique neuve à un fût ancien au moment opportun. L'armagnac retire des fûts neufs les tanins du bois et les notes vanillées ; des fûts ancien la douceur. Les assemblages de cépages ou de millésimes permettent d'obtenir le « goût maison ». L'année renseignée sur un flacon d'armagnac est toujours la plus récente. Une fois mis en bouteille, l'armagnac ne vieillit plus. Il est alors commercialisé sous diverses dénominations qui correspondent à la durée de vieillissement. Le V.S. (*Very Special*) correspond à un assemblage de millésimes dont le plus jeune a au moins un an ; le V.S.O.P (*Very Special Old Pale*) correspond à un assemblage qui a passé au moins quatre ans en fût de chêne ; le X.O (*Extra Old*) et Hors d'Âge ont vieilli au moins 10 ans en fûts dans l'ombre des chais.

L'art de la dégustation

L'eau-de-vie complexe qu'est l'armagnac se déguste en verre ballon ou tulipe, pour des arômes plus concentrés. Il est inutile de chauffer le verre dans le creux de la main, mais ceux qui redoutent le feu de l'aygue ardente ajoutent une cuillère d'eau fraîche pour faire ressortir les saveurs et diminuer les éthers. Il est également conseillé de le servir 10 à 15 minutes avant de le déguster, afin de lui permettre de s'ouvrir. L'armagnac se boit traditionnellement en digestif et s'accompagne à merveille d'un carré de chocolat noir ou d'un cigare. Les plus audacieux n'hésitent pas à servir un armagnac jeune en apéritif ou un Hors d'Âge sur du fromage. Selon l'assemblage, le millésime et le producteur, l'eau ambrée révèlera des notes de fruits frais ou confits, de fleurs (lilas, violette, rose...), d'épices (vanille, poivre, réglisse...), de cacao, de tabac ou encore de cuir. Il faut dans un premier temps faire tourner le breuvage dans le verre pour en tapisser les parois. L'armagnac se déguste d'abord par le nez, sans trop rapprocher le verre, sous peine de s'anesthésier. Les notes les plus volatiles se dégagent. Dans un troisième temps, le verre se porte à la bouche en prenant soin de saliver avant de faire couler le liquide sur la pointe de la langue. Cela a pour effet de diminuer la sensation de feu de la première gorgée. Plus les notes sont longues en bouches, meilleur est l'armagnac. Dans tous les cas, il doit être dégusté avec parcimonie.

GÉOGRAPHIE

Véritable balcon sur les Pyrénées, le Gers offre ces paysages sereins, ouverts et vallonnés, assez différents de ceux des départements voisins. Nés de la collision de plaques continentales, collines et côteaux bosselés s'égrènent sur un axe nord-sud, suivant d'innombrables lignes de crête parallèles. Au creux des vallons, rivières et ruisseaux s'écoulent paresseusement, renforçant l'impression de carte postale bucolique. Avec une surface de 6 257 km² et 191 819 habitants, le Gers affiche l'une des plus faibles densités de peuplement de France. Le maintien de la population s'avère fragile et le solde démographique est proche de zéro. Les statistiques montrent une croissance de seulement 1 400 habitants par an, assurée par les néo-ruraux. Du haut de son plateau calcaire, Auch, la capitale, veille sur la destinée administrative du département. Essentiellement agricole, le territoire gersois a su tirer parti d'une terre modérément fertile.

Un paysage vallonné

Entre vallée de la Garonne et plateau de Lannemezan, le Gers est enchâssé au cœur du Sud-Ouest gascon. Il est délimité par le Lot-et-Garonne au nord, le Tarn-et-Garonne et la Haute-Garonne à l'est, les Hautes-Pyrénées et les Pyrénées-Atlantiques au sud et les Landes à l'ouest. Sa préfecture, Auch, épinglée au centre de son territoire, compte plus de 22 000 habitants, soit un peu plus de 10 % de la population du département. Dans les mentalités locales, le territoire se divise en deux parties : l'Armagnac et le reste. Si cette scission peut s'expliquer sur un plan historique ou culturel – en Armagnac, une culture unique de la vigne sur le territoire d'un ancien état féodal –, elle n'a aucune légitimité sur le plan géologique ou géographique. Comme se plaît à le décrire Gustave Laurent dans les *Annales de Géographies* de 1911, « l'ensemble du paysage gascon est d'une douceur profonde, d'un calme pénétrant dans sa monotonie même. [...] L'aspect uniforme de l'Armagnac et du Gers gascon est dû essentiellement à la constitution géologique du sol. » À l'époque du Crétacé, tandis que la plaque océanique s'ouvre pour former le golfe de Gascogne, la plaque tectonique ibérique commence une lente rotation vers le sud-est et vient s'encastrer dans la plaque eurasienne pour former les Pyrénées. Le tapis gersois se gondole pour former de douces vallées suivant un axe nord-sud. À l'époque du Miocène, la mer se retire des Landes et les marais agenais s'assèchent, laissant place à des marnes calcaires, des molasses, et des sables quartzeux à l'ouest. Le sol gersois se divise en deux grandes catégories : les « terres fortes » et les « boulbènes ». Les premières, calcaires, se trouvent plutôt au sommet des collines et sur leurs flancs est, tandis que les secondes, à la couleur blanchâtre, moins fertiles, se concentrent dans les fonds de vallons et à l'ouest des côteaux. Il en résulte une végétation naturelle et une agriculture différentes. Bruyères, bouleaux et vigne s'épanouissent dans le quart nord-ouest qui correspond à l'Armagnac. Gaude ou réséda des teinturiers, genêt, petit chardon affectionnent les terres fortes où l'on cultive maïs, soja et tournesol. Les quelques plateaux karstiques cachent des grottes propices à la spéléologie, comme la grotte de Buguet à Bazian ou celle du Sinaï à Gazaupouy qui peuvent être explorées avec le GAS ou le Spéléo Club de Gascogne. Ces rares cavités calcaires et chambres profondes doivent être explorées avec une personne expérimentée, car elles sont « en perte », c'est-à-dire traversées par des rivières souterraines.

© PHILIPPEGRAILLEPHOTO - STOCK.ADOBE.COM

Paysage des environs de Saint-Puy.

© DBEGIR - SHUTTERSTOCK.COM

Auch, traversé par le Gers.

Un territoire façonné par les cours d'eau

L'eau est un des grands facteurs modelant du Gers. Le département tient son nom de la rivière qui la traverse du sud au nord. Elle prend sa source sur le plateau de Lannemezan dans les Hautes-Pyrénées et se déverse dans la Garonne au sud d'Agen. Elle n'est qu'une parmi tant d'autres. Le territoire gersois est parcouru de rivières, aux sources pyrénéennes, qui remontent vers la Garonne à l'est et au nord, ou vers l'Adour à l'ouest. La Baïse, la Save, l'Osse, l'Arrats, la Gimone, l'Arros sont autant de cours d'eau qui forment des vallées peu encaissées sur un axe nord-sud. Un seul fleuve traverse le Gers : l'Adour, qui serpente au sud-ouest du département et qui peut notamment être découvert à pied ou en VTT en suivant « le Sentier de l'Adour ». Un réseau de ruisseaux secondaires vient nourrir avec parcimonie les cours principaux. En survolant une carte hydrologique du Gers, on s'aperçoit que les cours principaux dessinent un large éventail, tandis que le réseau secondaire vient tisser une toile assez dense. Sur papier, le territoire semble arrosé de manière généreuse, mais la réalité du terrain est tout autre. Le débit est souvent modeste et nombre de ruisseaux ne sont qu'un enchaînement de flaques à peine traversées par un léger courant. Le poète romain Venatius Fortunatus décrivait ainsi le Gers dans les années 550 : « Le Gers se traîne à grand peine, aussi languissant que ses poissons qui meurent sur le sable. » Néanmoins, les cours d'eau ont été aménagés pour limiter les effets dévastateurs des crues dans les plaines et les fonds de vallées. Seules de rares portions sont navigables, comme celle de la Baïse entre Valence-sur-Baïse et Saint-Léger en Lot-et-Garonne. Il est possible de louer une péniche pour s'offrir quelques jours de plaisance fluviale. Pour parer à une répartition inégale et aléatoire des eaux vites absorbées par les terres de molasse, les agriculteurs ont créé de nombreux lacs et réservoirs. Près de 2 900 étendues de stockage ont été créées au creux des vallons depuis un demi-siècle. Certaines forment des sites remarquables, comme les étangs de l'Armagnac éclatés sur 1 000 hectares d'étangs anciens et les lacs de retenue de l'Astarac. Nombre des bassins hydrographiques du Gers sont aussi des réserves naturelles. Les points d'eau sont autant de zones de repos ou d'habitation pour l'avifaune, que La Tchourre, groupe ornithologique gersois, peut vous aider à découvrir.

Des forêts clairsemées

Habité depuis des temps très anciens, le Gers a connu un déboisement régulier afin de faire place nette aux terres cultivées. Les forêts ont ainsi pratiquement disparu du territoire, et le paysage se pare plutôt de bosquets, de taillis, de haies et de bandes boisées qui délimitent les parcelles. Cet éclaircissement contribue à renforcer l'effet de patchwork des paysages. Département le moins boisé d'Occitanie, le Gers investit dans ses forêts depuis plus de soixante ans. Il a acquis de nouveaux massifs et détient actuellement 703 ha de forêts. Gérées par l'Office National des Forêts (ONF), ces bois ont une vocation essentiellement commerciale. Chênes sessiles et pins Laricio servent de bois de construction et de menuiserie, de bois de chauffe ou entrent dans la confection de la pâte papier. L'ONF a mis en place une gestion durable destinée à préserver la biodiversité et à stocker le carbone. Tout comme les forêts, les prairies naturelles ont quasiment disparu du territoire. Il en subsiste quelques-unes dans les plaines alluviales étroites. Si le territoire demeure essentiellement rural, avec ses côteaux, ses cours d'eau et ses plateaux, le paysage, lui, a été profondément modifié au fil des siècles et il ne reste que peu de témoignages de sa nature originelle.

NATURE

Le Gers revendique son image « nature » parcourue de collines ondoyantes, de champs de tournesol, de maïs ou de blé de qualité exceptionnelle, d'arbres frémissants sous une brise légère, de cours d'eau tumultueux après l'orage. Le caractère sauvage de certaines parties du département offre des abris inespérés à une faune et une flore qui s'y développent en toute quiétude. Coteaux, vallées, berges abruptes, lacs placides, bancs de galets, bosquets et forêts sont autant de terrains de jeux et d'épanouissement pour des espèces très variées. Pays des orchidées sauvages, oscillant entre le rouge des coquelicots, le bleu du lin et le jaune du pastel, le Gers vous convie à une fête colorée où la délicatesse de la vie se manifeste dans le brame d'un cerf, le pépiement joyeux d'une alouette lulu, le vol d'une libellule légère ou l'éclosion rampante d'un genêt hérissé. Le Gers ouvre une fenêtre sur un univers subtil à préserver et à protéger.

Une faune diverse

L'association « Gascogne Nature Environnement », labellisée Centre Permanent d'Initiatives pour l'Environnement, s'est donnée pour mission de valoriser le patrimoine naturel du pays gersois. Elle dresse depuis vingt ans l'inventaire des différentes espèces fauniques observées dans le Gers. Des incontournables chevreuils et sangliers aux rarissimes lestes dryades, reptiles, amphibiens, insectes, oiseaux et mammifères sont patiemment recensés. Lapins de Garenne, renards roux, blaireaux, campagnols agrestes sont régulièrement signalés. Un peu moins fréquents sont les fouines, les putois, les crocidures des jardins, les musaraignes ou encore les loutres. La probabilité de croiser un vison, une belette ou un cerf élaphe demeure minime. Parmi les reptiles, la couleuvre est reine. Parfaitement inoffensive, il ne faut pas la confondre avec la vipère aspic, presque disparue des jardins et sous-bois. Le lézard des murailles et le lézard vert occidental pullulent, tandis que la salamandre tachetée, autrefois commune, est de moins en moins observée. La nuit, grenouilles vertes, rainettes méridionales et crapauds communs épineux font retentir leurs coassements. Sont-ils de nature à déranger la cistude d'Europe, leur voisine ? Cette petite tortue d'eau douce, qui peut mesurer jusqu'à 20 cm est menacée de disparation en France. C'est encore dans le Gers que vous aurez les meilleures chances de l'observer, en vous montrant discret. Elle apprécie les bains de soleil, mais saute à l'eau au moindre signal. Elle rejoint alors brochets, sandres, perches et anguilles très présents dans les eaux gersoises. Les amateurs savent débusquer l'écrevisse. Mais il faut savoir distinguer l'écrevisse à pattes blanches, devenue rarissime, et interdite de pêche, de l'écrevisse américaine qui l'a supplantée.

DÉCOUVRIR

© WILDMEDIA - SHUTTERSTOCK.COM

On peut observer des chevreuils dans le département.

© IMV - ISTOCKPHOTO.COM

Oeillets de Montpellier.

Le martin-pêcheur remonte goujons et ablettes de ses plongeons. Ses compagnons aux abords des points d'eau sont le colvert et le grèbe castagneux. En période de migration, il croise le héron cendré, la bécassine des marais ou le milouin, adeptes des lacs du Lizet, d'Astarac ou de Peyrusse-Vieille. Les rapaces survolent les champs en quête de nourriture. On observe de très nombreuses buses variables, plus rarement des éperviers, des aigles bottés, des faucons hobereaux ou des milans noirs. Les vastes cultures forment des abris ou des mets de choix pour les faisans, cailles, perdrix, grives et fauvettes. Les abords boisés hébergent piverts et pics mars, geais, corneilles, hirondelles, bécasses et palombes. Les insectes profitent tout autant de ce paradis rural. Les papillons tels que le *lythria purpuraria* déploient leurs ailes colorées dès la fin du printemps. Libellules et demoiselles annoncent l'été à proximité des surfaces aquifères. Guêpes et frelons, dont le redouté frelon asiatique, s'invitent à la table des repas d'été. Les araignées tissent leurs toiles pour attraper moucherons et moustiques dans les maisons. Les mantes religieuses assurent leur ballet unique en bordure de champs. Le Gers jouit d'une belle diversité animale pour qui sait prendre le temps de se poser et d'observer.

Une flore foisonnante

L'Association botanique gersoise a lancé un chantier de recensement de la flore sauvage du Gers il y a une dizaine d'années. Il s'agit de lister de la façon la plus exhaustive l'ensemble des fleurs, herbes, arbres, arbustes et fougères présents dans le département. En 2015, les observateurs avaient dénombré 1 716 espèces différentes, dont 16 protégées au niveau national. Les taxons sont répertoriés de façon scientifique, avec leur nom latin et français, une illustration et des informations sur le formidable site www.eflore32.botagora.fr qui constitue le compagnon indispensable des botanistes en herbe et confirmés. Vous pouvez d'ailleurs, si vous effectuez une observation intéressante, la signaler à l'Association botanique gersoise, afin de leur permettre d'avoir une liste réactualisée en permanence. Vous aurez l'occasion de découvrir une flore très variée au cours de vos balades, dont la plus emblématique est l'orchidée. Surtout présente dans le sud du département, aux landes sèches calcicoles plus nombreuses, l'orchidée sauvage se décline en 45 variétés différentes. Elle possède son fan-club, qui, poussé par son amour pour cette fleur délicate, a composé un *Guide d'identification des orchidées du Gers*. Certaines variétés sont parfaitement indigènes et ont été découvertes un peu par hasard, comme *la posteriorchis sandrinii lasportensis,* qui signifie « Sandrine s'est assise sur l'orchis ». Les différences d'hygrométrie, d'élévation et de nature des sols permettent à une flore très diversifiée de s'épanouir. Là où la terre est sèche et calcaire, comme en Astarac, la flore prend des caractéristiques presque méditerranéennes, avec la présence de lavande à larges feuilles ou d'œillet de Montpellier. Les coteaux de Simorre voient s'étendre l'arachnéen genêt hérissé, aussi rare que sublime. Ajonc et bruyères préfèrent le versant occidental du département, tandis que les chênaies accueillent la garance voyageuse, la fougère aigle ou l'asphodèle blanche. Les surfaces cultivées accueillent elles aussi quelques espèces rares comme le miroir de Vénus, le pied d'alouette ou la nigelle de France. Les forêts de coteaux et de plateaux voient grandir les chênes sessiles ou tauzins, les châtaigniers, les troènes et les chèvrefeuilles, tandis qu'aulnes, frênes, et saules blancs et cendrés règnent dans les zones humides.

Une nature en danger ?

Comme partout ailleurs sur le territoire de France, la biodiversité est menacée par l'agriculture intensive. Le nombre d'espèces, tant animales que végétales, est en déclin. Les apiculteurs sont au chevet de leurs abeilles, décimées par les néonicotinoïdes et le frelon asiatique. L'importation volontaire ou accidentelle d'espèces exotiques nuit grandement à la biodiversité. À tel point qu'en 2015, la région Midi-Pyrénées a lancé un plan régional permettant d'améliorer les connaissances des plantes exotiques envahissantes telles que l'ambroisie à feuille d'armoise, la balsamine de l'Himalaya ou la renouée du Japon. Le but est de limiter la propagation de ces espèces qui peuvent provoquer allergie et irritations cutanées, entraîner des pertes de bétail et transformer profondément les paysages.

DÉCOUVRIR

TOP 10

FLORE

Jardin viticole ou d'agrément, arboretum, jardin thématique, médiéval, social ou jardin de sculptures… Ce n'est pas la diversité qui manque. Certains d'entre eux sont même labellisés « jardin remarquable » pour la qualité de leurs plantes et leur entretien.

PALMERAIE DU SARTHOU

Vous y découvrirez différentes variétés de plantes tropicales, une collection de palmiers et des plantes exotiques rares.

JARDIN DE JEANNE

Cultures potagères côtoient plantes aromatiques ou rosiers grimpants. (Prix national, Jardins potagers en 2014)

JARDIN D'ENTÊOULET

Ce jardin est grand et magnifique. Il propose une importante collection de vivaces, de rosiers et d'euphorbes.

© NNATTALLI - SHUTTERSTOCK.COM

JARDINS DE COURSIANA

Plus de 700 espèces d'arbres et d'arbustes provenant des cinq continents s'étendent sur 6 ha.

© LES JARDINS DE COURSINIA

JARDINS FAMILIAUX DU MOULIN DE LA RIBÈRE

Créés en 1998 à destination des habitants du quartier HLM du Garros, ils sont surnommés « jardins de la Solidarité ».

LE JARDIN DE LA BORDE DE HAUT

Ses propriétaires, la famille d'artistes Botta, a créé les magnifiques sculptures géantes que vous pouvez y admirer.

JARDINS D'AURE

Situé dans le domaine du château de Viella, c'est un jardin viticole agrémenté d'un parcours ludique.

© CHÂTEAU DE VIELLA

JARDINS DE L'ABBAYE DE FLARAN

Situé dans l'enceinte de l'abbaye, c'est un jardin médiéval avec des plantes aromatiques et médicinales.

© GIMSAN - STOCK.ADOBE.COM

PARC DE LA HOURRE

Bassins en cascade, chutes d'eau et masses boisées font de ce parc l'un des jardins les plus originaux du Gers.

JARDIN DU GRAND CHÊNE

Flânez dans ce jardin où des milliers de plantes et arbustes se mélangent à des centaines de rosiers anciens parfumés.

HISTOIRE

Habité depuis des temps très anciens, le Gers s'est vite retrouvé au carrefour de velléités de conquête. Les premiers envahisseurs venus de Rome unifient la région pour former l'Aquitaine. Au fil des siècles se succèdent les Wisigoths, les Francs, les Vascons venus d'Espagne qui vont donner son nom à la Gascogne. À la Renaissance, les guerres de religion prennent le pas sur les guerres de territoire. Le Gers se retrouve au cœur d'une lutte sanglante et dévastatrice entre catholiques et protestants. Si les guerres napoléoniennes et les deux guerres mondiales n'affectent que peu le territoire, le sort de la population est tout autre. Villes et villages perdent parfois 50 % de leurs habitants et ces évènements marquent le début d'un déclin démographique : le Gers comptait 304 104 habitants en 1791 contre seulement 190 654 en 2016. Aujourd'hui le Gers est plus attractif : la population augmente à nouveau depuis les années 2000.

Paléolithique

De nombreux squelettes et ossements d'animaux ont été retrouvés à Montréal, formant le plus beau gisement paléontologique d'Europe. Les premières traces humaines remontent à 38 000 av. J.-C.

Néolithique

Des fragments d'outils remontant de 3 000 av. J.-C. à 700 av. J-C. permettent d'attester de la sédentarisation des humains dans la région. Trois peuples sont identifiés : les Ausques (Auch), les Elusates (Eauze) et les Lectorates (Lectoure).

56 AV. J.-C

Crassus ajoute à l'Empire romain le Sud-Ouest de la France, rebaptisé Gaule Aquitaine par Auguste en 27 av. J.-C.

© DGWENGOAT - ISTOCKPHOTO.COM

Statue de Jeanne d'Albret.

DÉCOUVRIR

300 Création par les Romains de la Novempopulanie ou « Pays des Neuf Peuples » qui s'étend de la rive gauche de la Garonne aux Pyrénées.

412 Les Wisigoths se mettent au service de l'empereur Honorius. Ils ont pour mission de chasser les barbares de Gaule et d'Espagne.

418 Auréolé de succès, le roi Wallia se voit gratifié de la Novempopulanie.

507 Clovis défait les Wisigoths à Vouillé. La Novempopulanie passe sous contrôle franc.

586 De longues années de guerre civile et de brigandage permettent aux Vascons venus du versant méridional des Pyrénées de s'emparer de la Novempopulanie.

635 Dagobert reconquiert la Vasconie, mais ses successeurs se désintéressent de la région qui récupère progressivement son autonomie.

721 Eudes d'Aquitaine, roi de Vasconie, défait les Arabes à Toulouse. Il les contient jusqu'en 731.

25 OCTOBRE 732 Charles Martel arrête la progression arabe à Poitiers, avec l'aide d'Eudes d'Aquitaine. Les ennemis se retranchent en Espagne.

751 Pépin le Bref divise l'Aquitaine en deux duchés : le duché d'Aquitaine entre Loire et Garonne et le duché de Vasconie entre Garonne et Pyrénées. Les Vascons se choisissent pour duc le fils d'Eudes d'Aquitaine, Loup II.

920 Garcia Sanche le Courbé, duc de Gascogne décède. Il a pris soin de diviser son duché en plusieurs tiges, afin d'honorer ses trois fils. Sanche Garcie hérite du duché. Guillaume Garcie est fait comte de Fezensac et d'Armagnac et Arnaud Garcie, comte d'Astarac.

1152 Par les jeux de succession, Aliénor d'Aquitaine hérite de la Gascogne qu'elle apporte en dot au roi d'Angleterre Henri II Plantagenêt.

1337-1453 La guerre de Cent Ans divise les suzerains des fiefs gascons. La Gascogne occidentale s'unit à l'Angleterre tandis que la Gascogne orientale, fédérée autour des comtés d'Armagnac et de Bigorre, soutient les Valois.

1557-1559 Le roi Henri II prend des édits répressifs à l'encontre des protestants de France. La persécution contre les « réformés » se met en place.

AOÛT 1560	Jeanne d'Albret, reine de Navarre et tante à la mode de Bretagne du Roi, se convertit au protestantisme.
SEPT-EMBRE 1562	Blaise de Monluc un gentilhomme recruté par le lieutenant du Roi apprend que 500 Béarnais envoyés par Jeanne d'Albret marchent sur Lectoure. Il prend la ville le 28 septembre.
13 MARS 1563	La paix d'Amboise met fin à la première Guerre de Religion.
1569	Jeanne d'Albret recrute le comte de Montgomery pour reconquérir ses territoires perdus. Il reprend le Béarn et Tarbes en un éclair et dévaste la Gascogne en marchant sur Toulouse.
1589	Henri III de Navarre se convertit au catholicisme pour devenir roi de France sous le nom d'Henri IV. Les guerres de religion prennent fin, mais la Gascogne est ravagée pour des années encore.
4 MARS 1790	Les lettres patentes royales ordonne la division de la France en 83 départements. Le département du Gers reprend les contours de la Gascogne.
1803-1815	De nombreux Gersois viennent grossir les rangs des armées napoléoniennes. Certaines communes perdent jusqu'à la moitié de leurs habitants.
1914-1918	À l'écart des combats, le Gers se transforme en hôpital de campagne : écoles, lycées, couvents, hôtels et thermes sont réquisitionnés.
1923-1926	Après la saignée de la Grande Guerre, le Gers accueille 15 000 Italiens venus travailler aux champs.
SEPT-EMBRE 1939	Le Gers est choisi par l'administration pour recevoir en nombre des réfugiés du Haut-Rhin. Lectoure accueille ainsi 925 habitants de Saint-Louis.
NOV-EMBRE 1940	Le premier réseau de résistance gersois voit le jour à Auch.
11 NOV-EMBRE 1942	Les Allemands envahissent la zone libre. Les mouvements de résistance s'intensifient dans le Gers.
7 JUIL-LET 1944	Le maquis de Meilhan est décimé sur dénonciation. La Wehrmacht tue 76 maquisards en seulement deux heures. Il n'y a que 16 rescapés.
20 AOÛT 1944	Le bataillon d'Armagnac achève la libération du Gers en remportant la bataille de l'Isle-Jourdain.

ARCHITECTURE

Avec ses villages de carte postale souvent dominés par un clocher-mur, ses belles places médiévales, ses châteaux austères, ses fermes fortifiées sur les collines, ses pigeonniers montant la garde au milieu des champs, le Gers bénéficie d'un patrimoine architectural historique d'une grande richesse. L'habitat ancien fait la part belle aux matériaux locaux : pierre blonde en Lomagne, brique crue dans l'Armagnac ou dans le Val de Save, galet de rivière en Val d'Adour. Certaines maisons remontent au XIIIe siècle. Le Moyen Âge a sans conteste laissé son empreinte en terre gasconne, dans les murs des châteaux, des chapelles et des églises. Les édifices les plus anciens ont souvent été remaniés au XIXe siècle pour réparer les outrages du temps, ou succomber à la dernière mode de l'époque. L'omniprésence des vieilles pierres donnent à la plupart des petites villes et villages gersois un charme intemporel et serein.

Des villes fortifiées

L'occupation des terres gasconnes dès le néolithique et les rivalités entre villages ont conduit très tôt les habitants à s'organiser. Roquelaure, Lectoure, Eauze, Vic-Fezensac ou Lombez figurent parmi les premiers oppidums du Gers. Ces villages fortifiés se jouent des singularités topographiques pour leur défense. Situées sur des éperons rocheux dominant les environs, ou au contraire, dissimulées dans les méandres d'une rivière en fond de vallon, ces « villes » jouent un rôle social, politique et économique. Elles sont protégées par des talus renforcés, des remparts ou des murs d'enceinte. L'oppidum de La Sioutat (Roquelaure) découvert en 1960 fait l'objet de fouilles régulières et révèle un potentiel archéologique remarquable. Y ont été exhumés les restes du premier édifice de pierre du Gers, des trous de poteaux qui soutenaient maisons et greniers aériens, des *domus* romains ou encore un fossé défensif. L'insécurité qui règne sur la Gascogne au Moyen Âge conduit les habitants à se regrouper, créant des schémas urbanistiques nouveaux. L'Église catholique, puissante, inaugure des zones d'asile appelées « sauvetés ». Des bornes sont placées autour des églises, créant un espace à l'intérieur duquel les habitants peuvent venir se réfugier sans risque d'agression. Il en est ainsi de la ville de Nogaro, fondée en 1055 et placée sous la protection de l'archevêché d'Auch. Au XIIe siècle, les seigneurs se font construire des châteaux baptisés « castelnau », littéralement « château neuf », au pied desquels les habitants viennent construire leurs maisons. Plusieurs villages gersois témoignent de cette tendance comme Castelnau-sur-l'Auvignon, Castelnau-Barbarens fondé vers 1140, ou encore Castelnau-d'Arbieu. Au XIIIe siècle, l'essor urbain conduit à inventer un nouveau type de cité : la bastide. Il s'agit de la planification d'une ville neuve, sur un terrain donné par un seigneur local ou par l'Église. Elle suit un tracé régulier aux rues perpendiculaires et basé sur le théorème de Pythagore. L'intersection des deux rues principales marque le centre du village, et constitue aussi un coin de la place principale, souvent agrémentée en son centre d'une grande halle commerçante. L'édification des bastides s'est déroulée sur une période unique comprise entre 1222 et 1373. Le Gers est l'un des départements les mieux dotes du Sud-Ouest, avec ses 43 bastides, dont les plus beaux exemples se visitent à Mirande, Montréal, Fourcès, Cologne ou encore Fleurance. À la même époque, de nombreux villages fortifiés voient le jour. Ils comprennent une enceinte percée d'une ou deux portes, un château ou une tour fortifiée, un bourg et une église. Les châteaux de ces villages affichaient une fonction résidentielle plus que militaire. Mas-d'Auvignon, Montesquiou, Sarrant et Larressingle sont de beaux exemples de villages fortifiés.

Le village d'Eauze.

© ALAIN LAUGA - SHUTTERSTOCK.COM

L'Abbaye de Flaran.

Châteaux et demeures bourgeoises

Le morcellement du pouvoir et de l'autorité en Gascogne moyenâgeuse fait naître de nombreux châteaux, à vocation défensive et militaire. On les retrouve dispersés sur tout le territoire et pas seulement dans les castelnaux ou villages fortifiés. Ils possèdent des caractéristiques communes qui permettent de définir un style gascon. En premier lieu, ils sont placés à des endroits stratégiques, sur des promontoires ou le long d'axes fréquentés. En second lieu, ils présentent une architecture massive et austère, avec une faible occupation au sol et peu d'ouvertures. Les formes sont simples, les angles droits et les volumes impressionnants. L'exemple le plus significatif est le château de Sainte-Mère, édifié au XIIIe siècle et qui n'a subi aucun remaniement de taille. Le château gascon peut aussi se réduire à une simple tour, appelée « salle », qui fait alors office de salle d'armes ou de salle d'audience. La Lomagne en compte un certain nombre, comme à Lectoure, Plieux ou Estrépouy. La pacification du territoire achevée au XVIIe siècle permet le renouveau des châteaux. Les salles sont agrémentées de corps de bâtiment, des pavillons d'angle se substituent aux tours massives, les façades sont percées de jours.

Les châteaux de Lavardens ou de Caumont à Cazaux-Savès en témoignent. Le XVIIIe siècle voit fleurir les chartreuses. Les nobles et grands bourgeois se font construire des maisons de campagne cossues, en position dominante, entourées de jardins et de terres agricoles. Elles s'accompagnent d'un ou plusieurs corps de ferme. Ce sont aujourd'hui encore des propriétés privées abritées des regards indiscrets.

Le patrimoine religieux

Terre catholique, le Gers compte plus de 1 200 églises, chapelles et abbayes. Il n'y a pas un village qui ne se démarque par son clocher pointant vers le ciel. Le patrimoine religieux du Gers se distingue par une extraordinaire hétérogénéité. De la chapelle d'inspiration romane à la cathédrale imposante, tous les styles sont représentés. Certains édifices peuvent surprendre par leur majesté, par l'originalité de leur clocher, par la singularité de leur architecture. D'autres portent encore les cicatrices de l'histoire mouvementée de la Gascogne. Entre les différentes guerres et les affres du temps, nombre de ces églises ont été remaniées au XIXe siècle. Elles affichent des élans néo-gothiques inspirés par Viollet-Le-Duc qui les ont parfois défigurées. Parmi les plus emblématiques, il faut noter la Collégiale de La Romieu et son cloître délicat, l'église de Barran et son clocher hélicoïdal, l'abbaye de Flaran, joyau de l'art cistercien, l'indescriptible église en brique de Bascous, l'emblématique clocher-mur de l'église de Gaudonville, l'église massive de Saint-Christaud, le clocher à bulbe en ardoise de Termes-d'Armagnac ou encore l'église fortifiée Notre-Dame de Simorre. Le Gers est aussi un territoire de chapelles. Elles ont été construites sur des lieux de culte très anciens. Elles sont le plus souvent construites sur un axe est-ouest, dans un style roman, avec une courte nef qui se termine par un chœur en « cul de four ». Des tuiles canal abritent la voûte et l'ensemble est surmonté d'un clocher-mur à une ou deux cloches. Le portail est précédé d'un amban ou auvent qui permettait aux fidèles de se rassembler à couvert. On dénombre encore près de 800 chapelles dans les campagnes gersoises. Mais il s'agit d'un patrimoine fragile, mal entretenu et nombre de chapelles s'effondrent faute d'attention.

BEAUX-ARTS

Si le Gers ne possède pas son Van Gogh pour ancrer l'intemporalité de ses paysages dans l'imaginaire collectif, le département compte une poignée d'artistes de renom. Certains ont succombé à la tendreté des jours et décidé de poser leur chevalet à l'ombre d'un chêne rouvre. D'autres y ont grandi, en sont partis pour mieux rayonner, l'éclat de la lumière granuleuse et des aplats de couleurs des champs fixés à la rétine. Dans le Gers, les premiers artistes se sont exprimés sur les murs des églises, qui affichent encore des fresques aux ocres délavées. Le département compte plusieurs lieux d'exposition d'envergure qui mettent à l'honneur aussi bien des artistes locaux que les plus grands maîtres de la peinture. L'art contemporain s'invite à l'occasion de festivals passionnants comme Street Art Magnac à Eauze ou l'Été Photographique à Lectoure. Expositions d'amateurs et galeries locales témoignent d'un vrai fourmillement artistique.

Une palette d'arts

Est-ce la lumière dorée du Gers ou ses paysages verdoyants qui ont inspiré les artistes de la Villa de Séviac ? Toujours est-il qu'ils ont laissé en héritage de somptueuses mosaïques dans ce domaine gallo-romain du IVe siècle. Il s'agit là des premières traces artistiques visibles dans le Gers. Il faut ensuite attendre le Moyen Âge et la construction de chapelles, d'églises et de châteaux pour voir les murs se couvrir de fresques et de sculptures. La religion est intimement mêlée au développement des arts dans le Gers. L'Astarac rend hommage à ce mécénat à travers une « Route des peintures murales et sculptures » qui mène aux églises les plus intéressantes des environs. L'essentiel des œuvres remontent au Moyen Âge, comme en attestent la fraîcheur et la naïveté de certaines scènes. Les amateurs d'art sacré ne manqueront pas la première figuration d'un pèlerin pour Saint-Jacques à la Collégiale Saint-Nicolas de Nogaro ni les retables en pierre de la Chapelle Notre-Dame-des-Anges à Miramont-Latour et de l'église Notre-Dame-de-Pitié à Biran. L'abbaye de Flaran bâtit un pont entre religieux et classique avec la somptueuse collection Simonow. Ce philanthrope britannique a mis en prêt jusqu'en 2021 des chefs-d'œuvre du XVIe au XXe siècle. Cézanne, Renoir, Matisse, Picasso, Monet, Braque, Rodin.... Les plus grands maîtres y figurent. L'art contemporain trouve sa place dans le Gers grâce à l'excellent travail du Centre d'art et de photographie de Lectoure, soutenu par le Ministère de la Culture. Axé principalement sur la photographie, il invite des artistes en résidence et propose des expositions au regard singulier tout au long de l'année. L'Été Photographique, rendez-vous incontournable des amateurs d'art contemporain, présente photographes, vidéastes et plasticiens prometteurs ou confirmés dans les sites patrimoniaux de la ville.

Inspiration Gers

Si les résidents du Centre d'art et photographique de Lectoure exposent le fruit de leur travail, ils ne sont pas les seuls à être inspirés par le Gers. Durant l'été, les expositions foisonnent dans les mairies, les galeries d'art et les restaurants, laissant entrevoir la vivacité des artistes gersois. Ils sont nombreux à s'être installés dans le département en raison de la qualité de sa lumière, de la douceur et de la beauté mélancolique de ses paysages, inépuisables sources d'inspiration. Marco Cavaglieri, le plus célèbre d'entre eux, dépeint une société bourgeoise en proie aux doutes dans les Années Folles. Ses toiles colorées et foisonnantes cachent mal la lassitude et la mélancolie de ses personnages. Né en 1887 à Rovigo en Italie, il s'installe dans le Gers en 1925. Il délaisse les portraits mondains qui l'ont fait connaître pour s'attacher aux paysages gersois.
Sa toile *Peyloubère plage, après le bain* (1933), exposée au Musée des Amériques à Auch, est sans doute l'une des plus réussies. Cavaglieri décède dans sa maison de Peyloubère en 1969, laissant derrière lui un regard bienveillant sur sa patrie d'adoption. Sa demeure, classée monument historique, a été transformée en gîte et chambre d'hôtes. Christian Gardair, lui, ne s'est jamais enraciné dans le Gers où, enfant, il fut réfugié du côté d'Eauze. Mais le Girondin, né en 1938, le conserve chevillé au cœur et garde un tel souvenir de cet épisode de sa vie qu'il en a fait l'un des thèmes majeurs de son œuvre artistique. « *Jamais n'est mort en moi l'enfant qui s'en allait à pied à travers champs apprendre à lire et à compter par pommes et allumettes interposées, dans l'admirable paix gersoise alors même que la Shoah faisait rage.* » a-t-il écrit. En 2019 et 2020, le paysagiste américain de la lumière Marc Dalessio pose ses pinceaux en Lomagne.

DÉCOUVRIR

© GERARD TRUFLANDIER

Street art à Lombez.

Il tire de ses séjours une série d'huiles bucoliques et douces et confesse : « *le Gers est vraiment une région sensationnelle pour la peinture des paysages et je ne saurais que le recommander à ceux qui cherchent un endroit pittoresque pour le travail en plein air.* »

Les grandes figures locales

Avec sa lumière exceptionnelle et ses panoramas ondulants, on pourrait imaginer que le Gers a produit des paysagistes capables d'en saisir la subtilité. Mais il n'en est rien. C'est dans l'art du portrait que le plus illustre des peintres gersois a laissé exploser sa créativité. Jean-Paul Chambas naît le 11 mars 1947 à Vic-Fezensac. À seulement 20 ans, il accroche ses premières toiles dans une galerie toulousaine. Deux ans plus tard, il se penche sur la figuration narrative et part pour Milan sur les traces d'Arthur Rimbaud à qui il consacre plusieurs séries. Inspiré par les écrivains, il aborde ses œuvres comme le toréro descend dans l'arène : « *Que ce soit Kafka, Lowry ou Rimbaud, je veux tout savoir d'eux. […] J'ai besoin du sujet pour me l'approprier et après je le tue. […] À la sortie, si c'est réussi, la peinture doit bouffer le sujet. C'est un combat.* » Touche-à- tout de génie, il met la même ardeur dans la création de ses décors de théâtre. *Carmen*, monté en 1993 à l'Opéra-Bastille, le consacre. Son génie puissant peut être admiré à la station Chaussée-d'Antin à Paris ou Mermoz à Toulouse. Autre portraitiste gersois de renom, Gustave de Galard naît à L'Isle-Bouzon en 1779 et mène une vie rocambolesque. Obligé de fuir la Terreur à seulement 15 ans, il embarque pour les Petites Antilles depuis l'Espagne. Il se met à la peinture pour vivre et se forge une réputation dans l'art de la miniature. Il rentre en France en 1802 et s'essaye à la lithographie, puis à la caricature, ce qui lui vaudra un séjour en prison pour avoir égratigné Louis-Philippe. Libre, il reprend les pinceaux et devient le portraitiste attitré des bourgeois de Bordeaux. Certaines de ses toiles peuvent d'ailleurs être admirées au musée des Beaux-Arts de la ville. Le talent de Paul Noël Lasseran ne l'a pas hissé dans les musées mais l'a poussé dans les églises. Ce fils de sculpteur et peintre né à Lectoure en 1868 débute comme peintre en bâtiment avant de s'essayer au trompe-l'œil. Il affine son coup de patte académique sur les murs de la Taverne du Bastion où il a ses habitudes. Repéré par les édiles locaux, il est invité à restaurer les fresques de plusieurs églises : Goutz, Castet-Arrouy, Saint-Pierre d'Aubézies, Masseube ou encore la chapelle des Carmélites de Lectoure.

MUSIQUES ET SCÈNES

Les arts vivants occupent une place essentielle avec un folklore riche aux racines anciennes, mais aussi des spectacles contemporains. Si la musique traditionnelle avait presque disparu dans l'entre-deux guerres, un regain d'intérêt à la fin des années 70 lui a procuré un nouveau souffle. Musiciens, conteurs, danseurs font vibrer les scènes gersoises au son d'instruments typiques et participent à la perpétuation d'une identité gasconne. Avec plus de 200 compagnies théâtrales, de danse et ensembles vocaux recensés, la culture occupe chaque parcelle de territoire et s'épanouit pleinement avec le retour des beaux jours. Du printemps à l'automne, nombreux sont les spectacles et festivals à se produire en extérieur. La scène gersoise est avant tout portée par le milieu associatif qui se démène pour offrir des productions originales, divertissantes, amusantes, émouvantes, profondes et toujours destinées au plus grand nombre.

Une musique traditionnelle

Si la Gascogne a été ballottée au cours de son histoire, des Celtes aux Romains, des Vascons aux Francs, des catholiques aux protestants, elle n'en a pas moins réussi à se forger une identité culturelle profonde. Celle-ci a vacillé sur ses fondations pendant la IIIe République et a manqué de se noyer dans le marasme des deux guerres mondiales. Dans les années 1970, une poignée d'hommes et de femmes se mobilisent pour collecter auprès des anciens musiques et chants qui résonnaient dans les campagnes gersoises au début du XXe siècle. La sauvegarde de ce répertoire folklorique s'accompagne de la restauration ou de la refabrication d'instruments oubliés. Désormais, la musique gasconne est enseignée dans les écoles de musique régionales et sa diffusion est assurée à l'occasion de festivals dédiés comme Les Gasconnades de Lectoure ou Lo Rondèu de Castelnau-Barbarens. Le groupe Nadau, fondé en 1973, réinvente le genre en mêlant les guitares électriques aux instruments traditionnels. Fort de 4 Olympia et 4 Zénith de Paris, il est le meilleur ambassadeur de la musique gasconne en France.

Les instruments gascons

Un ensemble de musique gasconne comporte au moins une cornemuse. Dans le Gers, il s'agit de la boha (prononcée bou-hô), qu'il ne faut pas confondre avec le bot du Val d'Aran ou la samponha des Pyrénées. Son sac est fait de cuir de chèvre ou d'agneau et porte-vent et pièce de jeu sont taillés dans le buis. Les anches autrefois en roseau sont désormais fabriquées en matière synthétique. La boha a bien failli disparaître en 1957 avec le décès de « Jeanty » Benquet, dernier bohaire folklorique, qui se produisait en béret, manteau en peau de mouton et sabots.

Aujourd'hui, on ne recense pas moins de 6 facteurs de boha et des centaines de pratiquants. L'accordéon diatonique, autre instrument emblématique, occupe une place de choix dans les formations gasconnes. Plus petit que l'accordéon chromatique cher à André Verchuren, cet instrument se distingue aussi par ses anches. Celles-ci étant de tailles différentes, elles ne produisent pas le même son selon que l'on pousse ou tire le soufflet. Le violon est le troisième instrument indispensable pour faire danser dans les bals. Plus mélodique que la cornemuse ou l'accordéon, il donne le tempo. L'instrument, qui n'est pas gascon, a vite été adopté une fois « découvert » et parfois adapté par ceux qui ne pouvaient s'en payer un. On a ainsi retrouvé un exemplaire dont la caisse de résonance n'était autre qu'un vieux sabot de bois. Fifres et flûtes à bec viennent compléter l'ensemble, donnant des notes aiguës. Elles ne comportent en général que deux ou trois trous, ce qui permet de jouer d'une seule main, pendant que l'autre bat la rythmique sur un « tamborin » à cordes. Ce tambourin gascon fait son apparition dans sa forme actuelle vers le XVIIe siècle. Il s'agit d'une caisse de résonance en bois longue de 80 cm et d'un jeu de 5 à 9 cordes tendues sur la table d'harmonie. Parmi les instruments moins représentatifs, on peut citer le hautbois, surtout pratiqué dans les Pyrénées, ou la vielle à roue.

La musique gasconne était jouée dans les villages à l'occasion des fêtes et mariages, par les habitants eux-mêmes. Elle était uniquement destinée à faire danser les gens et ne s'écoutait pas le soir au coin du feu. L'autre musique qui anime les soirées festives est celle de la banda. Cette fanfare de rue trouve ses origines dans les années 30 où des orchestres ambulatoires se chargeaient d'animer les rues les jours de feria.

Née dans les Landes, la banda a été reprise dans toutes les régions taurines. Avec ses 20 arènes, le Gers n'échappe pas au son des cuivres, bois et percussions. La banda est même célébrée lors du festival de Bandas y Peñas de Condom en mai, où fanfares et bandas viennent de toute la Gascogne et du Pays Basque pour animer la ville. Un jury récompense la plus festive par une palme d'or.

Danses et chants folkloriques

La musique est faite pour accompagner les danses et chants du répertoire gascon. Ce folklore, par essence transmis de façon orale, s'est retrouvé dépouillé d'une partie de ses oripeaux. La seule danse a avoir traversé les siècles semble être le rondeau, encore très pratiqué du côté de Samatan. Il se danse en couple, chaque couple se mettant en place en cercle. Les danseurs se tiennent par la main droite, l'homme entraînant sa partenaire vers l'avant. Puis, il se tourne vers elle, et elle recule. Les danseurs progressent ainsi en formant une ronde. Les pas sont répétés jusqu'à ce que la musique s'arrête. À la fin du XIXe siècle, de nouvelles formes de danses apparaissent et remplacent progressivement les danses gasconnes, comme la scottish, la mazurka, la polka, le quadrille ou encore la valse. Ces danses sont toujours reprises dans les fêtes de village, pour peu qu'il y ait un orchestre traditionnel qui résonne. Si le gascon ne se parle plus guère, il se chante encore. Le chant gascon puise à la source d'un territoire plus large que le Gers. « Se canto », chant médiéval peut-être composé par Gaston Fébus, est devenu l'hymne du fier Occitan. Il se décline à travers différents dialectes, mais l'histoire demeure la même : deux amants séparés par les hautes montagnes des Pyrénées, que seul le rossignol arrive à franchir pour les rassembler. L'ancien député des Pyrénées-Atlantiques, Jean Lassalle, l'a entonné dans l'hémicycle en 2003 pour signifier l'abandon de sa région par l'État. Chant de protestation, chant identitaire, il n'est jamais plus beau que repris par un chœur polyphonique. L'air résonne des Pyrénées, du Gers, et des Landes jusqu'aux Vallées occitanes d'Italie. Il existe de nombreux autres chants gascons préservés et entonnés par les « cantèras » ou chorales qui fleurissent en territoire occitan. Les arts vivants en Gers ne se limitent pas au folklore. Ce sont 54 compagnies professionnelles qui cherchent, créent, innovent quotidiennement. Comédiens, mimes, circassiens, musiciens, danseurs, compositeurs expriment leur rapport à l'art à travers des créations contemporaines ou des reprises de classiques. Auch accueille le Pôle national du cirque, le CIRCA, qui dynamise le territoire grâce à une saison culturelle riche et variée. Celle-ci est lancée par le très beau festival du Cirque Actuel qui se tient en octobre tous les ans depuis 1988.

LITTÉRATURE

Le cordonnier n'est-il pas le plus mal chaussé ? Les auteurs gersois n'ont peut-être pas été les meilleurs ambassadeurs de leur région. Si certains se sont illustrés pour leur défense de la langue gasconne, comme le poète de la Renaissance Pey de Garros, les auteurs natifs du Gers ont préféré s'atteler à d'autres thématiques que la mise en valeur de leur berceau. Il faut regarder du côté de Villers-Cotterêts ou de Saint-Mandé pour trouver des plumes enthousiastes. Alexandre Dumas a fixé pour toujours le fier esprit gascon dans les aventures des *Trois Mousquetaires* ; Christian Millau, le célèbre critique gastronomique, s'est épanché avec beaucoup d'humour sur son amour pour le Gers dans *Dieu est-il gascon ?*. Ces ouvrages ne sauraient éclipser ceux des talents plumitifs gersois qui se sont illustrés dans des domaines aussi variés que la phyto-thérapie, le gascon bien sûr, l'astrophysique ou le polar.

De l'amour des mots et du pays

Purs reflets de leurs terres contrastées, les écrivains gersois ont souvent deux amours : leur pays et les mots. Joseph de Pesquidoux en est le meilleur représentant. Son nom tombé dans l'oubli est pourtant immortel. Élu à l'Académie Française en 1936, il est aussi l'inventeur de la plantation des vignes en ligne. Poète (*Premiers vers*), auteur dramatique (*Ramsès* ou *Le sang fatal*), il forge sa plume aux couleurs de sa terre qu'il encense (*Chez nous : travaux et jeux rustiques*, *Pour la terre* ou encore *Gascogne*). Il ne se refuse aucune envolée lyrique pour signifier son attachement à la terre : « *Un champ qui tombe en friche, c'est une portion de la France qui meurt.* » Un constat que l'écrivain et herboriste Maurice Mességué (1921-2017) ne renierait pas. Auteur de l'ouvrage *C'est la nature qui a raison,* cet ancien maire de Fleurance a fait beaucoup pour la diffusion de la phytothérapie en France. Il est aussi l'un des premiers à avoir tiré la sonnette d'alarme sur la présence de polluants dans l'alimentation. *Votre poison quotidien* est publié en 1964.

Des domaines variés

Raymond de Lacvivier (1852-1930) n'a lui qu'un seul amour : le catalan. Ardent défenseur de cette langue qu'il a apprise de sa mère mais aussi de sa grand-mère maternelle, il naît à Fleurance en 1852. Dans ses veines coule la même fougue que ses ancêtres chevaliers et comtes, à la fois gascons et languedociens. Notaire, écrivain, propriétaire terrien et officier de réserve, il crée avec d'autres *La Revue catalane*, publication visant à porter les sciences, mais aussi la littérature et les arts. Assassiné en 1930 dans sa propriété d'Elne, il s'éteint sans jamais avoir vu le dictionnaire catalan dont il rêvait... À l'autre bout du spectre politique, plume vigoureuse mue par un esprit anarchiste, Joseph Noulens (1828-1898) s'oppose au coup d'État de Napoléon III dans la revue Le Suffrage universel. Cela lui vaut une arrestation et une déportation en Algérie. À son retour, il publie des recueils de poèmes et s'intéresse à l'héraldique et à la généalogie des grandes familles gasconnes. Sur la fin de sa vie, il revient à sa langue maternelle en publiant un recueil de poésies en gascon : *Flahuto gascouno* (Flûte gasconne). Cette langue Alcée Durrieux (1819-1901) l'honore à travers ses *Belhados de Leytouro* (Veillées de Lectoure) ou son *Dictionnaire étymologique de la langue gasconne*. Plus proche de nous, l'astrophysicien et poète Michel Cassé (1943-), a consacré son œuvre aux relations entre l'univers et l'homme. Cet auteur fleurantin se demande dans *Les Trous noirs en pleine lumière* s'il est possible de calculer la brillance. François Darnaudet (1959-) manie lui aussi le clair-obscur dans des polars et des romans fantastiques noirs comme l'encre. Écrivain prolixe, il partage ses travaux entre les livres papier et des œuvres originales publiées en numérique.

Statue de Dartagnan.

QUE RAPPORTER ?

L'artisanat gersois se fond dans la nature agricole et pastorale du territoire. La mécanisation des travaux agraires et la standardisation des modes de vie ont mis à mal des siècles de traditions qui aujourd'hui ne sont guère plus qu'un folklore ancien. Sabots, bérets et vestes en peau de bête, ou les étonnants bejoets (surjoug gascons) ont été depuis longtemps remisés au fond des greniers, ou dans les vitrines des musées d'artisanat rural. Dernier vestige d'une époque révolue, le bâton gersois a été sauvé in extremis de l'oubli par un artisan passionné. Cet ancien attribut des bergers est désormais l'apanage de quelques férus de culture gasconne. Seuls les délices gastronomiques semblent avoir survécu aux bouleversements du XXe siècle. Foie gras et armagnac font partie des fleurons des produits français qui s'exportent à l'international. Ils représentent un terroir tourné vers les produits fins destinés aux grandes occasions.

L'agulho, bâton gascon

La sauvegarde du patrimoine artisanal gersois repose sur les épaules d'un seul homme : Guy Lanartic. Dans les années 90, il découvre un bâton mangé par les vers dans un grenier. Intrigué par cet objet ouvragé, il effectue des recherches et s'aperçoit qu'il est tombé sur un pan oublié de l'identité gasconne. En 1996, il ressuscite la tradition de *l'agulho* dans son atelier de Vic-Fezensac. Ce bâton accompagnait les bergers dans leurs transhumances et gardes de troupeaux depuis le Moyen Âge. La première mention de *l'agulho*, aussi appelé *makila* au Pays Basque, apparaît dans un manuscrit d'Aymery Picaud en 1134. Ce moine poitevin est l'auteur du premier *Guide du Pèlerin* et il aura certainement découvert l'existence de *l'agulho* sur le chemin de Saint-Jacques-de-Compostelle. Bâton de marche, c'est aussi une arme défensive. Les ingénieux bergers dissimulaient une dague de 33 cm dans la canne qui leur permettait de repousser les attaques de loups. Le pèlerin se l'est aussi approprié pour se défendre des brigands. Le bâton gascon repose sur un triptyque qui mêle les matériaux naturels : une canne en bois, un pommeau en corne, des viroles, pointes et bagues en métal ouvragé. Sa réalisation très technique associe les savoir-faire de six métiers différents, de la forge au travail du bois, du tournage à la gravure. Si autrefois *l'agulho* faisait partie de l'attirail gascon au même titre que le béret ou la veste en mouton, c'est aujourd'hui un objet honorifique offert pour marquer une étape importante de la vie. Il faut tout de même compter entre 350 € et 850 € pour la réalisation d'un *agulho* personnalisé.

Les bocaux de foie gras, faciles à rapporter.

Souvenirs savoureux

Beaucoup moins onéreuses sont les spécialités gastronomiques à glisser dans sa valise. Si celles-ci sont largement détaillées dans notre section « Gastronomie », il en est certaines qui méritent votre attention et qui feront l'objet d'un cadeau typique et délicieux. Le foie gras est bien sûr le produit phare du Gers. Il faut le choisir entier et privilégier le foie gras d'oie du Gers gavé au maïs blanc, plus rare, plus cher, mais aussi plus fin que celui de son cousin le canard. La Maison Ramajo à Dému s'en est fait la spécialité. Le Floc de Gascogne, vin apéritif encore méconnu, s'apparente au Pineau des Charentes. Il s'agit d'un assemblage de moût de raisin blanc ou rouge et d'armagnac jeune. La recette date du XVIe siècle, mais sa mise sur le marché de 1976 uniquement ! Vous en trouverez chez (presque) tous les producteurs d'armagnac. Encore plus confidentiel : le Pousse-Rapière. Cette liqueur à base d'armagnac et d'orange amère se déguste allongée avec du vin mousseux. La recette, secrète, a été élaborée dans les années 60 par René Lassus, le maître de chai du château Monluc. Il est commercialisé uniquement par le château et se débusque aussi chez les bons cavistes du Gers.

SPORTS ET LOISIRS

Les Gersois aiment le sport comme en attestent les chiffres remontés par les différentes fédérations sportives. Un habitant sur trois est licencié dans un club et ce sont 75 disciplines encadrées qui permettent de se défouler. Si le football emporte les suffrages comme ailleurs en France, le rugby occupe une belle deuxième place au palmarès dans le département. C'est aussi l'occasion de se retrouver entre amis et d'oublier les coups et les efforts autour d'une mythique troisième mi-temps. Le Gers compte bien d'autres sports et jeux traditionnels, dont certains ne dépassent pas les limites d'un village. C'est le cas du rampeau d'Astarac, pratiqué autour de Mirande uniquement, ou du palet gascon, un jeu de quilles ancestral remis au goût du jour à Lialores. Ces activités modestes plaisent surtout aux anciens. La troisième grande activité « sportive » gasconne se pratique surtout assis, depuis les gradins des arènes de course landaise.

Passion rugby

En 2015, les politiques auraient pu choisir « Ovalie » pour baptiser la grande région du Sud-Ouest réunissant Midi-Pyrénées et Languedoc-Roussillon. Ici, le rugby est plus qu'un sport, c'est un art de vivre. En jouant, les enfants embarquent les parents dans la vie du club, la famille et les amis dans les gradins les jours de match. Bien plus que simple transmission d'un ballon ovale et glissant, le rugby est un sport traversé de valeurs essentielles. Jean-Pierre Rives le résume ainsi : « Le rugby, c'est l'histoire d'un ballon avec des copains autour, et quand il n'y a plus de ballon, il reste les copains. » Le jeu débarque au Havre en 1872. Des travailleurs anglais y importent une nouvelle pratique, la *combination*, un syncrétisme sportif inspiré du football et du rugby actuel. Cinq ans plus tard, des hommes d'affaire britanniques fondent le premier club de rugby à Paris, le Rugby Taylors RFC. La capitale se prend rapidement au jeu, et entre 1882 et 1888 ce sont trois clubs qui voient le jour. En 1889, le ballon ovale fait son apparition à Bordeaux. Il ne faudra que dix années au club pour devenir champion de France. L'écrasante domination du Stade bordelais permet au jeu de se répandre comme une traînée de poudre dans le Sud-Ouest. Auch fonde son club en 1897, l'un des plus anciens de la région. Aujourd'hui, le Gers fait partie des territoires qui comptent le plus de licenciés ramenés au nombre d'habitants. Avec ses 26 clubs et 3 200 pratiquants, le rugby gersois anime les petits villages. Il faut se rendre dans les cafés du département pour jauger de la fierté et du soutien des habitants à leur équipe locale. Si les clubs gersois peinent à se hisser au sommet, ils constituent un excellent vivier pour les « grands clubs » des départements voisins. L'air du Gers semble aussi très bien convenir aux entraîneurs. L'immense et tout petit Jacques Fouroux - il ne mesurait que 1,63 m - mène les Bleus à la victoire du Tournoi des Cinq Nations par six fois entre 1981 et 1990, avec deux grands chelems. Il reste dans les mémoires comme le plus grand sélectionneur que le XV de France ait connu, et sa ville natale d'Auch lui a rendu hommage en rebaptisant son stade à son nom. Le sort de Jacques Brunel, malheureusement pour lui, a été bien différent. Appelé à la tête de la sélection du Coq fin 2017, il est remercié en 2019 après une piteuse défaite en quart de finale de la Coupe du Monde. Les déçus des prestations rugbystiques gersoises peuvent toujours se rabattre sur des jeux plus traditionnels, tels que le rampeau d'Astarac ou le palet gascon, à la compétition beaucoup moins rude.

© EMANELDA - FOTOLIA

Rugby.

© CC SAVES

VTT dans le Savès.

Les jeux traditionnels

Le palet gascon compte lui aussi son Championnat du monde qui se tient tous les 15 août dans le hameau de Lialores. Avec sa centaine d'amateurs, ce jeu traditionnel ne se pratique guère que dans quelques villages reculés du Gers ou du Lot-et-Garonne. Chaque joueur dispose de deux palets d'acier qu'il lance à six mètres pour atteindre une quille surmontée de trois pièces de monnaie. Il dispose de deux tentatives pour abattre la quille et faire tomber les pièces. Pour marquer des points, les pièces doivent être plus près du fer que du bois. Ainsi, pour chaque pièce qui se trouve plus près du palet que de la quille le joueur marque un point. L'origine du jeu est inconnue, mais on en trouve référence sur des gravures et tableaux remontant au XVIe siècle. Il a failli disparaître complètement en 1956, lorsque le préfet du Gers l'interdit. Le palet gascon était devenu l'objet de paris d'argent inconsidérés. Il se murmure encore que certains joueurs allaient jusqu'à mettre en gage leurs bœufs de trait. Il faut attendre 1985 pour que le palet connaisse son *arrebiscolada*, sa renaissance. Alain Lasserre, l'instituteur de Lialores, découvre le jeu et fixe ses règles pour le démarquer d'autres jeux de palet ou de quilles, tels que le palet vendéen, la *malha* portugaise ou la *tuta* espagnole. La commune inscrit le palet gascon dans son « Plan de développement touristique du Lialorais » et fonde le championnat du monde de palet gascon en 1990, afin de relancer son intérêt. Le rampeau d'Astarac, lui, est en train de sombrer dans l'oubli. Ce jeu de quilles ne compte plus qu'une trentaine de pratiquants réguliers et il faut toute l'énergie de la Fédération départementale des foyers ruraux pour qu'il soit encore de la partie. Les joueurs prennent possession d'un terrain qui offre au moins 10 mètres de longueur, le plus souvent la place du village. À un bout, la ligne de tir et à l'autre six quilles positionnées en « T ». Les trois plus petites forment une ligne parallèle à la ligne de tir, les trois plus grandes sont disposées perpendiculairement. Le joueur lance son maillet en bois de 900 grammes en direction des quilles, le but du jeu étant d'en faire tomber le maximum. Si le joueur les abat toutes en un seul lancer, les spectateurs s'écrient « *rompèu !* » et non « *strike !* » Le joueur qui remporte la partie est celui qui a le plus de points et a donc fait tomber le plus de quilles en dix lancers. Le rampeau d'Astarac est proche d'un jeu encore très populaire en Gascogne : les quilles au maillet. Là aussi, le jeu comporte six quilles, un maillet et une zone de tir de 10 mètres. Les règles, elles, diffèrent quelque peu. Le joueur dispose de trois lancers pour faire tomber cinq quilles et marquer un point. S'il en fait tomber six, le lancer est nul et s'il en fait tomber moins de cinq, il ne marque pas de point. Les quilles sont alignées en deux rangées de trois sur un *pité*, un carré de ciment, les petites devant, les grandes derrières. Le *pité* est précédé d'une barre métallique que le maillet doit impérativement franchir, sous peine de nullité du tir. Objet de paris d'argent, le jeu a subi la même interdiction préfectorale que le palet gascon en 1956. Il a été remis au goût du jour par la Fédération départementale des foyers ruraux du Gers en 1982 avec un franc succès. Pratiqué dans toute la Gascogne, son comité national est rallié à la Fédération Française de Bowling et des Sports de Quilles. Auch compte son École de quilles au maillet et des championnats individuels ou par équipe sont organisés à travers tout le Sud-Ouest. L'excellent site du Comité national des quilles au maillet (www.quillesmaillets.com)

permet de découvrir les aptitudes physiques aussi bien que psychologiques nécessaires à la pratique de ce sport.

Course landaise et corrida

Des aptitudes physiques et psychologiques, il en faut pour se retrouver face à une vachette ou un taureau remonté comme un coucou. Héritage gascon, la course landaise se pratique avec ferveur dans les Landes et le Gers. Les 23 arènes gersoises se situent toutes en Armagnac, sur le flanc ouest du territoire. Moins controversée que la corrida puisqu'il n'y a pas de mise à mort de la bête, elle rassemble un public large de passionnés, les *coursayres*. Ils viennent admirer les coursières (les vaches elles-mêmes), les écarteurs et les sauteurs, sportifs de haut niveau qui se livrent à un jeu d'adresse plus qu'à un combat. Les coursières, femelles des *toros bravos* de corridas, pèsent entre 300 kg et 400 kg. Les éleveurs sélectionnent les plus combatives pour les mener à l'arène vers l'âge de 3 ans. Une bonne coursière peut espérer faire carrière pendant 10 ans, avant de retourner au pré pour une retraite bien méritée. Chaque vache porte un nom, une cote et les plus célèbres deviennent des « marraines ». Fédérale, reine des arènes dans les années 2000, possède même une statue à son effigie dans les rues de Dax. La franchise de ses attaques, qualifiée de noblesse en langage *coursayre*, suscitait le plus grand respect des toreros. On distingue deux types de toreros en course landaise : l'écarteur et le sauteur. Le premier porte le boléro brodé à la main et le second arbore blouse et pantalon blancs. L'écarteur attend la vache dans l'arène et l'esquive à la dernière seconde. Le sauteur efface la vache qui lui fonce dessus en effectuant un saut acrobatique : saut de l'ange, saut périlleux ou saut les pieds dans le béret. La saison se déroule de mars à octobre, une centaine de courses sont organisées pour départager le meilleur écarteur et le meilleur sauteur. Les arènes de Nogaro célèbrent les vaches tous les 14 juillet en remettant une « Corne d'Or » à la meilleure coursière. Si vous souhaitez assister à une course landaise, le calendrier est affiché sur le site de la fédération www.courselandaise.org et les places peuvent être réservées auprès des offices de tourisme.

Les plus grandes arènes, les *plazas*, permettent aussi d'accueillir des corridas. Dans le Gers, on en dénombre six : Vic-Fezensac, Aignan, Plaisance, Cazaubon, Eauze et Riscle. Malgré ses nombreux détracteurs, la tradition de la corrida espagnole perdure. Les *aficionados* voient dans la mise à mort du taureau l'issue d'un combat esthétique où le courage règne dans les deux camps. Celui du torero et celui du *toro*. La course se déroule en trois parties. Le *tercio* de pique, animé par deux picadores équipés de longues lances, permettent d'apprécier les réactions du taureau lorsqu'il est piqué. Lors du *tercio* de banderilles, des *banderilleros* plantent trois paires de banderilles dans l'échine de l'animal. Cela permet de l'affaiblir. Le *tercio* final est mené par la matador qui effectue une *faena*, ou série de passes avec sa muleta, et porte l'estocade. La mise à mort est cruciale dans une corrida. Le matador doit planter son épée très précisément entre l'omoplate et la colonne vertébrale du taureau. Si les spectateurs veulent voir le torero récompensé, ils agitent des mouchoirs blancs. Le torero peut emporter une oreille, deux oreilles et/ou la queue. S'il sort sur les épaules des aficionados à la fin de la corrida, c'est qu'il a particulièrement mérité. Mais il arrive que le taureau gagne la grâce du matador. Dans ce cas, le président de la course agite un mouchoir orange avant la mise à mort. C'est *l'indulto*, le taureau retourne aux champs couler des jours heureux.

DÉCOUVRIR

© MARINE PUERTOLAS

Arènes ovales, dédiées aux courses de vaches landaises.

GASTRONOMIE

G comme Gascogne, Gers, Gastronomie ou encore Gourmand : la bonne chère s'imprime en lettres capitales dans les abécédaires des cuisinières. Elle reçoit ses lettres de noblesse aux tables des grands chefs. Elle se fait messagère d'un terroir d'exception dans les épiceries fines et chez les cavistes sérieux. Ail de Lomagne, melon de Lectoure, moutarde de Bezolles, poule noire d'Astarac, oie de Masseube… le Gers se visite l'eau à la bouche. Armagnac, côtes-de-Gascogne, madiran, vins de Saint-Mont… la magie de la vigne se distille sur les pentes de ses doux coteaux. Les produits du terroir ensorcellent les sens et finissent en potions, décoctions et formules dans les grimoires de Gascons bien inspirés. De la poule au pot d'Henri IV au magret de canard d'André Daguin, les spécialités locales deviennent des légendes nationales. La magie du Gers se distille dans ses produits et infuse ses recettes. Bienvenue au pays des « merveilles » !

Les produits du terroir

Les volailles. Les palmipèdes sont les véritables stars des produits du terroir et bénéficient d'une Indication Géographique Protégée (IGP). Canards mulards ou de barbarie, oies du Gers sont élevés pour parer les tables françaises au moment des fêtes. Ce sont 80% des 5 millions d'oiseaux qui s'écoulent en fin d'année. Mais il ne faut pas oublier les producteurs de poulets et de volailles festives tels que le chapon ou la dinde. Certains producteurs ont remis au goût du jour la poule noire d'Astarac, commercialisée sous l'appellation « Volaille noire d'Astarac-Bigorre ». Sa chair ferme et finement persillée convient parfaitement pour une poule au pot.

Les bovins. Le Gers compte deux races locales. La mirandaise, descendante du cheptel amené par les Wisigoths au VIe siècle, est principalement élevée sur les coteaux du sud du département. Sa belle robe lui vaut le surnom de « bœuf nacré du Gers ». Menacée de disparition dans les années 70, elle bénéficie d'un programme de sauvegarde qui porte aujourd'hui son nombre de têtes à 600. Le bœuf gascon jouit d'une belle réputation. Les amateurs de viande rouge apprécient sa fibre serrée et son persillage régulier. Nourri à l'herbe fraîche au moins six mois dans l'année, il développe un muscle d'une qualité exceptionnelle.

© NOBTIS - ISTOCKPHOTO.COM

Poule au pot.

Charcuteries et salaisons. Foie et magrets prélevés, le reste du canard est transformé en saucisses fraîches, saucisses sèches, cous farcis, rillettes, pâtés. Le porc noir gascon est lui aussi largement consommé sous forme de saucisses, saucissons et jambons. À l'automne, les charcutiers agrémentent leurs étals de pâtés de gibier (chevreuil, sanglier) et de terrines de volailles fermières.

Fruits et légumes. Les terres fertiles de la Lomagne sont idéales pour la culture maraîchère. L'ail blanc de Lomagne a obtenu son IGP en 2008. Cultivé à Saint-Clar et dans ses environs, il présente des notes piquantes et légèrement boisées à cru. Cuit, il perd de sa vigueur et se teinte d'une douceur sucrée. Le melon de Lectoure, cultivé depuis 1850, est protégé par une marque depuis 2016, en attendant l'obtention de l'IGP. La variété charentaise livre une chair ferme, parfumée et sucrée, célébrée tous les étés à l'occasion de la Fête du Melon, autour du 15 août. Le pruneau d'Agen, lui aussi protégé par une IGP, se plaît en Lomagne et ce sont 229 hectares qui sont consacrés à sa production. Certaines de ces prunes d'Ente finissent dans des bocaux d'armagnac, à déguster en fin de repas. L'Armagnac et ses sols sablonneux voient pousser les asperges vertes au printemps. Et un peu partout dans le département, en fonction de la saison, vous trouverez pêches, kiwis et nèfles, et pourrez dénicher cèpes et girolles dans les sous-bois.

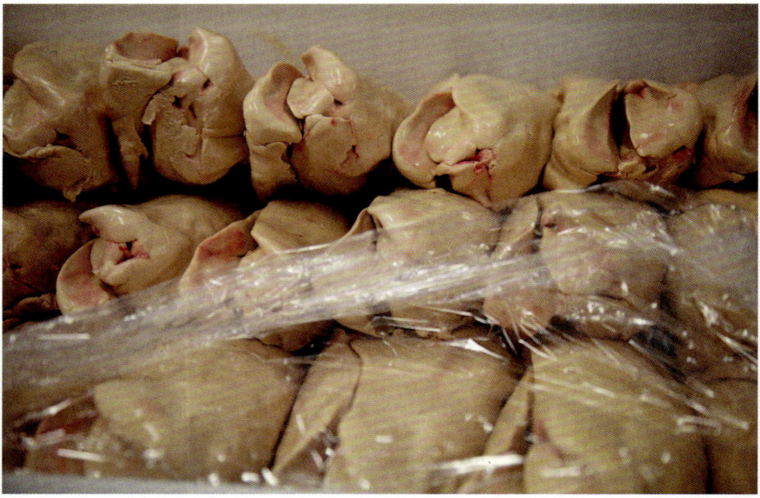

© ISABELLE SOURIMENT, 2009

Foies gras.

Pains. Les artisans boulangers sont de vrais créatifs et la réputation des spécialités locales dépasse souvent les frontières du département. La plus connue est peut-être le pain tordu, né du croisement de deux pâtons : sa mie aérée le fait gonfler à souhait et on aime sa croûte fine et craquante. Le pain porte-manteau est facilement reconnaissable à sa forme typique aux extrémités enroulées. La flambade, la baguette gasconne et le pain des familles remplissent également les rayons et, si la farine de blé ou de seigle sont les plus répandues, goûtez le pain au maïs, c'est une vraie bonne surprise.

Les spécialités locales

Le magret de canard. Autrefois confit dans des pots en grès, le magret de canard a été « réinventé » en 1960 par le chef gersois André Daguin. C'est lui qui a eu l'idée de le griller et de le déguster comme une viande de bœuf. Pour réussir son magret, il faut d'abord faire fondre la moitié du gras dans une poêle. Un passage au four pendant 5 à 6 minutes, gras sur le dessus, permet d'obtenir une viande rosée. Le secret réside dans la « détente » de la viande après cuisson : il faut la laisser reposer autant de temps qu'elle a cuit avant de la servir.

Le foie gras. D'oie ou de canard, frais, mi-cuit ou en terrine, le foie gras accompagne tous les repas de fête dans le Gers. Il faut venir en hiver pour découvrir le rituel du foie gras qui démarre dans l'un des cinq marchés au gras du département. On vient y choisir son foie frais, d'un beau beige nacré, qui doit marquer légèrement sous le pouce. On le cuisine ensuite en bocal ou en terrine, et on le cuit au sel, au lave-vaisselle ou de façon plus traditionnelle. Si le produit est fragile, les façons de l'accommoder et de la préparer sont multiples et vous trouverez sans peine un atelier de cuisine pour apprendre à le dénerver et à le préparer.

Le confit. La méthode, très ancienne, remonte à l'Antiquité. Elle aurait été importée dans le Gers par les Romains. La viande salée, cuite à feu doux pendant des heures, était ensuite mise en pot dans sa graisse de cuisson. Elle pouvait se conserver ainsi pendant longtemps. De nos jours, vous en trouverez chez tous les bons bouchers et charcutiers gersois. Il ne vous reste plus qu'à le faire réchauffer !

La garbure gasconne. De la vieille tradition de la soupe au dîner, la garbure gasconne a gardé le principe. On la retrouve sur les tables de fermes en hiver, surtout dans le sud du département. Ce plat mythique puise dans toutes les possibilités du jardin et des réserves de confits. Les spécialistes vous le diront, quand la cuiller tient droite dans le pot, c'est prêt !

La poule au pot. Nul ne sait si Henri IV était vraiment fou de la poule au pot. Ni s'il a vraiment dit : « Je veux que chaque laboureur de mon royaume puisse mettre la poule au pot le dimanche. » Toujours est-il que le plat figure parmi les recettes emblématiques du Gers – et de la Navarre. Pour un fumet très parfumé, préférez la poule noire d'Astarac.

Le millas. Ce gâteau salé, proche de la polenta, est surtout cuisiné dans le sud du Gers, là où pousse le maïs. Les anciens avaient pour habitude de le tremper dans la daube ou la garbure lors des grandes occasions.

Le tourin à l'ail. Cette soupe blanche met en exergue la créativité des cuisinières de Lomagne pour magnifier les produits locaux. Un tourin qui se respecte est préparé à base d'ail blanc de Lomagne. Celui-ci est mis à cuire dans de la graisse d'oie, puis à bouillir avec de l'eau. On y ajoute de la farine et du jaune d'œuf vinaigré pour épaissir, et le blanc d'œuf en toute fin de cuisson, pour la consistance. Un délice.

La croustade. À base de pommes ou de pruneaux et toujours généreusement arrosé d'armagnac, ce « gâteau » est fait à partir d'une fine pâte feuilletée, comme celle des feuilles de brick. Plusieurs couches de pâtes sont superposées, on y ajoute des fruits cuits, et on replie la pâte sur les fruits avant d'enfourner.

Les merveilles. À base de farine, d'œufs, de sucre vanillé mais aussi de fleur d'oranger, d'un soupçon d'armagnac, d'une noix de beurre fondu et de lait, les merveilles sont frites cinq minutes dans de la graisse de canard, égouttées, puis sucrées. Il faut les manger chaudes et saupoudrées de sucre glace.

Vins et spiritueux

En Gascogne, la culture du vin remonte à l'époque gallo-romaine, comme en témoignent les mosaïques de la villa de Séviac (p.132). Au début du XXe siècle, le phylloxéra dévaste par les racines le vignoble qui couvrait presque l'ensemble du département. Seules quelques parcelles échappent au massacre. La vigne occupe aujourd'hui 5 % de la surface agricole utile, se concentrant sur sa partie ouest. Les cépages blancs y sont majoritaires, car ils rentrent exclusivement dans l'élaboration de l'armagnac. Mais le raisin rouge trouve aussi sa place et s'exprime dans des vins de caractère, fidèles à l'identité gasconne.

Les côtes-de-Gascogne. Un millier de viticulteurs font vivre l'appellation emblématique du Gers qui se décline en rouge, blanc et rosé. Les cépages sont variés, du tannat et cabernet sauvignon en rouge, au colombard, ugni, gros manseng et sauvignon en blanc. Les vins rouges accompagnent les plats rustiques du terroir, les blancs et les rosés se dégustent en toute frivolité en été.

Le Saint-Mont. AOP depuis 2011, l'appellation rassemble une quarantaine de commune au sud de la région d'Armagnac. La richesse des cépages locaux produit des crus dont la qualité repose sur les sables fauves, les argiles bigarrées, les galets maucors et un microclimat spécifique qui leur offrent une belle complexité mais aussi un goût fruité et élégant. Très réputés, qu'ils soient rouges avec une petite saveur de réglisse, blancs avec un rappel de noisette, ou rosés avec une empreinte de fruits rouges, ces vins témoignent du savoir-faire vigneron. L'autre particularité de ce terroir est d'avoir une parcelle pré-phylloxérique inscrite à l'inventaire des monuments historiques.

Bières. Les Gersois ne sont que modérément amateurs de bière, malgré les nombreuses troisièmes mi-temps célébrées un peu partout et tout au long de l'année. S'ils en boivent, ils la préfèrent coupée avec du sirop de pêche ou de citron. Il existe cependant une petite filière brassicole et les brasseries artisanales commencent à s'organiser. Elles se multiplient et sont pour le moment au nombre de 10. Elles tentent de convaincre une clientèle plus habituée à la bière industrielle, légère en goût. Certains brasseurs veillent à apporter une touche typiquement gersoise à leur breuvage, comme la bière à l'armagnac de la Brasserie l'Excuse ou celle au maïs de Jean Brasse. D'autres utilisent des matières premières bio comme la brasserie Vaillant-Fourquet à Miradoux ou celle des VBB.

Armagnac. La plus ancienne eau-de-vie de France est née il y a plus de 700 ans en terre du Gers. Le vignoble prestigieux occupe le flanc ouest et le nord du département. Les vins blancs de l'année sont distillés dans un alambic spécial, puis vieillis en fûts de chêne. Pour plus d'information, consultez notre dossier complet sur l'armagnac au début de la section Découvrir.

Vodka. Nicolas Sinoquet fait fi des traditions et utilise ses alambics armagnacais pour distiller une vodka élaborée à base de lait de vache bio venu d'Auvergne. Il s'est inspiré du *arkhy* mongole pour la recette. Production très limitée, Lactalium Vodka se débusque auprès des très bonnes tables gersoises ou au domaine.

© PHOVOIR

Raisin, côtes-de-Gascogne.

AGENDA

Le Gers compte de nombreux festivals et animations culturelles, dont la plupart est programmée en été. Du petit marché de nuit qui anime la place du village au festival musical d'envergure internationale, le menu des réjouissances est varié et permet surtout de s'enrichir et se divertir à proximité du lieu où l'on se trouve. Jazz in Marciac est figure de proue des festivals gersois, le plus célèbre et le plus fréquenté. Ce sont 250 000 amateurs de jazz qui sont venus applaudir têtes d'affiche et formations en devenir en 2019, soit plus que la population du Gers ! Country, musiques tziganes, cuivres, musique classique ou latines font danser les étés. La Gascogne est aussi une terre de traditions solidement ancrées qui se perpétuent dans les ferias de Vic-Fezensac et d'Eauze, les Gasconnades de Lectoure ou le festival de Bandas de Condom. Enfin, l'art contemporain s'invite grâce à l'Été Photographique de Lectoure.

GRANDES FÊTES ET FERIA D'EAUZE

Arènes Nimeño-II
EAUZE
✆ 05 62 09 99 98
Premier week-end de juillet. Entrée : 15 à 20 € pour la novillada ; 20 à 80 € pour la corrida.

La Feria d'Eauze maintient la tradition de la corrida et de la course landaise dans une ambiance animée par les bandas et les bodegas. Organisée chaque année le premier week-end de juillet, elle est le rendez-vous incontournable des *festayres*. Vente d'huîtres, repas et concerts de rue, concours et bals, novilladas font monter la tension festive dont le paroxysme est atteint le dimanche avec la corrida dans les arènes Nimeno II. Les places sont à se procurer en pré-vente.

LES GASCONNADES

LECTOURE
✆ 05 62 64 00 00
https://lesgasconnades.fr/
Dernier week-end d'août. Dîner et bal de 18 à 20 €.

Depuis sept ans, l'association des Gasconnades organise un festival dédié à la culture gasconne. Le festival démarre le vendredi avec un dîner et un bal animé par des groupes de musique occitane. Le samedi voit arriver des animations : jeux de quilles, démonstration de béhourd (combat médiéval), contes bilingues, initiation à la danse gasconne... Un repas gastronomique est servi le soir sous les marronniers de la mairie au son des groupes gascons. Le festival se clôture le dimanche à l'occasion d'une messe en occitan, célébrée à la cathédrale de Lectoure.

SAINT-MONT, VIGNOBLE EN FÊTE

SAINT-MONT
✆ 05 62 69 62 87
www.plaimont.com
Dernier week-end de mars. Entrée libre, 15 € pour le circuit des Châteaux en bus.

L'appellation Saint-Mont célèbre ses vignerons et ses vignes au cours d'un festival de 3 jours riche en animations culturelles. Une dizaine de villages de l'Astarac prennent des allures de fête et proposent des activités originales : visite guidée et dégustation dans les châteaux, démonstrations culinaires, visite de la seule vigne de France inscrite aux monuments historiques, course de barriques ou encore atelier d'assemblage, qui vous permettra de repartir avec votre propre cuvée.

FERIA DE PENTECÔTE

VIC-FEZENSAC
✆ 05 62 06 56 55
https://toros-en-vic.fr/
En mai.

Dans la pure tradition des rencontre taurines, la feria de Vic-Fezensac est une véritable institution. Cartels d'exception, ambiance de folie, cette fête cumule le spectacle des arènes à celui de la rue. Les aficionados viennent de toute l'Europe pour assister à un programme de haute qualité. Des matadors d'envergure internationale se donnent rendez-vous à Vic pour des novilladas non piquées, tiendas de l'avenir, encierros matinal et corridas. Expositions, fanfares, concerts, corridas pédestres et bodégas complètent cette grande fête.

CIRCA - PÔLE NATIONAL CIRQUE AUCH

Circ
AUCH
✆ 05 62 61 65 02
www.circa.auch.fr
Programme sur le site Internet.

Voilà une trentaine d'années que l'association Circa met en avant des créations originales autour des arts du cirque. Chaque année, elle organise à l'automne un festival du cirque actuel. Les représentations des meilleures troupes de cirque de France et du monde se produisent sous le chapiteau. Outre ce festival, CIRCA accueille des Circassiens en résidence toute l'année. Le pôle offre un lieu de répétition, de création et de production aux artistes.

NUITS MUSICALES EN ARMAGNAC

7, rue Nationale
LECTOURE
✆ 05 62 68 76 98
www.nma32.com
De mi-juillet à mi-août.

Créé en 1962, le festival Nuits Musicales en Armagnac est dédié à la musique classique. Le festival investit quatre lieux : l'abbaye de Flaran, la cathédrale Saint-Pierre à Condom, la cathédrale Saint-Gervais Saint-Protais à Lectoure et l'église de Terraube. Orchestres symphoniques, récitals, musique de chambre, opéra mais aussi cabaret ou jazz, les univers explorés sont nombreux et de nature à plaire au plus grand nombre. Les danseurs de l'Opéra de Paris se joignent souvent à la fête.

CUIVRO'FOLIZ

60 bis, rue Gambetta
FLEURANCE
✆ 06 73 92 99 02
www.cuivrofoliz.com
Du 15 au 17 juillet. Entrée gratuite.

Quand la belle bastide du XIIIe siècle accueille l'un des plus grands rassemblement de cuivres du Sud-Ouest, vous êtes certain de vivre un moment exceptionnel. Cuivro'Foliz, le festival de fanfares et de musiques de rue, ce sont deux jours de fête à Fleurance, avec une programmation musicale dédiée aux bandas et aux ensembles de cuivres. 5 000 personnes se donnent rendez-vous dans la ville pour vibrer au son des trombones le temps d'un week-end. Le port de bouchons d'oreilles est fortement recommandé, tant au pied de la scène que dans les rues de la ville !

JAZZ IN MARCIAC

MARCIAC
✆ 05 62 08 26 60
www.jazzinmarciac.com
À partir du 20 juillet 2023 au 6 août. Billet : de 20 à 70 € selon les concerts.

La renommée de ce festival dépasse depuis longtemps les frontières du Gers : il accueille depuis 1978 les pointures de tous les courants musicaux du jazz. Ibrahim Maalouf, Marcus Miller, Hugh Coltman, Gregory Porter, Melody Gardot, Sting, Norah Jones sont autant d'artistes à avoir fait vibrer et swinguer les soirées gersoises. La grande scène peut accueillir 5 000 spectateurs, tandis que sur la place de la bastide se jouent des concerts gratuits. En journée, ce sont les grands de demain qui entonnent quelques notes de musique dans le cadre d'un festival « off ».

FESTIVAL D'ASTRONOMIE

Au Moulin du Roy
FLEURANCE
✆ 05 62 06 62 76
www.festival-astronomie.com
Du 4 au 11 août 2023.

Chaque année, début août, Fleurance a la tête dans les étoiles. Ce festival exceptionnel autour des sciences et de l'astronomie réunit chaque année quelques-uns des scientifiques les plus pointus dans ces domaines et attire des milliers de visiteurs. Au programme, des cours et ateliers, des expositions, des conférences, des soirées d'observation du ciel, des débats… et des animations virtuelles pour assister au festival depuis chez soi. Pas moins de 150 activités sont prévues pendant cette semaine astronomique. Le festival s'adresse à tous les publics.

COUNTRY IN MIRANDE

MIRANDE
✆ 05 81 67 50 50
www.countryinmirande.com
En juillet. Entrée : 12 € par personne par jour. Gratuit pour les moins de 15 ans

Tous les deuxièmes week-ends de juillet, Mirande se met à l'heure américaine. À la demande des participants, le festival se déroule désormais en plein air (si la météo le permet). Les concerts sont donc donnés sur la place d'Astarac. De nombreuses animations viennent compléter l'évènement : défilé de voitures et motos américaines, tir à l'arc, apprentissage du maniement du lasso... Ne vous étonnez pas de croiser des cow-boys ou des Indiens dans les rues de la ville, car les passionnés de western et du Far-West jouent le jeu jusqu'au bout.

ÉCLATS DE VOIX

Clairfont
PREIGNAN
✆ 05 62 05 20 82
www.eclatsdevoix.com
En juin. Billet : de 12 à 30 € selon le concert. Tarif réduit pour les -26 ans, chômeurs et étudiants.

Éclats de Voix réussit chaque année à accueillir quelques-unes des plus grandes voix du monde dans la capitale gasconne. Cette manifestation culturelle mêle excellence, originalité et éclectisme, au mois de juin, aux prémices de la saison estivale. Au programme, de l'art lyrique, classique ou baroque, du jazz vocal ou de la variété, des solistes ou des chœurs : une très grande diversité artistique. Les spectacles sont donnés à la cathédrale, au théâtre, au Dôme d'Auch, à la Maison de Gascogne, et dans d'autres lieux emblématiques de la ville.

TEMPO LATINO

3, rue du Général-Delort
VIC-FEZENSAC
✆ 05 62 06 40 40
www.tempo-latino.com
En juillet. Compter entre 40 € et 50 € pour une journée de festival. Pass 3 jours : dès 120 €.

Ce festival de musique latine et afro-cubaine créé en 1993 est le premier en Europe. Tempo Latino déroule trois jours d'évasion et de fêtes au son d'artistes et de groupes de musiques latines, afro-cubaines et caribéennes. Salsa, mambo, meringue ou cumbia embrasent les quatre scènes, dont la grande scène des arènes. Un marché de rue, des bars et des espaces de restauration accueillent et revigorent les festivaliers, et c'est toute la petite ville de Vic-Fezensac qui vibre et danse sur les rythmes latinos, dans une atmosphère généreuse et métissée.

GRAND PRIX DE NOGARO

SEMPA Circuit Paul-Armagnac
NOGARO
✆ 05 62 09 02 49
www.circuit-nogaro.com
Du 8 au 10 septembre 2023. Entrée : 15 € ; pass 2 jours : 25 €. Plus d'informations sur le site.

Cet événement gersois majeur pour les passionnés de sport automobile démarre par un meeting de véhicules historiques de compétition. Pas moins de dix courses se succèdent ensuite sur l'asphalte du circuit Paul-Armagnac. Au programme des plateaux : F3 Classic et Formula Renault Classic, Challenge Formula Ford Historic, Formule Ford Kent, Sport Protos Cup, GT Classic, Lotus, Legends Cars Cup, GT Tourisme, ASAVE Racing 75 et 65, Maxi 1300 et Roadster Pro Cup : autant de confrontations qui on l'espère feront tomber le record d'Alessandro Zanardi...

WELCOME IN TZIGANIE

1, place Carnot
SEISSAN
✆ 05 62 66 12 22
www.welcome-in-tziganie.com
En avril. Tarifs complets en ligne.

L'association L'Air des Balkans organise depuis 2008 un festival dédié aux musiques tziganes. Des groupes venus de Roumanie, Bosnie-Herzégovine, Serbie mais aussi de France se produisent à Seissan à la fin du mois d'avril. Pour cette 16e édition, le festival se fait une joie de recevoir le groupe Balkan Beat Box (alias BBB), qui vous offrira un savoureux mélange entre hip-hop et électronique dub, reggae et traditions musicales des Balkans. Au-delà des concerts, le festival propose également des stages de découverte et de pratique musicales.

LA RONDE DES FOIES GRAS

Chemin de la Vierge - **MAUVEZIN**
✆ 05 62 06 84 67
https://www.rondedesfoiesgras.com/
Mi-octobre. Participation : 35 € pour la course et repas du midi ; 16 € repas accompagnateur ; 15 € repas samedi.

Chaque année, le deuxième dimanche d'octobre, a lieu la traditionnelle course de la Ronde des foies gras autour de Mauvezin. Le circuit de 25 kilomètres sillonne les fermes des environs, sept au total. Les coureurs et cyclistes s'y arrêtent pour se ravitailler en foie gras entier. Ils sont près de 2 000 à cumuler course et casse-croûte. Comme chez Jacques Martin, ils gagnent tous et sont récompensés du même lot : T-shirt et conserve de foie gras. Un repas convivial est organisé sous la halle après la course, qui rassemble coureurs et organisateurs.

L'ÉTÉ PHOTOGRAPHIQUE DE LECTOURE

8, cours Gambetta
LECTOURE
✆ 05 62 68 83 72
www.centre-photo-lectoure.fr
Du 15 juillet au 30 septembre 2023. Entrée : 6 € ; gratuit -18 ans et chômeurs.

Le Centre d'art et de Photographie de Lectoure invite plusieurs artistes contemporains à croiser leurs regards autour d'un thème commun. Vidéos, photos, œuvres s'exposent dans différents lieux de la commune : Maison de la Photographie, ancien tribunal, Halle aux Grains, Village des Brocanteurs, Jardin de la Cerisaie. . Un plan du parcours accompagné d'une liste des exposants vous est remis à la visite de votre premier lieu. Il permet de visiter la ville au passage.

FESTIVAL DES BANDAS

Place Bossuet - **CONDOM**
✆ 05 62 68 31 38
https://www.festivaldebandas.fr/
En mai. Entrée dès 13,80 €. Programme et billetterie sur le site.

Crée en 1973 par une bande de copains de Condom, le festival fête sa cinquantième bougie ! Il s'agit du plus grand rassemblement européen de cuivres et de percussions, où la fête est au rendez-vous tout le week-end. Ne loupez pas les défilés des bandas dans les rues, la course landaise et le match de rugby du samedi, la remise des prix des meilleures bandas, le grand paquito au milieu de la place, les concerts d'artistes français et internationaux, les ateliers et jeux pour enfants mais aussi les dégustations gourmandes sur les stands des producteurs locaux.

GASCONH'À TABLE

SAMATAN
✆ 07 81 66 67 15
Salon de la Gastronomie et de la Culture Gasconne. Dernier week-end de novembre.

Chaque année fin novembre, ce salon donne rendez-vous à tous les amoureux de la gastronomie du terroir et de la culture locale pour découvrir ou redécouvrir les saveurs de la Gascogne. Pendant 3 jours, les festivités battent leur plein. Au programme ; salon et exposition des producteurs, concours de foie gras, démonstrations culinaires, concerts, bals et danses traditionnelles, sans manquer les repas gascons réalisés avec des produits du coin et servis sur de grandes tablées. Pour les enfants, des ateliers Petits Chefs sont également organisés.

FESTIVAL SAM'AFRICA

SAMATAN
https://www.sam-africa.com/
Du 1er au 3 septembre 2023. Gratuit.

Au cœur de Samatan se déroule le festival Sam'Africa, chaque année début septembre. La culture africaine est à l'honneur avec de nombreux concerts gratuits tout le week-end. Au programme également, des initiations et des animations musicales, des jeux sportifs traditionnels, des diffusions de films, des stages de danse, des rencontres au café-philo, des créations et peintures à faire soi-même... Profitez également du marché africain avec des artisans et producteurs pour goûter des spécialités. Vibrez au rythme de l'Afrique à travers ces beaux moments de partage !

FESTIVAL D'ARTAGNAN CHEZ D'ARTAGNAN

LUPIAC
www.dartagnanchezdartagnan.org
Du 12 au 13 août 2023. Amateurs en costume d'époque et reconstitutions, foire artisanale, spectacles, concerts

Le village natal de d'Artagnan se devait de fêter son illustre mousquetaire. Comme dans un spectacle vivant, tous les habitants y participent en costume de paysans, musiciens, barons, chasseurs et même bohémiens et ils colorent les rues de Lupiac. Tout le village et ses visiteurs dansent, chantent et se retrouvent sur le marché gourmand, les stands d'artisanat ou devant les concerts de musique traditionnelle. Vous y passerez une magnifique journée, qui fait revivre un temps révolu.

CLASSIC FESTIVAL

Circuit Automobile Paul Armagnac - **NOGARO**
✆ 05 55 25 27 26
https://www.classicfestival.fr/
Rassemblement de voitures anciennes. Du 7 au 8 octobre 2023. Entrée : 20 € / personne par jour. Voir sur le site web

C'est LE festival incontournable pour tous les amoureux de voitures anciennes ! Sur le mythique circuit automobile Paul Armagnac à Nogaro, pendant 2 jours, venez assistez à une impressionnante exposition de vieux bolides et pourquoi pas participer à la bourse d'échanges. Ne manquez pas la traditionnelle parade des voitures anciennes ou les nombreuses animations aux bodégas (courses landaises, verre de l'amitié...). Inscrivez-vous pour participer au Tour Gascon, un parcours, d'une centaine de kilomètres dans la campagne locale entrecoupé de pauses gustatives !

FESTIVAL DU COURT MÉTRAGE

AUCH
https://festivalcourtauch.com/
Du 23 au 26 novembre 2023.

Créé en 2011 par un groupe de jeunes cinéastes, cet événement hybride mêle cinéma, rencontre et autres arts. Depuis plusieurs années, le succès grandit. Plus de 13 560 films ont été reçus par les organisateurs du festival depuis sa création, 58 films étaient en sélection en 2022 et 1 500 spectateurs étaient au rendez-vous à la dernière édition. Ce festival se veut être une vitrine qui cherche à mettre en avant la création de demain tout en favorisant l'accès de tous à la culture.

JE DIS
OUI
AUX PRODUITS BIO
D'OCCITANIE
Sud de France
l'occitanie
AVEC SUD DE FRANCE,
PRENEZ LE PARTI DES PRODUITS D'OCCITANIE
Rendez-vous sur produitenoccitanie.fr
iBO
InterBIOccitanie
AGRICULTURES & TERRITOIRES
La Région
Occitanie
Pyrénées - Méditerranée
POUR VOTRE SANTÉ, ÉVITEZ DE MANGER TROP GRAS, TROP SUCRÉ, TROP SALÉ. - MANGERBOUGER.FR

PAYS D'AUCH

Au centre du département du Gers, Auch, le chef-lieu, domine la vallée de la rivière éponyme depuis son éperon rocheux. Haute et basse ville existent depuis l'Antiquité, comme en attestent les vestiges de l'époque gallo-romaine. Aujourd'hui c'est surtout la cathédrale majestueuse qui impressionne le visiteur, ainsi que les pousterles et les rues moyenâgeuses de la vieille ville. S'il n'y avait qu'un musée à visiter lors de votre séjour en Pays d'Auch, ce serait celui des Amériques, qui renferme la deuxième plus importante collection d'art précolombien d'Europe. En arrivant sur la préfecture du Gers, vous aurez été séduit par les paysages ondulants, les petits villages typiques organisés autour de leur église et de leur château, comme celui de Lavardens ou de Castillon-Debats. Toute proche, Vic-Fezensac est la porte du Bas-Armagnac : la ville est réputée pour son sens de la fête, notamment lors de la feria ou du festival Tempo Latino.

LANDES
Fourcès
Barbotan les Thermes
Castelnau-d'Auzan
Montréal-du-Gers
Condom
MIRADOUX
LECTOURE
TERRAUBE
SAINT-PUY
Cazaubon
Mouchan
Pauilhac
Tournecoupe
La Sauvetat
FLEURANCE
ESTANG
EAUZE
CASTÉRA-VERDUZAN
Vers MONFORT
Montestruc
Panjas
Manciet
LANNEPAX
Le Houga
DÉMU
VIC-FEZENSAC
Nogaro
CASTILLON-DEBATS
Préneron
Saint-Jean-Poutge
LAVARDENS
Puycasquier
PREIGNAN
Bétous
Aignan
Belmont
Lupiac
Bazian
Riguepeu
Duran
Marsan
AUCH
AUBIET
Saint-Germé
Cahuzac-sur-Adour
Plaisance du Gers
Beaumarchés
Barran
Pessan
PAVIE
10 KM

AUCH ★★★

Capitale de la Gascogne, la ville d'Auch séduit d'emblée le visiteur avec ses grandes places et ses ruelles étroites et pentues chargées d'histoire. Le cœur historique de la ville, perché sur un éperon dominant le Gers et offrant de belles échappées sur la chaîne des Pyrénées, a beaucoup de caractère. L'architecture médiévale, représentée par de belles maisons à colombage, se mêle harmonieusement aux bâtiments classiques, surtout autour de l'imposante cathédrale Sainte-Marie. Chef d'œuvre du gothique tardif, elle offre un mélange réussi de styles architecturaux et raconte avec splendeur la longue histoire de sa construction. Structure gothique, façade Renaissance et chœur baroque forment un alliage de toute beauté. Non loin de la cathédrale, ne manquez pas l'escalier monumental, qui permet de rallier les rives du Gers, et d'embrasser d'un seul coup d'œil toute la ville. Auch est donc une ville d'histoire, mais aussi de culture, tournée vers les arts vivants : elle accueille le CIRCA, pôle national du cirque, qui organise le Festival du cirque actuel. Le musée des Amériques vaut également le détour. Parmi les places, rues et ruelles du centre-ville, beaucoup sont aujourd'hui semi-piétonnes ou piétonnes comme la commerçante rue Dessoles. Elles sont animées par de nombreux marchés en semaine et le weekend, et offrent des possibilités de balades variées et tranquilles. Vous pouvez aussi suivre la rivière par la promenade Claude Desbons jusqu'au joli parc du Couloumé pour combler vos envies d'espaces verts.

LES ALLÉES D'ÉTIGNY ★

Allées d'Etigny
✆ 05 62 05 22 89
www.auch-tourisme.com

Visite libre sur l'esplanade. Parking gratuit.

Cette vaste esplanade construite en 1863 débouche sur le palais de justice. On y accède depuis la place de la Libération par un escalier de pierre au milieu duquel trône la statue d'Antoine Mégret d'Étigny, intendant de la généralité de Gascogne. Il est entouré de deux lions en pierre sculptés par Pierre de Vigan en 1803 et récemment restaurés. En contrebas, sur la droite, vous trouverez l'ancien couvent des Cordeliers et la maison de Gascogne, ancienne halle aux grains. Les allées offrent un vaste parking gratuit bien pratique pour stationner en centre-ville.

BOIS D'AUCH

Chemin du Bois d'Auch
✆ 05 62 05 22 89
www.auch-tourisme.com

Accès libre. Parcours santé, sentier pédagogique, aire de pique-nique.

Proche du golf, ce joli bois à l'ouest de la ville attire les Auscitains désireux de s'oxygéner. Il s'étend sur une superficie de 110 ha et a été aménagé pour offrir à tous balades, activités physiques et d'orientation. Dans la partie sud, un parcours vitalité de 1 660 m comprend 17 étapes successives. Vous pourrez en outre apprécier la richesse de la faune et de la flore locales, notamment à travers un sentier pédagogique d'1,8 km, jalonné de bornes d'information. Les légendes de la grotte des Fées ou de la fontaine aux Loups n'auront plus de secrets pour vous.

ESCALIER MONUMENTAL ★

✆ 05 62 05 22 89
www.auch-tourisme.com

Ouvert toute l'année. Visite en libre accès.

Au bas des marches claires, vous comprenez très vite qu'il porte bien son nom : monumental, cet escalier l'est assurément. Il se déploie avec emphase, magistral avec ses 374 marches comprenant des doubles volées. Achevé en 1863, il reliait la ville historique à la nouvelle sur 35 m de dénivellation, autant dire que son ascension est incontournable ! Inscrit aux monuments historiques et rénové en 2008, c'est indubitablement l'une des plus belles réalisations architecturales auscitaines, avec trois paliers successifs où de belles rencontres vous attendent. Au premier, les toits se succèdent déjà sous vos yeux et une magnifique statue du plus illustre des gascons, le célèbre d'Artagnan, né Charles de Batz de Castelmore. Altier et vêtu de cape et d'épée, il est l'œuvre de Michelet. Lors de cette ascension, ne manquez pas de regarder vers la droite car la chaîne des Pyrénées n'est jamais vraiment cachée par beau temps. Elle se déploie derrière la ligne des collines tandis qu'à gauche la ville, ses rues, la cathédrale et la tour d'Armagnac se distinguent au cœur de la verdure. Une fontaine dans le creux du mur vous attend bien plus haut et devant elle, l'intrigant Observatoire du temps tapisse le sol. Le texte biblique du déluge y est gravé, le temps de le traduire, vous pouvez reprendre votre souffle qui, n'en doutez pas, sera coupé au sommet. La vue y est indescriptible, de là vous imaginez sans effort ce qu'était la ville au temps des Romains, et cet instant de magie récompense ceux que vous avez fait pour gravir cet escalier.

CATHÉDRALE SAINTE-MARIE ✞ ★★★

Rue Arnaud-de-Moles ✆ 06 30 41 19 38
www.auch-tourisme.com

Ouvert toute l'année de 9h à 12h et de 14h à 17h30. Le dimanche seulement l'après-midi. Entrée au chœur : 2,5 €.

Au sommet de la vieille ville, la cathédrale symbolise la puissance des archevêques qui l'ont fait édifier au XVe siècle. Avec ses 100 mètres de long, ses 40 mètres de large et ses tours carrées de 44 m de hauteur, la cathédrale Sainte-Marie est la dernière cathédrale gothique bâtie en France et peut-être la plus spectaculaire. Que l'on arrive par l'est ou l'ouest de la ville, on peut déjà l'admirer surplombant la ville. Si grandiose, notre regard est capté par son immensité. Ses dimensions impressionnantes en font un édifice hors normes qui a nécessité 200 ans de labeur. Par conséquent, plusieurs époques architecturales traversent cette cathédrale. Son gothique flamboyant originel évolue vers un style Renaissance et emprunte même une esthétique baroque dans la partie réservée aux chanoines. En y entrant, on est directement impressionné par l'amplitude de sa nef, 26 m de hauteur sous les voûtes. Les 113 stalles du chœur sont finement ornées de 1 500 scènes et personnages sculptés dans du chêne massif. Les artisans en ont fait surgir un véritable livre d'histoires. Aucune stalle n'est identique. Des épisodes de famine, des scènes bibliques et mythologiques, des références légendaires se relayent pour former une frise fascinante, permettant au chœur d'être classé comme un des plus beaux d'Europe. Il est fermé par un retable de marbre blanc et noir réalisé au XVIIIe siècle par Pierre Souffron II. La cathédrale d'Auch renferme d'autres trésors : Un orgue monumental datant du XVIIe, avec ses 3 600 tuyaux au-dessus de la rose de la façade, un deuxième donné par Napoléon III et sa femme Eugénie, mais surtout sa nef surmontée de 18 fenêtres ornées de vitraux somptueux. Signés par Arnaud de Moles, on ne sait que peu de choses de ce maître verrier du XVIe siècle. Effets de transparence, souci du détail avec le froissé et le drapé des vêtements, maîtrise de la lumière et des couleurs vives et chaudes qui jouent avec le soleil : cet ensemble, achevé en 1513, surprend par sa thématique et son aura hypnotique. Classée au patrimoine mondial de l'humanité de l'Unesco, c'est aussi un site incontournable des chemins de Saint-Jacques de Compostelle. Visite libre ou guidée, ne manquez donc pas ce joyaux préservé au cœur de la Gascogne, lors de votre visite du Gers. Et pour en découvrir toujours plus, vous pouvez aussi visiter le musée du Trésor de la Cathédrale ; il s'agit du centre d'interprétation de la cathédrale, de son histoire et de son architecture contenant une sublime collection d'objets d'arts religieux et sacrés.

HÔTEL DE VILLE

Place de la Libération
✆ 05 62 61 66 00
www.mairie-auch.fr

Visite libre du théâtre et de la salle des Illustres du lundi au vendredi de 8h à 17h.

Ce grand bâtiment dominant la place de la Libération dont la construction a été impulsée par le célèbre Intendant d'Étigny abrite quelques belles surprises. Un magnifique théâtre à l'italienne dont il a financé toute la décoration, accueille tout au long de l'année des spectacles variés. À l'étage se trouve la fameuse salle des Illustres à visiter, sur les murs de laquelle sont exposés les portraits des Gerscis qui ont marqué l'histoire du Gers. Ces peintures sont l'œuvre de Gustave de Lassalle-Bordes, artiste local et assistant de Delacroix, sous Napoléon III.

MAISON DE GASCOGNE

Avenue Gambetta
✆ 05 62 61 65 66

Ouverture lors de manifestations.

Cette ancienne halle aux grains construite entre 1837 et 1843 accueille entre ses murs de nombreuses manifestations : exposition des produits du terroir et d'artisanat d'art en juillet et août, salons gourmands et autres marchés le reste de l'année. En y entrant, le charme de la charpente opère. Elle est l'œuvre du grand maître charpentier Tournier. Ses murs affichent les caducées du commerce. En face de la halle se dresse la poste centrale, belle bâtisse du XVIIIe siècle, ancienne préfecture, après avoir été hôtel de l'intendance.

MAISON FEDEL

1, rue Dessoles
✆ 05 62 05 22 89

Renseignements à l'office de tourisme du Grand Auch.

Classée monument historique, cette maison à pans de bois est située à deux pas de la cathédrale et suscite l'admiration de tous les visiteurs. Construite en 1450, elle tire son nom du magasin qu'elle abritait au rez-de-chaussée au siècle dernier. Ses trois étages à colombages tiennent en aplomb sur un soubassement de pierres calcaires. Les briquettes placées entre les colombages forment des motifs en chevrons et certaines des fenêtres affichent encore leurs carreaux colorés. La Maison Fedel constitue le plus bel exemple d'habitat médiéval dans le cœur d'Auch.

MAISON HENRI IV

22, rue Espagne
✆ 05 62 05 22 89
www.auch-tourisme.com
Visite libre depuis la cour intérieure.

Ce n'est pas la maison proprement dite qui est remarquable, mais son escalier. La forme et la qualité de son œuvre font de ce site historique classé un ouvrage exceptionnel. Il résume à lui seul la période de transition entre les escaliers à vis du Moyen Âge et la rampe droite typique du XVIe siècle. Sa base en pierre de taille et ses arches en bois sont visibles depuis la cour intérieure. Pour la petite histoire, sachez qu'Henri de Navarre, le futur roi Henri IV, a séjourné dans cette demeure en 1578 en compagnie de Catherine de Médicis, la future reine Margot.

MUSÉE DE LA RÉSISTANCE ET DE LA DÉPORTATION

12, Place Saluste du Bartas
✆ 05 62 05 22 89
www.auch-tourisme.com
Musée fermé pour travaux sans date de réouverture prévue. Au sous-sol de la médiathèque municipale.

Le musée rassemble 700 objets et documents liés à la déportation et à la Résistance. Cette collection a été initiée par trois anciens résistants. Vous y verrez du matériel de sabotage, des casques, des fusils, des uniformes de déportés, mais aussi des témoignages forts comme des affiches de propagande, la photo de la venue du maréchal Pétain à Auch ou encore des tickets de rationnement. Cet espace de mémoire pérennise le souvenir de la Résistance dans le Gers.

LE PARC DU COULOUMÉ

Rue du Professeur Ramon
✆ 05 62 05 22 89
www.auch-tourisme.com
Accès libre toute l'année. Accessible aux PMR.

Ancien champ d'aviation puis hippodrome, ce parc fut d'abord une peupleraie dans les années 1960. Au fil des ans, il est devenu un parc à l'anglaise avec ses petits chemins aménagés et ses bancs pour se poser. Au fond du parc, un château privé du XVIe siècle surgit des arbres. Le jardin a été conçu comme une promenade bucolique. Ce parc labellisé favorise la biodiversité, vous découvrirez ses 257 essences répertoriées et signalées par des panonceaux. Vous y trouverez également une grande pelouse équipée de 3 aires ludiques et sportives pour profiter en famille !

MUSÉE DES AMÉRIQUES ★

9, rue Gilbert Brégail
✆ 05 62 05 74 79
www.ameriques-auch.fr
Ouvert de 10h à 12h15, de 14h à 17h15, jusqu'à 18h d'avril à septembre. Entrée : 6 €. Fermé en janvier.

Institué sous la Terreur dans l'ancien couvent des Jacobins, le musée d'Auch est l'un des plus anciens de France. Réparti sur trois niveaux, il conserve plus de 20 000 objets. Le musée des Amériques est le second plus grand fonds d'art précolombien après celui musée du Quai Branly - Jacques Chirac à Paris. Cette collection démarre grâce à l'intérêt d'un certain Guillaume Pujols, un Auscitain exilé en Amérique du Sud passionné d'archéologie. Il ramène de ses voyages une centaine de pièces. Lorsqu'il devient conservateur du musée d'Auch en 1911, il décide de les exposer au public. Il lègue au musée ses magnifiques collections préhispaniques provenant du Pérou et du Mexique et d'art sacré latino-américain. Ne manquez pas la *Messe de Saint-Grégoire*, un tableau réalisé avec des plumes à Mexico en 1539. La deuxième collection du musée rassemble des œuvres qui couvrent une période qui s'étend de l'Antiquité au Moyen Âge. Les œuvres de l'Egypte antique proviennent d'un legs de Charles Palanque. À noter également une statue monumentale de l'empereur Trajan ou un superbe olifant en ivoire sculpté du XIe siècle. Le musée n'oublie pas l'histoire locale avec les arts et traditions populaires de Gascogne, ni les beaux-arts. Le fonds constitutif du musée provient de la collecte d'œuvres effectuée dans les édifices de l'État et les maisons des émigrés du Gers. Mais les toiles les plus séduisantes sont peut-être celles du peintre italien Mario Cavaglieri, qui a su saisir l'âme et la lumière de la région.

PLACE BETCLAR

Place Betclar
✆ 05 62 05 22 89
www.auch-tourisme.com
Visite guidée possible, se renseigner à l'office de tourisme.

Au cœur du centre historique, la place Betclar a des allures de petit Montmartre. Entourée de grandes façades anciennes, arborant les vieux écriteaux peints des commerces d'antan, elle diffuse un charme fou. Elle s'articule étroitement autour de la Halle aux herbes du XVIIIe siècle. Pénétrez à l'intérieur pour admirer la belle charpente de bois et les abris des marchands qui s'y installent encore pour le marché du samedi matin. Tout autour, les rues pentues permettent de rejoindre la cathédrale, la rue Dessoles ou encore le musée des Jacobins.

MUSÉE DU TRÉSOR DE LA CATHÉDRALE

Place Salinis
✆ 05 62 05 95 03
www.auch-tourisme.com
Ouvert tous les jours de 10h à 13h et de 14h à 18h de juin à septembre. Entrée : 6 €. Visite guidée : 8€

Le trésor de la cathédrale d'Auch est conservé dans une forteresse imprenable, la tour d'Armagnac. Du haut de ses 40 mètres, il s'agit ni plus ni moins de l'ancienne prison de l'évêché. Trois anciens cachots ont été ouverts aux visiteurs et complètent la découverte des collections du trésor. Ce sont plus de 200 objets d'art religieux qui ont été rassemblés sur 300 m² d'espaces aménagés. Au-delà de leur utilité dans la pratique du culte ou de leur expression de la dévotion religieuse, les tableaux, sculptures et pièces d'orfèvrerie sont mis en valeur comme de véritables œuvres d'art. Le trésor est présenté dans les salles basses de l'ancienne chanoinie, les vestiges de l'église primitive du XIe siècle et la partie inférieure de la tour d'Armagnac, qui se visitent au même titre que les œuvres exposées. Ainsi, la cheminée monumentale ornée de blasons, les colonnes à chapiteaux ou les poutres en chêne attirent l'attention. Ce lieu d'exposition mais aussi centre d'interprétation de la cathédrale par son histoire et son architecture, présente également les bâtiments de l'ancien tribunal ecclésiastique, ses salles d'audience, les vestiges de la salle capitulaire et bien sûr les fameux cachots, dont un aménagé dans un mur de 7,8 m d'épaisseur ! Sur place, des vidéos, des tablettes et des bornes interactives vous permettent de découvrir cet écrin patrimonial et tout le travail de restauration qui a pu être accompli. Des applications d'aide à la visite sont téléchargeables.

LES POUSTERLES ★

Visite libre au cœur du centre historique.

La pousterle auscitaine désigne une ruelle escarpée parfois aménagée d'escaliers. Ces ruelles médiévales pittoresques permettaient aux habitants de la ville fortifiée de s'approvisionner en eau sur les berges du Gers. Construites au XIVe siècle lors de l'aménagement du centre-ville, elles sont l'occasion d'une belle et vertigineuse balade. La ville compte cinq pousterles qui relient ville haute et basse : la Pousterle du Nord, la Pousterle de Las Ournettos (les petits ormes), la Pousterle des Couloumats (les pigeons), la Pousterle de l'Est et la Vieille Pousterle.

LA PRÉFECTURE ★

Place du Préfet-Claude-Erignac
Ne se visite pas.

La structure actuelle du bâtiment date du XVIIIe siècle. Construit à l'emplacement de l'ancien palais des archevêques (XIIe siècle), il est adossé au flanc nord de la cathédrale et s'impose grâce à sa façade classique à pilastres cannelés d'ordre corinthien. Ce superbe édifice se visite uniquement pendant les journées du patrimoine. Ses jardins étaient autrefois réputés pour une succulente variété locale de poire : la poire d'Auch. Elle était tellement célèbre qu'elle est représentée sur les vitraux de la cathédrale. Les archevêques la vendaient jusqu'en Pologne !

© PECOLD - SHUTTERSTOCK.COM

Auch.

PROMENADE CLAUDE DESBONS

Ouvert toute l'année.

Il était légitime que cette promenade de 4 km porte le nom de l'initiateur de ce projet d'aménagement des berges du Gers : Claude Desbons, ancien maire d'Auch. Ce parcours à plat est très agréable, ombragé et bucolique. En longeant la rivière, on découvre la faune et la flore locales, les jardins potagers des particuliers parfois aménagés de manière surprenante. On profite de vues imprenables sur le centre historique auscitain qui, par temps clément, se reflète avec élégance dans l'eau. Vous passerez notamment sous les arches du sublime pont de la Treille.

ATELIERS PATRIMOINE

3, place de la République

✆ 05 62 05 22 89

www.auch-tourisme.com

Durant les vacances scolaires. Durée : 2h30. Tarif : 6 €. Renseignements auprès de l'Office de tourisme.

Initiez vos enfants à l'architecture, à l'histoire et aux beaux-arts grâce aux ateliers ludiques organisés par l'Office de tourisme du Grand Auch. Les quatre ateliers imaginés pour les 6-12 ans s'articulent autour d'une visite patrimoniale, suivie d'un exercice de création artistique. Ainsi, l'atelier modelage conduira les petits à visiter les stalles de la cathédrale puis à réaliser une œuvre en argile inspirée de leur bestiaire. Blasons, taille de la pierre, et atelier vitrail « Lumière et couleurs ! « font partie du programme.

TOUR D'ARMAGNAC ★

✆ 05 62 05 22 89

www.auch-tourisme.com

Parties basses accessibles par le Trésor de la Cathédrale de 10h à 13h et de 14h à 18h de juin à septembre.

À l'angle de la place Salinis et de la cathédrale, impossible de manquer cette impressionnante tour de plus de 40 mètres de haut qui abrite aujourd'hui le musée du Trésor de la cathédrale. Elle est érigée au XIVe siècle, sous l'impulsion de l'archevêque qui a besoin d'une prison. Sous l'Ancien Régime, elle devient le dépôt des archives de la cathédrale. Mais dès 1792, elle retrouve ses fonctions originelles. Sous la Terreur, les condamnés y sont emprisonnés et lors du coup d'État de décembre 1851, on y enferme les opposants à l'instauration du Second Empire.

AUCH EN FAMILLE

3, place de la République

✆ 05 62 05 22 89

www.auch-tourisme.com

Visite guidée : 8 € ; gratuit jusqu'à 18 ans. Se renseigner à l'Office de tourisme pour les détails de visites.

Auch se démène pour proposer des activités et visites originales à faire en famille, ayant conscience que les centres d'intérêt des adultes ne correspondent pas forcément à ceux des plus petits. L'Office de tourisme a mis au point des visites originales : avec votre smartphone ou une tablette à disposition, partez à la découverte du patrimoine auscitain à travers le jeu de piste « Explore Auch » en faisant réaliser à vos enfants différents petits jeux et challenges et ainsi aider Baptistou à retrouver son oie perdue dans la ville. Ludique et passionnant !

OFFICE DE TOURISME DU GRAND AUCH

3, place de la République ✆ 05 62 05 22 89

www.auch-tourisme.com

Ouvert du lundi au samedi de 9h30 à 18h30 (10h le lundi) ; de 10h à 12h30 et de 15h à 17h30 le dimanche en été.

L'Office de tourisme du Grand Auch-Cœur de Gascogne vous accueille avec des vidéos, écrans tactiles, brochures qui permettent d'avoir un avant-goût des découvertes et activités de la région. L'Office de tourisme organise des visites guidées, des randonnées et ateliers. Des quizz ludiques sur le musée des Amériques ou la cathédrale sont pensés pour les enfants. Profitez également de la boutique de produits locaux à l'entrée et d'un panorama unique sur la cathédrale au 3ème étage.

LIO - BUS REGIONAUX

Avenue Pierre-Mendès-France

✆ 05 62 05 76 37

www.mestrajets.lio.laregion.fr/

Trajet : 2 €. Horaires et plans sur le site Internet.

LIO est le service de bus mis en place par la région Occitanie. Parmi les neuf lignes, cinq relient Auch aux grandes villes voisines, il s'agit des lignes 931, 932, 933, 934 et 935, qui relient respectivement Auch à Tarbes, Agen, Montauban, Aire-sur-Adour et Toulouse. Les lignes 951 à 954 sont plus locales. Les bus partent et arrivent sur le parvis de la gare ferroviaire d'Auch. Ils circulent tous les jours, mais les horaires varient lors des vacances scolaires. La compagnie a simplifié sa grille tarifaire en septembre 2020, en adoptant un tarif unique par trajet.

ALLIANCE - BUS URBAIN

7, place de la Libération ✆ 05 62 61 67 77

www.alliance-bus.com

Ticket : 1 € ; carte 12 voyages : 8 €. Pass journée : 2,5 €. Agence ouverte du lundi au vendredi de 9h à 13h.

Le service de bus urbain du Grand Auch est assuré par Alliance. Les 7 lignes partent de l'arrêt Baylac, le long des allées d'Étigny dans la ville haute, circulant entre 7h et 20h. Elles rallient l'Hôpital (ligne A), la Gare (ligne B), La Hourre (ligne C), Mouliot (ligne D), Pavie (ligne E), Duran (ligne F) et Preignan-Mairie (ligne G). La navette gratuite « Auscitaine » effectue la liaison en continu toutes les 20 min entre haute et basse-ville, de 7h30 à 19h. Enfin, le service FlexoGare assure une desserte après l'arrivée du dernier TER en provenance de Toulouse.

AIRE DE CAMPING-CARS DE L'ILE SAINT-MARTIN €

Rue du Général de-Gaulle ✆ 05 62 05 22 89

www.airecampingcars-auch.com

Compter 11 € pour l'emplacement avec accès à l'eau, à l'électricité et vidange ; 2 € pour une vidange et accès à l'eau.

Cette aire pour camping-cars est très agréablement située en bordure du Gers et en plein centre-ville. Elle est accessible toute l'année et 24h/24. Les bornes automatiques permettent d'accéder en toute autonomie aux différents services du site. À proximité, vous trouverez une piscine municipale, un stade, des espaces verts, des commerces, ainsi qu'un chemin piétonnier qui vous mènera tout droit aux sites patrimoniaux. De quoi bien occuper vos journées et celles de vos enfants.

LE CONSULAT €€

2, rue des Pénitents-Bleus

✆ 06 16 84 56 42

Compter 70 € pour une chambre double, petit déjeuner compris.

Ce bel hôtel particulier du XVIIIe siècle fut un temps le consulat d'Italie. Benjamin de Gramont en a fait un lieu de séjour très agréable, idéalement situé dans le cœur historique de la capitale gasconne. Les trois vastes chambres sont décorées avec un raffinement exquis. Vous serez conquis par l'atmosphère singulière que procure le mobilier d'époque en parfaite harmonie avec le cachet de la maison. La cour distille son charme avec son figuier et sa terrasse. Une très belle adresse à l'élégance rare, pour tous ceux qui apprécient le charme des demeures anciennes.

DOMAINE LE CASTAGNÉ €€

910, chemin de Naréoux ✆ 05 62 63 32 56

www.domainelecastagne.com

Compter 18 € au camping ; de 90 € à 120 € pour une chambre d'hôte ; de 80 € à 130 € pour un gîte de 2 à 6 personnes.

Le domaine Le Castagné est un petit paradis situé aux portes d'Auch et gardé par deux châteaux surplombants les collines environnantes. Véronique vous y accueille et veille à votre confort pour la durée de votre séjour. Il lui tient à cœur que chaque séjour soit reposant et agréable. Entre les chalets, les cottages, le grand gîte, les emplacements de camping et les chambres d'hôtes, le large choix d'hébergement satisfait tous les budgets. De nombreuses activités sont également proposées : piscine, bain à remous, mini-golf et bateaux à pédales sur le lac.

HÔTEL DE FRANCE €€

1, place Libération

✆ 05 62 61 71 71

www.hoteldefrance-auch.com

Compter de 79 € à 130 € pour une chambre double, selon la saison et la catégorie.

Véritable institution, ancien relais de poste, l'Hôtel de France est niché dans un bâtiment vieux de trois siècles. Que la chambre soit de « tradition », de « prestige » ou « privilège », elle sera toujours raffinée. Personnalisées, elles témoignent avec charme et caractère de la longue histoire de l'hôtel. Murs de verre, plafond avec fresques murales et puits de lumière forment un ensemble rare. Ce splendide hôtel, où les petits déjeuners sont composés de produits frais, propose également deux restaurants qui s'inscrivent dans cette volonté de perfection.

HÔTEL IBIS*** €€

Avenue Jean-Jaurès

✆ 05 62 63 55 44

www.ibis.com

Compter de 89 € à 94 € pour une chambre, selon la période.

En bordure de ville proche du Parc du Couloumé, l'hôtel Ibis propose un séjour en toute sérénité avec de vastes chambres récemment rénovées auxquelles la clarté et l'harmonie des couleurs confèrent un confort moderne. Dans les chambres, vous disposez de la climatisation, d'un coin bureau et d'une connexion Wifi gratuite. Le petit-déjeuner servi sous forme de buffet veille aux goûts de chacun, même les personnes intolérantes au gluten y trouvent leur bonheur. Pour les amateurs, vous trouverez à proximité de l'hôtel, un golf 18 trous et un court de tennis.

HÔTEL LE ROBINSON*** €€

Route de Tarbes
✆ 05 62 05 02 83
www.hotelrobinson.net
Compter de 50 € à 80 € pour une chambre, selon le confort et la période.

À 5 minutes seulement du centre-ville en voiture, en bordure de forêt, l'hôtel le Robinson vous accueillera dans sa bâtisse des années 1970, récemment rénové. Cet établissement abordable propose des chambres claires et spacieuses. Il est géré par la sympathique Aurélie, qui veille sur ses clients avec un grand professionnalisme et leur assure un hébergement de qualité. Le petit-déjeuner est servi dans une salle chaleureuse, ou sur la terrasse à la belle saison. Vous disposerez d'un accès Internet et d'un parking surveillé gratuit.

DOMAINE DE BAULIEU**** €€€

822, Chemin Lussan ✆ 05 62 59 97 38
www.ledomainedebaulieu.com
Compter entre 99 € et 210 € pour une chambre double selon la catégorie et la saison.

Karen et Sébastien vous attendent dans cette magnifique ferme typiquement gersoise implantée au milieu des vallons. Ils l'ont entièrement restaurée et rénovée, dans un style sobre et moderne, tout en gardant l'authenticité des vieilles pierres. Les 10 lodges et les 19 chambres lumineuses mêlent le charme de la vieille pierre à une modernité sobre rehaussée par des lignes épurées. Après vos balades ou un peu de sport, vous ne direz pas non à l'appel du bain à bulles, du sauna ou de la piscine chauffée en saison, qui offre un magnifique panorama sur les côteaux.

LOU TROKET €

2, rue de la République
✆ 05 62 06 33 40
Ouvert tous les jours midi et soir en été.

Paco, l'âme des lieux, est le patron des nuits auscitaines. Lou Troket apporte un souffle pop-rock aux week-ends avec des soirées animées par des DJ. Il a décidé récemment de transformer sa carte de restaurant traditionnelle et de travailler en étroite collaboration avec les producteurs du coin. Le bar propose désormais seulement des planches apéritives à se créer soi-même et à partager, parmi un grand choix de produits locaux : pâté, saucisson, rillettes… Accompagné d'une bière ou d'un vin local, profitez d'un « apéro découverte » avec vue sur la Cathédrale !

L'ASIA €

3, rue Arnaud-de-Moles
✆ 05 62 05 93 17
Ouvert de 12h à 14h et de 19h15 à 21h45 du mardi au samedi et le dimanche soir. Menus à 14,50 € et 22,50 €.

Voici l'occasion rêvée de découvrir une authentique cuisine asiatique, autour de spécialités chinoises et cambodgiennes. Tenu par Richard Duong et sa femme Sokthi, ce restaurant affiche un décor typique et vous propose de tester ses savoureuses spécialités ; le bœuf lok-lak, de délicieux dés de bœuf grillés avec des oignons ou encore le canard grillé à la citronnelle. La carte propose de nombreux plats à base de porc ou de poulet, en sauce ou à la vapeur, thaïes ou chinoises. En dessert, on retrouve les traditionnels beignets de banane flambés au vin de riz.

BISTROT BALAND €

3, Rue de la République
✆ 05 62 07 62 56
Du lundi au samedi de 9h à 15h et de 18h à 2h ; le dimanche de 9h à 15h. Compter 25 €

À deux pas de la cathédrale, ce bistrot a tout pour plaire tant aux locaux qu'aux visiteurs. Vous déjeunerez ou dînerez à l'étage dans une spacieuse salle à la décoration moderne et chic. Un menu simple et efficace : salade de chèvre chaud au miel ou de gésiers, confit de canard ou blanquette de lotte aux girolles. Pour finir, un délicieux pain perdu façon grand-mère ou un gâteau basque. Des tagliatelles et différentes viandes et poissons sont aussi proposés à la carte. Accompagnez également votre verre de vin de mets à picorer parmi un large choix de tapas.

LA BODEGA €

7, rue Dessoles
✆ 05 62 05 69 17
Ouvert tous les jours de 10h30 à minuit. Compter 18 € pour un repas.

Depuis plus de 25 ans, la Bodega mêle avec brio les produits gersois et espagnols. On doit ce duo très efficace à l'irrésistible Antoine Cabrera, patron et chef de cette adresse emblématique nichée rue Dessoles. À la carte : porc noir, seiches grillées en persillade, chorizo grillé, mais aussi confit, magret ou salade gasconne. Très réputé pour sa généreuse entrecôte du midi, l'établissement fait souvent salle comble. En soirée, commandez une sangria pour amorcer une soirée sous le signe des tapas. Une adresse aussi sympa que délicieuse au cœur de la ville.

LE MARCEAU €€

19 Bis, Rue Marceau
✆ 05 62 60 21 55
www.freeresto.com/lemarceau

Ouvert du mercredi au samedi le midi et le soir ; le midi. Réservation impérative.

Parfaitement situé au centre-ville d'Auch, Le Marceau propose une cuisine familiale en toute simplicité. Installez-vous aux beaux jours sur la terrasse privative et profitez d'un repas aux produits du terroir. À la carte, vous trouverez une salade auscitaine ou du foie gras maison pour commencer. Pour les plats, vous avez le choix entre un délicieux faux-filet d'Occitanie, un typique magret de canard ou encore des cannellonis de poireaux et champignons aux noix et parmesan. Enfin, craquez en dessert pour une poire Belle-Hélène ou un chou au chocolat !

CANT'AUCH €

Allée des Arts
✆ 05 62 61 65 71
www.circa.auch.fr

Ouvert en semaine de 12h à 14h et les soirs de spectacle dès 19h. Plat du jour à 12 €, menus à 14,50 € et 16,50€.

La Cant'Auch, c'est la cantine sympa du Circa, le pôle du cirque auscitain. Dynamique et accueillant, l'établissement s'inscrit dans un projet social qui permet l'insertion professionnelle de jeunes. Pas de carte, mais beaucoup de choix : l'équipe, dirigée par son chef Jérôme, travaille des produits frais, locaux, bio et de saison à travers des plats variés toute la semaine. Les soirs de spectacle, des planches de tapas sont proposées dès 19h. Cette adresse vaut le détour, tant pour son esprit solidaire que ses propositions culinaires.

PIZZERIA ZAZA NAPOLI €

7, rue Lafayette
✆ 05 62 60 20 07
www.zazanapoli.fr

Ouvert du mardi au samedi le soir. Compter de 9 € à 16 € pour une pizza.

Le cadre de *diner* américain avec ses tables et chaises en bois rouge et gris attire d'emblée l'œil. Ici, ce sont une quarantaine de pizzas qui sont préparées à la commande et cuites sous vos yeux dans un four à bois. De l'incontournable Margherita à la parfumée Gorgonzola, la pizza se pare aussi de tomates confites, de poivrons, de *spianata*, de roquette, de parmesan et de *guindillas* dans la « Zaza ». David façonne patiemment sa pâte avec des farines venues d'Italie et les laisse lever pendant 48 heures avant de les étaler à la main.

LE FRANCE €

5, rue de la République
✆ 05 62 05 01 15

Ouvert tous les jours de 6h30 à 2h. Compter 21 € pour un plat à la carte, formule du midi complète à 17,50 €.

Qu'il est plaisant de s'attabler à la terrasse du France à l'ombre de la cathédrale Sainte-Marie. La carte propose les généreuses spécialités gasconnes, tels que le canard décliné sous toutes ses formes ou la salade de pommes de terre poêlées au magret et foie gras de canard. Les suggestions du jour jouent la créativité avec une cuisine plus légère et pleine de peps comme cette grillade de porc aux poivrons et courgettes grillées. Jean-Jacques et son équipe vous accueillent à toute heure pour un café, un repas, une glace... Un vrai plaisir.

RESTAURANT DE L'HIPPODROME €

5, rue Fédérico-Garcia-Lorca
✆ 05 62 07 99 74

Ouvert tous les midis du lundi au vendredi. Compter 16,50 € pour une formule complète.

N'hésitez pas à franchir la porte de ce restaurant au cadre soigné et contemporain. L'établissement tenu par Florian et Aurore allie convivialité, simplicité et bon goût. La carte évolue tous les jours au gré des produits du marché. Salades, poisson et viande grillés font partie des suggestions fixes. Pâtissier de métier, le chef propose un buffet de desserts soignés et savoureux où le banoffee trône en véritable star. Incontournable pour les gourmands.

L'EVEREST INDIEN €

6, rue Etigny
✆ 05 62 61 87 43
www.everestindien.com

Ouvert tous les jours midi et soir. Menu à 17€, compter 12€ pour un plat.

L'Everest Indien est la seule table à proposer la cuisine typique indienne dans le Gers. La famille qui gère ce restaurant vient de Pondichéry, en Inde du Sud. Les massalas (mélange d'épices) sont ajustés pour épargner les palais délicats, mais peuvent être relevés à la demande. La carte propose les grands classiques du pays, tel que le *biryani* de poulet, où viande, riz et épices cuisent en même temps, à l'étouffée ou le *baigan barta*, des aubergines frites puis marinées aux épices. On aime l'atmosphère familiale qui règne dans cette maison.

LE THÉ COMÉDIE €

12, rue Louis-Aucoin
✆ 05 62 05 81 13

Ouvert du mardi au vendredi le midi. Ouvert également le jeudi et vendredi soir. Compter 15 € pour un repas.

Avant d'être un restaurant, l'établissement était surtout un salon de thé. Au rang des spécialités plébiscitées par des habitués, l'assiette de poissons crus marinés ou les cannelloni aux cèpes. Le chef Christian fait jouer sa créativité pour les inventions salées en proposant également des tartes et des soupes de légumes, tandis qu'Éliane pâtisse avec brio. Le menu varie chaque semaine et vous y retrouverez de savoureux desserts : Tarte au citron meringuée, tiramisu, crumble aux pommes, fondant au chocolat ou encore banoffee. La vente à emporter est proposée.

CAVE ET REPAS À L'UNISSON €€

10, Place Villaret Joyeuse
✆ 06 40 98 08 02
http://cru-auch.fr/
Ouvert le mercredi et le jeudi de 10h à 23h ; le vendredi et le samedi de 10h à minuit. Compter 20 € pour un repas

Le « CRU » est le nouveau lieu incontournable pour se régaler midi et soir. Dans une décoration industrielle et face à la cuisine ouverte, vous pourrez déguster les plats gourmands et travaillés de la chef Isabelle. Avec des produits frais de saison et locaux, la carte change tous les jours en fonction du marché et des envies du moment. Le soir, de délicieux plats à partager sont proposés, accompagnés d'un bon vin parmi les 250 « pépites » et conseillé par Bartholomé.

LE CHÂTEAU DE CAMILLE €€

SAINT-JEAN-LE-COMTAL ✆ 05 62 05 34 58
www.lechateaudecamille.com
Ouvert toute l'année. L'été : service le lundi et le mardi le soir ; du mercredi au dimanche le midi et le soir.

Dans ce cadre d'exception au cœur des vallons gersois se trouve cette magnifique demeure du XVIIe siècle restaurée avec élégance. Ses incroyables volumes permettent d'accueillir soirées, événements et mariages. Aux beaux jours, vous vous régalerez en terrasse avec une cuisine de saison devant les belles arcades avec une vue sur parc. Dans l'assiette, des produits frais travaillés avec respect et amour : la daube de joue de bœuf mijotée au feu de cheminée, le demi-poulet du Gers mariné au fromage blanc et épices puis le macaron maison. L'adresse vaut le détour !

PÉPITA 32 €€

14, avenue de l'Yser
✆ 05 62 63 44 11
www.pepita32.com
Ouvert du mardi au samedi de 9h à 14h et de 17h à 20h. Cuisine du monde à emporter.

© DR

À Auch, Pepita32 est une institution. Depuis 1998, les habitués viennent ici se ravitailler en paellas et couscous maison, préparés le jour même à partir de produits frais, tous transformés et cuisinés sur place. Nicolas et Salma proposent également toute une gamme alléchante de plats de cuisines du monde ou régionales, au gré des saisons et de la température : roborative tartiflette au cœur de l'hiver, poulet basquaise, tajines et bouillabaisses l'été. Les portions sont généreuses et toujours savoureuses : une adresse incontournable pour tous les gourmands !

LE DAROLES €€

Place de la Libération
✆ 05 62 05 00 51
www.ledaroles.com
Ouvert du lundi au samedi de 8h à minuit. Le dimanche de 8h à 14h. Compter 40 € pour un repas à la carte. Menu à 30 €.

À Auch, le Daroles est une institution, au sens le plus noble du terme. Sous l'impulsion de Perle et du chef Guillaume, cet élégant restaurant-brasserie a su répondre aux défis de la modernité sans renier son histoire. Il dispose de vastes salles ainsi que d'une belle terrasse idéalement située. La carte, renouvelée chaque saison, met en avant la qualité et l'origine naturelle de produits locaux, dont beaucoup sont issus de l'agroforesterie. Une adresse chic et authentique, une cuisine sincère et généreuse, servie par des passionnés : incontournable !

HÔTEL DE FRANCE - LE 9E €€

2, place de la Libération
✆ 05 62 61 71 71
www.hoteldefrance-auch.com
Ouvert tous les jours le midi et soir. Compter 25 € pour un repas et 12 € un menu enfant

La brasserie de l'Hôtel de France, devenue le 9e, propose une cuisine accessible et inventive. Le menu-carte s'appuie sur des produits de saison venus de toute la région et sur l'inspiration débridée du chef.

De l'incontournable foie gras gersois, au magret de canard rôti à la cuisse confite façon cassoulet, en finissant par des gourmandises sucrées, vos papilles ne seront pas déçues en dégustant ces plats locaux préparés avec amour. Le 9e propose un excellent rapport qualité-prix dans un cadre contemporain, et nous vous le recommandons vivement.

PAYS D'AUCH

JEFF ENVOIE DU BOIS ! ! ! €€

12, place de la Libération
✆ 05 62 61 24 00

Ouvert du mardi au samedi de 11h à 14h45 et de 19h30 à 22h30 du jeudi au samedi. Compter 50 € pour un repas le soir.

En poussant la porte de ce restaurant au décor épuré de bistro chic et urbain, vous découvrirez une cuisine raffinée et très inventive, autour de produits locaux et de saison, comme le médaillon de joue de boeuf confite ou encore le cochon fermier en croute... Une belle carte de vins accompagne les assiettes très travaillées du chef Thomas Lloret. Régis Cazaux vous accueillera en salle, et orchestrera pour vous un moment de gastronomie et de convivialité assez inoubliable !

LA TABLE D'OSTE €€

7, rue Lamartine
✆ 05 62 05 55 62

Ouvert le soir du lundi au samedi, midi et soir du mardi au samedi en été. Compter 30 € pour un repas.

Avec sa petite salle de restaurant et sa terrasse où la convivialité est de mise, La Table d'Oste propose une savoureuse cuisine gasconne. Le « Hambur-Gers » en est un joli exemple. Un magret coupé en deux entoure une tranche épaisse de foie gras de canard poêlé. Le cassoulet est préparé avec des haricots tarbais, réputés plus fins, et des saucisses confites. La planche met en avant le savoir-faire des artisans et producteurs locaux : foie gras, charcuterie, fromage, croustade. Tant pour l'accueil que pour la cuisine, Patrick et Camille sont des hôtes parfaits.

LE PARC À HUÎTRES €€

6, allée Lucie-Aubrac ✆ 05 62 70 07 40
www.leparcahuitres.fr

Ouvert le midi du mardi au samedi et le soir du jeudi au samedi. Plateau de fruits de mer à partir de 26,90 €.

Le Parc à Huîtres est l'une des rares oasis gersoises où l'iode et l'océan s'invitent dans l'assiette. Le restaurant est doublé d'une superbe boutique de produits de la mer haut de gamme, dont les poissons et crustacés varient au gré des marées. Une dizaine de variétés d'huîtres sont proposées en permanence, en provenance de Bretagne, de Vendée, de Normandie et même d'Irlande. Le soir, elles sont servies avec de petites saucisses, comme à Arcachon. Vous pouvez vous attabler autour d'un magnifique plateau à composer vous-même, ou l'emporter chez vous.

LA TÊTE DE L'ART €€

13 ter, place Maréchal-Lannes
✆ 05 62 64 03 91
www.guide-du-gers.com

Ouvert du mardi au samedi midi et soir. Le mercredi, ouvert seulement le midi. Compter 26 € pour un repas.

Dans un cadre design et élégant, la Tête de l'Art propose une cuisine réfléchie, travaillée, inspirée. Bruno revisite des classiques de la gastronomie française avec des produits frais, de saison et locaux et renouvelle la carte tous les 10 jours. Il prend plaisir à travailler poissons, fruits de mer et viandes qu'il saupoudre de sa créativité : Truite au coulis de crustacés, filet de Lieu sauce Bercy ou encore blanquette de veau à l'ancienne. Fins gourmets, les Auscitains ont su reconnaître en cette table une étape de qualité dès les premiers jours.

RESTAURANT DU GOLF D'EMBATS €€

245, chemin de Barran
✆ 05 62 61 10 11
www.golf-auch-embats.com/le-restaurant

Ouvert tous les midis et du jeudi au samedi le soir également. Compter 30 € pour un repas.

Le Restaurant du Golf d'Embats vaut le détour rien que pour son sublime panorama et son agréable terrasse qui donne sur les vallons gersois. Christian vous accueille avec gentillesse, tandis que son frère s'active aux fourneaux pour concocter des plats estampillés « Sud-Ouest ». Foie gras de canard en terrine ou poêlé, magret, confit ou cassoulet se disputent les faveurs de votre assiette. Côté sucré, la tarte aux pommes tout en finesse ou l'île flottante permettent de finir en douceur.

AUBERGE LA BAQUÈRE €€€

Lieu-dit La Baquère
PRÉNERON
✆ 05 62 06 42 75
www.aubergelabaquere.com

Ouvert du vendredi au lundi le midi et le soir. Menu du soir à 36 €

C'est dans une sublime ancienne étable typiquement gasconne, pleine de charme et de caractère, que le chef vous propose une cuisine traditionnelle originale, créative et variée. L'accueil et le service sont très chaleureux. Le chef continue de créer de nouveaux plats avec toujours ce côté à la fois gourmand, raffiné et gascon. Votre assiette sera exclusivement garnie de produits du terroir local comme le coq *Noir d'Astarac-Bigorre* au vin ou encore les tagliatelles de la *Ferme aux Céréales* et sa sauce fromagère avec pourquoi pas un supplément truffe !

HÔTEL DE FRANCE - LA GRANDE SALLE €€€

Place de la Libération ✆ 05 62 61 71 71
www.hoteldefrance-auch.com

Ouvert du mercredi au samedi, midi et soir et le dimanche midi. Compter 50 € à la carte. Formule à 35 € à midi.

Vincent Casassus perpétue la tradition de la gastronomie instaurée ici par André Daguin, en sublimant le meilleur du terroir gersois. On retrouve à sa carte la côte de cochon Noir de Bigorre ou le bar de ligne au safran du Gers. Et en dessert, ne manquez pas le soufflé à l'armagnac, spécialité de la maison. Bruno et Vincent vous accueillent dans leur nouvel écrin qui mêle avec raffinement les éléments d'époque à une décoration résolument moderne et colorée. Une très belle adresse.

IRISH ROCK CAFÉ

1, place Betclar
✆ 05 62 05 02 01

Du lundi au samedi de 10h à 14h30 et de 18h à 2h. Fermé le dimanche. Menu du jour le midi dès 13,80 €

Dans le centre historique d'Auch, ce pub fait honneur à l'Irlande en proposant des soirées animées avec *happy hour*, des retransmissions de matchs et des repas roboratifs. Au menu, des produits variés : pizzas, flammekueches, burgers, viandes grillées, l'incontournable *fish & chips* mais aussi des plats gascons. Les végétariens se rabattent sur de généreuses salades composées. L'esprit festif investit les lieux dès l'heure de l'apéro pour s'éterniser tard dans la nuit. Tous les week-ends, les DJ s'invitent et font danser les 20-35 ans... mais pas seulement !

L'ANGÉLUS

10, rue Dessoles
✆ 05 62 59 68 98

Du mardi au vendredi de 12h à 15h ; le jeudi et le vendredi de 18h à 2h ; le samedi de 10h à 2h. Tapas le soir

Ce bar à vin et tapas est un lieu idéal pour partager de bons moments entre amis autour d'un verre et d'une planche de charcuteries et fromages. Dans une belle décoration moderne, on y vient pour la cuisine inspirée et unique. À midi, un menu entièrement fait maison avec des produits locaux et de saison est assuré avec un plat du jour mais aussi des grillades et grandes salades. Le soir, une belle sélection de tapas originaux vous régaleront ! Accueil chaleureux, bonne ambiance, carte abordable et créations maison ; à ne pas manquer lors de votre passage à Auch !

LE KYTTEA'S

4, rue Laborde
✆ 06 88 72 03 35

Ouvert du mardi au samedi de 9h à 18h ; le dimanche de 9h à 13h.

Ce nouveau salon de thé est parfaitement situé à l'ombre de la cathédrale. Les délicieuses pâtisseries sont faites maison par Marion, ainsi que les crêpes, gaufres, les sirops et les glaces artisanales proposées l'été. Accompagné d'un café 100% arabica, Le Caramelo, leur biscuit au caramel beurre salé et noix de pécan rencontre un fort succès. Au déjeuner, vous avez le choix entre plat du jour, quiches et sandwichs. Côté boutique, vous retrouverez du thé bio, du café torréfié et de nombreux autres délices de producteurs de la région sélectionnés avec soin.

L'ATELIER DE NAROQUES

7, Place de la République
✆ 06 86 35 48 63
https://naroques.eatbu.com/

Ouvert du mardi au samedi de 7h à 18h45. Jusqu'à 19h l'été

Cette épicerie parfaitement située est devenue, il y a peu, une jolie boulangerie et salon de thé. Une large gamme de produits locaux sont toujours proposés (fruits et légumes, Armagnac, bières, vins, fromages, confitures, jus...) mais ce sont le pain, les viennoiseries et les délicieuses pâtisseries qui sont mis en avant désormais. Dans une ambiance champêtre, profitez d'une pause avec une vue imprenable sur la Cathédrale et dégustez une boisson chaude ou fraiche, accompagnée d'un excellent brownie sans gluten, d'un cookie ou d'une brioche... tout fait maison !

MAISON COLLONGUES

23, avenue d'Alsace
✆ 05 62 60 23 10
www.maison-collongues.fr

Ouvert du lundi au samedi de 6h à 19h, le dimanche de 6h à 13h.

Les délicieuses spécialités de cette pâtisserie artisanale auscitaine rythment les saisons, comme le tourteau de Pâques, la bûche de Noël ou encore la couronne des rois. La maison Collongues est la seule à perpétuer la tradition de la brioche d'Auch, parfumée à la vanille et à l'armagnac. Les pains bénéficient de la même attention et du même succès. Profitez de votre passage en Gascogne pour goûter au pain de maïs. La maison dispose de quatre boutiques à Auch, dont une avec salon de thé aux 4 et 6 rue Dessoles, dans le cœur historique et piétonnier de la ville.

O'BARO

1, rue Camille-Desmoulin
✆ 05 62 63 57 06
Ouvert du lundi au mercredi de 8h à 20h (jusqu'à 21h l'été) ; du jeudi au samedi de 8h à 2h.

En plein cœur d'Auch, c'est l'endroit… où il faut être ! Ce bar à la décoration moderne est le rendez-vous des jeunes gersois. Il fait les belles soirées d'Auch portées par le sport lors des grands rendez-vous ou par la musique. La programmation musicale revisite les standards des années 80 à aujourd'hui. Des concerts sont organisés tous les 3 mois et les soirées à thème sont fréquentes. L'adresse est incontournable pour un moment de détente autour du billard ou pour siroter un cocktail maison, notamment le très demandé mojito.

BIOCOOP - LES JARDINS D'AUGUSTA

52, rue du 8 Mai
✆ 05 62 05 91 72
https://lesjardinsdaugusta.biocoop.net
Ouvert du lundi au samedi de 9h00 à 19h.

Cela fait déjà 17 ans que Biocoop - Les Jardins d'Augusta propose une vaste sélection de produits biologiques à Auch. Fruits et légumes sont renouvelés tous les jours et proviennent de producteurs locaux pour la plupart. La clientèle apprécie les rayons boucherie, fromages ou charcuterie à la coupe. Les Jardins d'Augusta, c'est aussi une gamme complète de produits d'entretien pour la maison, de produits d'hygiène et de beauté ainsi que de produits pour bébé.

LA BRÛLERIE DE CAFÉ

1, rue de la Somme
✆ 05 62 05 24 98
labruleriedu cafe.com
Ouvert du mardi au samedi de 9h à 12h30 et de 14h à 18h.

Des arômes suaves se dégagent de cette boutique et viennent titiller les narines jusque dans la rue. Depuis 2010, Francis propose une large sélection de thés et de cafés qu'il torréfie lui-même. Il veille à sélectionner des grains sans conservateurs, cultivés dans le respect de l'environnement et payés au juste prix au producteur. Pour accompagner ces boissons d'exception, la boutique vend des chocolats ou des bonbons artisanaux. Le petit salon de thé permet de déguster sur place, avant de craquer pour un moka d'Éthiopie ou un arabica du Costa Rica.

CASTELFRUITS

14, place de l'Ancien-Foirail
✆ 09 74 56 29 05
https://www.primeur-auch.com
Ouvert du lundi au jeudi de 8h à 12h30 et de 15h à 19h, en continu le vendredi et samedi de 8h à 19h.

Depuis 30 ans, l'enseigne se distingue par sa qualité et sa rigueur. Les fruits et légumes qui garnissent les rayons sont issus pour l'essentiel des producteurs locaux. Au fil des saisons, on trouve les asperges vertes, le melon de Lectoure, l'ail de Saint-Clar, les kiwis de l'Adour… Restaurants et collectivités sont nombreux à se fournir ici. Une épicerie fine étoffe l'offre ainsi qu'un rayon fromages. Castelfruits compose des corbeilles colorées et généreusement garnies qui peuvent être gratuitement livrées dans la capitale gersoise.

LA CAVE GOURMANDE

13, rue Dessoles
✆ 05 62 61 81 33
www.cavegourmande-auch.fr
Ouvert du mardi au samedi de 9h à 19h, 7 jours sur 7 en juillet et août.

Située à l'entrée de la rue Dessoles, cette boutique est idéale pour les œnophiles en quête de découvertes régionales. La cave propose une belle sélection de côtes-de-gascogne et d'autres appellations du Sud-Ouest. La qualité se retrouve aussi dans les nombreuses conserves artisanales à base de canard et d'oie. Josiane Catherine, la propriétaire, a rassemblé une magnifique collection d'armagnacs classés et exposés par année, dont les plus anciens remontent aux années 1940. Si vous cherchez un flacon d'exception, elle pourra activer son réseau.

LE COMPTOIR DE TISTOU

9, place de la République
✆ 05 62 64 16 96
www.foie-gras-ramajo.com
Ouvert tous les jours de 10h à 19h de mai à août et en décembre, de 10h à 12h30 et de 14h à 19h les autres mois.

Impossible de rater cette boutique de produits régionaux qui profite de l'un des meilleurs emplacements d'Auch, au pied de la cathédrale. La famille Ramajo élève canards et oies à Dému, qu'elle transforme en produits fins typiques du terroir. Les conserves et plats cuisinés mettent à l'honneur les foies gras bien entendu, mais aussi le cou farci, la garbure, le cassoulet… Un rayon frais propose saucisses, magrets frais et séchés ou cœurs de canard toujours très appréciés. À l'étage, vous pourrez débusquer alcools locaux et produits de producteurs gersois.

BOUCHERIE DES ÉLEVEURS AQUI'CHO !

768, route d'Agen
✆ 05 62 60 13 14
https://aquicho.fr/
Ouvert du mardi au samedi de 8h à 19h

Vous trouverez ici les meilleurs produits de l'élevage local : veau rosé sous la mère du Gers, agneau du Pays d'Oc, porc du Gers, volailles du Sud-Ouest,... mais pas uniquement ! Une crèmerie, une épicerie fine et une cave complètent l'offre, et s'inscrivent aussi dans une démarche de mise en avant des petits producteurs et des artisans locaux aux savoir-faire ancestraux. Viandes, fromages, vins, savourez le meilleur de la région. Vous pouvez y faire vos courses également en drive !

FOIE GRAS DU GERS

Route de Mirande
✆ 05 62 61 77 40
www.foie-gras-gers.com
Adresses des points de vente sur le site Internet.

Le site Internet de « Foie Gras du Gers » renseigne les points de vente locaux afin de vous approvisionner directement à la source. Vous y trouverez également des conseils sur la façon de déguster le foie gras et des recettes pour épater vos convives. L'association gersoise pour la promotion du foie gras se charge de mettre en valeur les qualités des produits à base de canard et d'oie : foie gras certes, mais aussi aiguillettes, magrets, confits, gésiers, et le « Figuigers », une recette unique où le canard est engraissé avec des figues, puis farci avec son foie.

MARCHÉ TRADITIONNEL

✆ 05 62 05 22 89
De 8h à 13h le mardi place de la Fontaine, le jeudi Halle Verdier, le samedi à la cathédrale. Marché bio le mercredi.

Au pied de la cathédrale et autour de la Halle aux Herbes, l'un des plus beaux marchés du département vous donne rendez-vous le samedi matin. Les producteurs de toute la région viennent partager le fruit de leur labeur et de leur savoir-faire. Senteurs, couleurs et saveurs ne manquent jamais de séduire ceux qui viennent s'y promener. Le jeudi matin, c'est à la Halle Verdier et sur les berges du Gers qu'il faut se rendre. Le mardi matin, le petit marché du Garros anime la place de la Fontaine avec ses producteurs bio, présents aussi le mercredi après-midi.

FUMAISON OCCITANE

Allée Dominique Serres ✆ 05 62 58 22 12
www.fumaison-occitane.fr
Ouvert du lundi au vendredi de 10h à 12h30 et de 13h30 à 18h. En décembre de 10h à 18h30. Visite d'usine sur réservation

Après le départ de son fondateur, un Gallois échoué sur les rives du Gers, les salariés de la Fumaison Occitane prolongent l'aventure en créant une coopérative en 2017. Dans l'impeccable boutique d'usine, vous trouverez une large gamme de produits, du saumon d'Écosse aux truites et esturgeons élevés dans le Sud-Ouest. En tranches ou en pavés, fumés à chaud ou à froid, le résultat est toujours délicat. Les vendredis après-midi entre mars et octobre, vous pourrez découvrir les coulisses de préparation et les techniques de fumage, avec même une petite dégustation !

LE MIGOU

27, rue Dessoles
✆ 05 62 05 47 07
www.lemigou.com
Ouvert le lundi de 14h30 à 18h30 ; du mardi au samedi de 10h à 18h30.

Depuis une dizaine d'années, cette librairie spécialisée dans la bande dessinée fait aussi office de salon de thé. Il est possible d'y prendre un café, d'y grignoter au déjeuner ou au goûter tout en feuilletant le dernier Riad Satouf ou Joann Sfar. Mangas, bandes dessinées adultes, grands classiques, comics, catalogue jeunesse, Sébastien et Alexandre proposent des BD pour tous les lecteurs. Passionnés de vignettes et de bulles, ils suivent les auteurs et leurs actualités de près et seront de bon conseil pour vous recommander la dernière nouveauté à ne pas rater.

MAISON COLLONGUES

23, avenue d'Alsace
✆ 05 62 60 23 10
www.maison-collongues.fr
Ouvert du lundi au samedi de 6h à 19h, le dimanche de 6h à 13h.

Les délicieuses spécialités de cette pâtisserie artisanale auscitaine rythment les saisons, comme le tourteau de Pâques, la bûche de Noël ou encore la couronne des rois. La maison Collongues est la seule à perpétuer la tradition de la brioche d'Auch, parfumée à la vanille et à l'armagnac. Les pains bénéficient de la même attention et du même succès. Profitez de votre passage en Gascogne pour goûter au pain de maïs. La maison dispose de quatre boutiques à Auch, dont une avec salon de thé aux 4 et 6 rue Dessoles, dans le cœur historique et piétonnier de la ville.

GOLF D'AUCH-EMBATS

245, Chemin de Barran ✆ 05 62 61 10 11
www.golf-auch-embats.com
Ouvert tous les jours et toute l'année. Compter 46 € en semaine et 50 € le week-end pour le parcours 18 trous.

Créé en 1969 par un opticien passionné, le golf est dessiné sur un magnifique terrain vallonné. Les 5 000 mètres du parcours 18 trous se jouent sur un parc de 70 ha. Démarrez quelques coups au practice, avec sa vue panoramique donnant sur les perspectives des collines du Gers. Continuez au putting green ombragé, puis profitez du parcours proposé. Rien de tel que de taper des balles en profitant du calme absolu des lieux pour faire retomber stress et tension. Pourquoi pas en profiter pour vous offrir un cours débutant ou de perfectionnement pour les plus aguerris !

L'ATELIER DE CUISINE EN GASCOGNE

55, rue de Lorraine
✆ 06 07 33 22 16

Nombreux ateliers thématiques à consulter sur le site Internet. Dès 25 €

Pascale Salam Joubert a fait ses gammes chez des chefs étoilés, a ouvert un restaurant gascon à New York avec Ariane Daguin, puis est revenue sur ses terres pour ouvrir son atelier de cuisine en 2006. Ses cours durent entre une et trois heures et la chef propose des thèmes pointus : cuisine « antigaspi », cuisine du Japon ou de l'Inde, menu de saison avec produits locaux… Vous repartez avec vos réalisations, sans oublier les pâtisseries ! Pascale propose aussi des ateliers enfants.

MATIÈRES

7, bis rue d'Étigny
✆ 07 68 73 99 17
https://www.matieres-auch.fr/

Ouvert du mercredi au vendredi de 14h à 18h ; le samedi de 10h à 18h. Sur rendez-vous en dehors de ces horaires

Ce nouveau lieu d'exposition à Auch est dédié au savoir-faire, à l'artisanat d'art et au partage. Sept artisans d'art et du bâti ancien se sont réunis pour de mettre en valeur, main dans la main, leur savoir-faire et leur inspiration. On y retrouve des peintres-décorateurs, une vitrailliste, un créateur de luminaires et d'objets, une mosaïste ou encore une maçonne plâtre, terre et chaux. Vous pouvez également participer à des ateliers créatifs, des vernissages, concerts... mais aussi solliciter leur expertise pour tout projet de rénovation.

QUAD CONCEPT

Domaine de Loubéjan
✆ 06 03 85 16 59
www.quadconcept.com/

Ouvert tous les jours sur réservation. Quad dès 46 €. Paintball dès 25 €. Trottinette électrique dès 40€. Moto 55 €

Envie d'allier journée ludique, activités de plein air et moment de partage ? Initiez-vous au quad, à la moto et à la trottinette tout terrain avec Quad Concept ! Entre amis ou en famille, tout est prévu pour passer un moment de rigolade inoubliable. Vous pouvez également vous affronter lors d'une partie de paintball ou de laser game en extérieur, évaluer votre précision avec le lancer de hache ou encore vous challenger lors d'un *bootcamp* gascon, le « *Gasco-Lanta* » ! Venez prendre votre dose d'adrénaline en plein air sur cet incroyable domaine de 60 hectares !

V AND B

1, Rue Clément Ader
✆ 05 62 70 08 61

Le lundi de 14h30 à 20h30 ; du mardi au vendredi de 10h à 13h et de 14h30 à 20h30 ; le samedi de 10h à 20h30.

Ce bar spécialisé dans les afterworks fait également cave à vins, pour le bonheur des amateurs de bières du monde entier et de bons vins à emporter. Sur place, partagez un bon moment en famille ou entre amis autour d'une blonde de Belgique, d'une ambrée d'Alsace ou d'un vin du Sud-Ouest conseillé par le gérant Emmanuel, parmi un choix de plus de 1 000 bières, vins, whiskies ou spiritueux. Des animations sont organisées toute l'année ; concerts, retransmissions sportives, fête de l'Oktoberfest ou de la St Patrick... Un lieu idéal pour se détendre !

PAVIE

Cette jolie bastide située aux portes d'Auch, dans la vallée du Gers, a été fondée en 1281. Grande rivale d'Auch, soutenue par le pouvoir royal, Pavie a été totalement détruite en 1444, à la fin de la guerre de Cent Ans. Subsistent cependant des maisons à colombages, une halle fortifiée, l'église Saint-Pierre du XIIIe siècle, restaurée au XIXe siècle, un joli pont gothique à trois arches du XIIIe siècle sur le Gers, ainsi que le couvent des Carmes. Aujourd'hui, Pavie est aussi une petite ville animée et commerçante, qui compte beaucoup de grandes surfaces et de grands espaces verts, et offre ainsi aux habitants et aux visiteurs une belle qualité de vie.

CHAMBRE DES METIERS

1, avenue de la République
✆ 05 62 61 22 22
https://www.cma-gers.fr/

Ouvert du lundi au vendredi, de 8h30 à 12h puis de 13h30 à 17h.

La Chambre des Métiers et de l'Artisanat du Gers est gérée par des artisans élus pour un mandat de 5 ans. Au service des artisans, des apprentis et des collectivités locales, la cmA du Gers accompagne, défend et promeut au quotidien l'activité des entreprises artisanales. Tout en accompagnant les porteurs de projet, les entrepreneurs et les artisans, elle forme également des apprentis grâce à l'École des Métiers du Gers, qui propose des formations allant du CAP au BTS. La cmA aide aussi les entreprises dans leurs transitions numériques et écologiques.

MAISON D'HÔTES BARBARENS €€

2782, chemin de Haulies
CASTELNAU-BARBARENS ✆ 06 81 37 32 36
https://barbarens.com
Chambre double entre 85 € et 105 € selon la catégorie et la saison

Coralie et Clément vous accueillent dans leur sublime demeure du 18e siècle, ancienne ferme gersoise qu'ils ont entièrement rénovée. Toute l'année, vous pouvez loger dans l'une des 4 chambres d'hôtes ou bien louer le gîte en entier en juillet et août. Les chambres y sont authentiques, confortables et la décoration est soignée. La table d'hôtes est également proposée avec des produits locaux. En barbotant dans la piscine au sel, vous pouvez admirer la chaîne des Pyrénées aux beaux jours. Un point de chute parfait pour une pause mélangeant douceur et tranquillité.

AUBIET

Occupé dès l'époque gallo-romaine, Aubiet garde de cette période la villa de la Toulette et le Togatus, un buste de marbre sans tête. Dès 1158, le bourg existe sous le nom de *Castellum Albineti* et tirerait son nom d'un lieu couvert de fleurs ou de feuillages blancs. Dernière cité castrale de l'Armagnac, elle était une étape du chemin de Saint-Jacques. Guerre des Religions et Révolution ne l'épargnent pas et en 1789 son château disparaît, tout simplement. Ses nombreux pigeonniers, la belle croix de Saint-Taurin sa majestueuse église ainsi que la cloche de la sourde en font une destination de charme au cœur d'une verdure enchanteresse.

LA NOURRICE, LAND ART

70, grand rue
✆ 06 30 35 40 33
Atelier participatif. Animations et workshops dans l'année.

À Aubiet, La Nourrice, jardin-forêt comestible et habitable, est une œuvre qui a germé dans l'esprit de l'artiste Olivier Nattes. Le projet présente des buttes de cultures inspirées des méthodes de permaculture, une serre refuge entourée de pairies fleuries... Il s'agit d'un écosystème où chaque élément concourt à l'équilibre de l'ensemble. La volonté de l'artiste Olivier Nattes est de créer un espace nouveau, fondé sur l'idée de paysage habité, où culture et nature sont unies dans un objectif de bien-être, de recherche et de développement.

EN MARTINON €€

En Martinon ✆ 05 62 65 97 92
www.enmartinon.com
À partir de 800 € pour une semaine. Ouvert toute l'année.

Au milieu du domaine agricole des Labedan, le gîte occupe le rez-de-chaussée d'une belle maison en pierres. Sa décoration moderne et colorée conserve quelques poutres anciennes et un carrelage d'époque. La cuisine entièrement équipée, les 4 chambres, les 2 salles de bains et la coquette terrasse ombragée équipée d'un barbecue sont parfaites pour des vacances en famille ou entre amis. Une petite piscine permet de se rafraîchir. Vous n'aurez qu'à traverser le jardin pour vous procurer bocaux de foie gras ou de pâté préparés par Laurence, la maîtresse des lieux.

LA TOULETTE €€

La Toulette
✆ 05 62 65 84 48
www.latoulette.com
Compter entre 1 300 et 2 000 € pour une semaine, selon la saison. 6 chambres, 15 personnes.

Au cœur d'un beau parc, cette vaste maison de 350 m² dotée d'une piscine peut accueillir jusqu'à 15 personnes. Les 6 jolies chambres climatisées affichent une déco individualisée sur le thème du voyage et seules deux d'entre elles partagent une salle de bains. Tout autour, le domaine verdoyant est très agréable. Il offre la possibilité de se promener, de pêcher, de pique-niquer et bien sûr de piquer une tête dans la piscine. Les patrons, toujours le sourire aux lèvres, veillent à votre bien-être et Frédérique est une hôte comme on les aime.

GERSEMENT BON - FERME D'EN CAGALIN

Route de Nougaroulet
✆ 06 50 75 27 60
www.gersementbon.fr
Visite tous les jours. Appeler avant.

Arnaud Chotard allie son goût pour l'élevage et pour la cuisine en élevant canards et oies en liberté qu'il transforme ensuite en bons petits plats. Installé dans la ferme d'En Cagalin, au nord d'Aubiet, il produit également le maïs blanc destiné à engraisser ses volatiles. Vous pouvez vous procurer foies gras en conserve et mi-cuit, magrets et cœurs de canard fourrés au foie gras, pâtés au poivre vert ou encore saucisse sèche de canard au foie gras directement à la ferme.

© LE MILLE PATTES

© LE MILLE PATTES

© LE MILLE PATTES

LE MILLE PATTES €

1625, Chemin d'en Julien - **MARSAN**
✆ 06 32 04 38 39
Du mardi au vendredi de 5h30 à 23h (le lundi dès 7h30) ; samedi de 9h à 23h ; dimanche de 10h à 22h. Menu du jour : 15 €

Ouvert depuis peu, le Mille Pattes est un restaurant routier qui revient aux sources, pour le plus grand bonheur des voyageurs et des habitants des villages voisins. La vaste salle est claire et agréable, elle offre une vue splendide sur les côteaux et les Pyrénées. Vous serez accueilli chaleureusement par Yves, le maître des lieux. Le menu unique offre un bon rapport qualité prix : tous les plats, copieux et savoureux, sont garantis maison, préparés sur place le matin. Les produits sont frais et souvent locaux. Une adresse sans prétention à découvrir !

© LE MILLE PATTES

© LE MILLE PATTES

LES RECETTES DE COLETTE LABEDAN

✆ 05 62 65 97 92
www.enmartinon.com
Ouvert tous les jours de 8h à 19h. Boutique sur l'exploitation. Commandes par téléphone, mail ou sur le site internet.

Dans cette petite boutique en plein cœur d'une exploitation fermière, le féru de gastronomie gersoise ne peut que trouver son bonheur. Foie gras de canard, cassoulet au confit, magret fourré au foie gras, daube de canard sont tous faits maison. Laurence perpétue la tradition familiale en gavant ses canards aux grains entiers de maïs. Si vous avez été séduit par le domaine et son ambiance, Laurence propose également un gîte à la location tout confort.

TOTO LOCO €

3, Avenue de l'Europe
✆ 05 62 65 52 85
www.totoloco.fr
Ouvert tous les midis et le soir du mercredi au samedi. Fermé le dimanche. Menus dès 14 €

Ce restaurant espagnol reprend le concept de la bodega. Si l'extérieur est assez neutre, il en est bien autrement de la salle. Les poutres apparentes, les carreaux de faïence, les tomettes installent un décor de vieille ferme espagnole. Les tables et les chaises colorées ajoutent une note de gaité. La carte joue la partition du bar à tapas, des pintxos et planchettes avec un choix assez classique : tortilla, chorizo à la plancha, poivrons grillés... Elle est complétée par une belle sélection de poissons et de viandes cuites au feu de bois.

PREIGNAN

À seulement 10 km d'Auch, cette bourgade rurale est traversée par les rivières du Gers et de l'Arçon. Etalé sur deux lignes de crête, le cœur du village serait construit sur les vestiges d'une ancienne villa romaine. Les ruines d'un château médiéval sont encore visibles et notamment les vestiges d'une tour, de fortifications et de douves. L'église Saint-Etienne possède un clocher-mur typique de la région. Elle a été remaniée au XVIe siècle et renferme un beau retable en bois doré. Les fermes fortifiées et les pigeonniers qui ponctuent la campagne, l'ancien moulin en bordure de Gers, le métier à ferrer témoignent d'un passé rural encore très présent.

BIOCOOP LES JARDINS DE PREIGNAN

13, avenue de l'Europe
✆ 05 32 73 99 55
Ouvert du lundi au jeudi de 9h à 13h puis de 15h à 19h. Les vendredi et samedi de 9h à 19h.

Dans un esprit de proximité, ce magasin vient compléter l'offre de ses grandes sœurs : les jardins d'Augusta à Auch et les jardins de Pavie. On y trouve un grand choix de produits en vrac des producteurs locaux, un rayon fruits et légumes de saison d'une fraicheur exceptionnelle, des fromages, une cave et des produits vegan en pagaille. Chez Biocoop, c'est 100% bio et plus : pas de serres chauffées, des produits de saisons, une juste rémunération des producteurs.

CAMPING LE TALOUCH•••• €€

D148 - **ROQUELAURE**
✆ 05 62 65 52 43
https://www.talouch.com/fr/
Ouvert du 8 avril au 18 septembre. Mobil-homes (2 à 4 pers) de 329 € à 1 407 € la semaine selon la saison et catégorie.

En plein cœur de la campagne gersoise et à seulement 15 minutes d'Auch, le camping Talouch a récemment changé de propriétaire mais a gardé la bonne humeur et le dynamisme d'antan. Pour un séjour au vert, il s'agit du lieu idéal pour poser vos valises. Profitez avec vos enfants de la piscine et toutes ses animations, ainsi que du nouvel espace bien-être avec sauna, hammam et bains bouillonnants. Tout est sur place pour plus de facilité : épicerie, boulangerie, snack et pizzeria, laverie... Il ne vous reste plus qu'à profiter !

DOMAINE DU GRAND COMTÉ

ROQUELAURE ✆ 05 62 65 59 45
www.domaine-grand-comte.fr
Ouvert tous les jours de 9h à 19h, le dimanche sur rendez-vous. Visite du vignoble et du chai et dégustation : gratuit

Ce somptueux domaine niché entre les collines à seulement 15 min de Auch est tenu par la famille Baylac depuis 1860. Michel, accompagné de sa fille Aurélie, perpétuent aujourd'hui la tradition et leur savoir-faire à travers une agriculture raisonnée pour produire avec engagement des vins et de l'Armagnac maintes fois médaillés. Aurélie vous partagera la passion de son métier et de son territoire à travers une visite de leurs 15 ha de vignes et une dégustation de leurs différents produits dans le chai. Une belle adresse pour les amateurs d'Armagnac et de bon vin.

LAVARDENS

Lavardens a été repéré par *les plus beaux villages de France,* qui l'ont intégré à leur liste. Sa forme ovale parfaitement ajustée à l'éperon qui domine les environs est saisissante de jour comme de nuit. À l'ouest, dominant la vallée, l'imposant château du XVIIe siècle jouit d'un point de vue remarquable. Classé monument historique, il profite d'une restauration bien menée. Il accueille régulièrement des expositions. Les parties inachevées du château ont été reconstituées en images virtuelles. La charmante église qui jouxte le château se visite également. Très dynamique et inventive, la jolie cité organise chaque année les « petits marchés du soir ».

CASTÉRA-VERDUZAN

Seul village gersois existant depuis le Moyen Âge, Castéra-Verduzan réunit en 1821 les communes de Castéra-Vivens, Laclaverie et Verduzan. En bordure de l'Auloue, le village est aussi traversé par deux sources, l'une ferrugineuse et l'autre sulfureuse. Elles sont célèbres depuis l'époque gallo-romaine, et Louis XV en vante les vertus curatives. Les thermes, dont la partie la plus ancienne remonte à 1817, attirent chaque année de nombreux visiteurs et font du petit village de 1 000 habitants une destination très prisée. Son paysage vallonné, ses monuments, son riche patrimoine et ses pigeonniers typiques lui confèrent un charme inégalable.

CHATEAU DE LAVARDENS ★★

Place de l'église
✆ 05 62 58 10 61
www.chateaulavardens.fr

De mi-juillet à fin août : ouvert tous les jours de 10h à 13h et de 14h à 19h. Plus d'horaires sur le site web.

Sur son éperon rocheux, il a conservé la flamboyance qu'a voulu lui insuffler Antoine de Roquelaure lors de sa reconstruction au XVIIe siècle. Ce compagnon d'Henri IV décide de moderniser le château médiéval du XIIe siècle des comtes d'Armagnac. Il veut en faire une demeure confortable pour son grand amour Suzanne de Bassabat. Il ne demeure de l'ancien édifice qu'une salle de garde. Mais les deux architectes qui œuvrent à la nouvelle bâtisse ont su conserver sa posture féodale tout en y insufflant un élan de modernité. Le belvédère avec balcon à trois façades et les tours sur trompes sont exceptionnels. Une épidémie de peste ravage les environs en 1653 et les travaux sont interrompus. Ceci n'est que la première des vicissitudes que connaîtra le château durant les siècles qui vont suivre. Inachevée, la demeure ne comporte que peu d'éléments décoratifs. On peut tout de même admirer les pavements du XVIIIe siècle de styles différents dans chacune des 17 salles. Le château est scindé et vendu à 12 familles de marchands de biens après la Révolution. Ils laissent la bâtisse tomber en ruines à tel point que la nature s'empare des murs et des pièces. Dans les années 1960, elle manque d'être transformée en carrière. Une poignée de passionnés s'y opposent et font classer la demeure monument historique. Des travaux de restauration et d'embellissement interviennent et le château devient le cadre de multiples manifestations et expositions. La forteresse mérite une visite pour son incroyable vue et son histoire est passionnante.

AUBERGE LE FLORIDA €€

2, rue du Lac ✆ 05 62 68 13 22
www.lefloridagascony.fr

Chambre double à partir de 150 € la nuitée ; suite de 170 €. Petit-déjeuner inclus. Demi-pension : + 50€ par personne.

Dans une ambiance très douillette, les chambres ici sont exceptionnelles. Deux spots sont aménagés dans deux d'entre elles, chacun avec un véritable bain bouillonnant privé pour barboter en toute saison. L'espace spa détend et est appréciable. Dans une autre chambre au second étage, une baignoire îlot trône au pied du lit pour une ambiance « cottage », propice aux rêveries. Dotée d'une terrasse privée, la suite au mobilier cosy et raffiné offre une vue éblouissante sur le jardin d'herbes aromatiques et son poulailler. Vous ne voudrez plus quitter la chambre !

JOUETARD €€

✆ 05 62 68 15 94
www.jouetard.com

Compter 750 € pour une semaine et 1100 € en juillet et août. Gîte 6 personnes avec piscine.

Entouré d'une nature verdoyante et des chevaux d'élevage, ce gîte profite d'un cadre exceptionnel. Les marronniers, les pelouses à perte de vue, la piscine et sa bordure de lavande procurent un dépaysement bucolique. Les pièces aux murs de pierre et aux poutres apparentes sont vastes et décorées avec des meubles campagnards. Notre chambre préférée est celle au sommet du pigeonnier, sous la magnifique charpente. Les propriétaires, Marie-Pierre et Patrick, gèrent avec bonne humeur et passion une exploitation agricole mais aussi un élevage de chevaux de course.

AUBERGE LE FLORIDA €€€

2, rue du Lac
✆ 05 62 68 13 22
www.lefloridagascony.fr

Formule du marché (le midi) : 28 €. Menu « carte blanche au chef » (le soir) : 75 €, accord mets et vins 45 €.

Grande table du Gers, Le Florida est une auberge mythique qui a su prendre le virage de la modernité. La décoration est à l'image de la carte : contemporaine et raffinée. Si Bernard Ramouneda a donné au restaurant ses lettres de noblesse, son fils Baptiste est désormais aux commandes. Il s'est entouré du chef Marc Abramovici, qui réinvente avec respect et audace les produits du terroir, en toute saison. Créateur de spécialités exquises, il sublime également les plats historiques maison, comme le boudin tiède aux pommes golden et les ris de veau.

LA FERME DE BIDACHE

✆ 06 32 43 21 77
www.lafermedebidache.fr

Visite du mardi au samedi de 10h à 12h. Boutique à la ferme.

Audrey a repris la ferme familiale en 2014 et c'est avec gentillesse et bonne humeur qu'elle vous accueille pour une visite. Elle veille sur ses porcs noirs gascons qui vadrouillent sur 13 ha. La visite de la ferme démarre par un jeu de piste pour trouver les bêtes. L'espace maternité plait généralement aux plus petits. C'est ici que les truites mettent bas et avec 150 naissances par an, vous verrez à coup sûr les maternantes et leurs petits. Vous terminerez avec une dégustation des produits de la ferme : saucisson, coppa, jambon entier, ventrèche séchée...

CASINO DE CASTERA-VERDUZAN

5, Rue des Thermes ✆ 05 62 68 01 02
www.casino-castera-verduzan.fr

Ouvert du dimanche au jeudi de 10h à 1h et jusqu'à 1h30 le vendredi et samedi. Tables de Boule 2000 à partir de 19h.

Avec 48 machines à sous, une table de boule et de nombreux jeux variés à partir d'un centime, le casino anime les soirées de Castéra-Verduzan tous les jours de la semaine. Tout au long de l'année, vous trouverez une belle programmation de spectacles et d'événements culturels comme des concerts ou pièces de théâtre, mais aussi des expositions. Le P'tit Resto propose une carte dans un esprit bistrot-brasserie. Sa formule rapide permet de ne pas laisser passer sa chance.

VIC-FEZENSAC ★

Les toutes premières traces de vie sur le site de Vic-Fezensac dateraient du Néolithique, entre 8000 et 5000 av. J.-C.. Elles ont été trouvées sur le site de Saint-Jean-de-Castets, sur la route de Riguepeu. Aujourd'hui, avec ses maisons à colombages, son église du XIIe siècle et son marché aux arches de pierre, Vic-Fezensac conserve quelques trésors pittoresques gersois. Marquée par l'empreinte de la tauromachie, les toros sont à l'honneur lors de la feria de Pentecôte. Le festival Tempo Latino fait vibrer la ville au rythme des danses latines en juillet. En été, un marché de nuit rassemble producteurs locaux et camelots pour animer les soirées.

ARÈNES JOSEPH-FOURNIOL

18, Avenue Edmond Berges
✆ 05 62 06 34 90
www.ot-dartagnan-fezensac.com

Visite possible via l'office de tourisme. Corrida à la Pentecôte

Les arènes de Vic-Fezensac s'animent lors de la feria et des Ganaderias. À la Pentecôte, les 7 000 places sont alors prises d'assaut. Elles ont été construites en 1929 par la volonté et l'engagement de 70 aficionados, et inaugurées par deux courses landaises. La toute première novillada s'est jouée le 20 septembre 1932, devant 3 500 personnes, et 1933 a été l'année de la première corrida formelle. Vic est désormais une étape incontournable de la temporada franco-espagnole. Une statue grandeur nature du torero Ruiz Miguel vous accueille à l'entrée.

CHAPELLE DES CORDELIERS

18, rue des Cordeliers
✆ 05 62 06 34 90
www.ot-dartagnan-fezensac.com

Renseignements supplémentaires auprès de l'office de tourisme.

De l'ancien couvent des Cordeliers, il ne reste que la chapelle. En 1383, Jean III d'Armagnac l'a fait construire à proximité de son château. Fortement malmenée par Gabriel de Montgommery pendant les guerres de religion, il ne reste de sa structure originelle que son clocher, ses soubassements et surtout son magnifique portail en ogive. L'église était bordée de chapelles latérales, dont une partie a été détruite à la Révolution et les trois subsistantes sont devenues des granges. Les sculptures en stuc situées au-dessus de l'autel représentent l'Assomption.

ÉGLISE SAINT-PIERRE ✝ ★

Rue Saint-Pierre
✆ 05 62 64 47 00
Accès libre sauf pendant les offices.

Construite sur les restes d'une église primitive établie dès le IVe siècle, l'église Saint-Pierre présente une architecture hétérogène. En 1160, l'église primitive a été rasée pour accueillir une nouvelle église, plus grande, qui répondait à l'essor de la ville de Vic. Les travaux ont démarré en 1190, dont la construction du cloître roman, qui a été brûlé par Montgomery en 1569. On peut encore en voir les ouvertures, bouchées, sur la façade nord. Les chanoines ont fait bâtir un nouveau cloître qui est resté inachevé. Ne subsiste que la tour du Chapitre, transformée en appartements privés. L'abside semi-circulaire de la fin du XIIe siècle est typique de l'art roman tandis que le portail date du XVe siècle. Le clocher de la fin du XIXe siècle serait inspiré du briançonnais, un style que les artisans avaient repéré lors de leur tour de compagnonnage. À l'intérieur, le maître-autel dédié à Saint Pierre se distingue par ses belles colonnes de marbre rouge. Des frises romanes sculptées ainsi que des peintures du XVe siècle marquent les lieux. La nef, détruite pendant les guerres de religion, a été remaniée au XVIIe siècle, avec l'ajout de piliers destinés à soutenir la voûte en ogive. Les vitraux XIXe siècle d'inspiration Art déco ont été réalisés par le maître verrier Raphaël Lardeur. Du couvent des Cordeliers, fondé au XIVe siècle, il ne subsiste que le clocher. À l'intérieur de la chapelle reconstruite, vous pourrez admirer des fonts baptismaux taillés dans le marbre et classés monuments historiques.

MUSÉE DE L'ARTISTE 🏛

20, rue Jean Jaurès ✆ 06 17 79 14 12
www.lemuseedelartiste.fr
Visite guidée sur réservation. Ouvert le mardi, mercredi, vendredi et le samedi de 10h30 à 12h et de 14h à 18h.

Catherine Moreno est une artiste autodidacte qui remodèle sa maison au fil du temps. Ses étonnantes sculptures et mosaïques en façade attrapent l'œil d'emblée. L'intérieur a également été entièrement retravaillé, avec des matériaux naturels. Les enduits à la chaux, les ocres naturels, les niches en pierre créent des univers colorés peuplés d'animaux, de motifs floraux et de personnages naïfs. Catherine fait visiter sa maison et propose aussi une assiette de dégustation de produits locaux. Le temps d'une ou plusieurs nuits, séjournez-y en formule « chambre d'hôtes ».

BAR A MANGER LE XX 🍴 €

7, rue Henri Rougeon ✆ 05 62 58 01 05
www.lexxbaramanger.fr
Ouvert le lundi, jeudi, vendredi et dimanche de 12h à 13h30 et de 19h à 21h30 et le samedi soir. Compter 20 € le repas

Louis XIV aurait dormi dans cette maison 1660 alors qu'il se rendait à Saint-Jean-de-Luz pour y épouser l'infante Marie-Thérèse d'Espagne. Labellisé Tables du Gers, vous serez charmé par ce lieu aux pierres apparentes et aux poutres en bois. La salle est agrémentée d'une cheminée crépitant l'hiver où le chef fait cuire de somptueuses pièces de bœuf. En été, il privilégie les cuissons à la plancha alors que les convives sont chaleureusement attablés dans la ruelle attenante. Régalez-vous avec une planche de charcuteries et fromages accompagnée d'un bon vin du coin.

LE BISTROT D'EN FACE 🍴 €€

2, place Julie-Saint-Avit
✆ 05 62 06 45 45
Ouvert du lundi au vendredi de 7h à 22h, jusqu'à 2h le week-end. Compter 17 € pour le menu.

Parfaitement située sous les jolies arcades de la place centrale, voici une adresse très attachante. L'esprit résolument rock n'a pas enlevé la patine ancienne et chaleureuse du lieu. Aux fourneaux, des cuisinières voyageuses dont les recettes exotiques et raffinées aux associations surprenantes et pleines de saveurs régalent les habitués à midi : poulet mafé, curry thaï côtoient ainsi tous les délices gersois. Une cuisine du monde à prix d'amis, servie aux beaux jours sur une vaste terrasse abritée, où il fera bon s'attarder.

HÔTEL-RESTAURANT LE D'ARTAGNAN 🍴 €€

3, cours Delom
✆ 05 62 06 31 37
Ouvert du dimanche au vendredi le midi ; le samedi soir. Menu du jour à 17 €.

Cette auberge familiale est installée dans une très vieille demeure en pierres de taille et poutres apparentes. À travers le menu du jour ou à l'ardoise, une cuisine authentique vous y est proposée comme la terrine de foie gras mi-cuit et son chutney figues-abricots, le magret de canard, l'entrecôte aux échalotes ou les profiteroles maison. La salle principale est splendide, digne des cadets de Gascogne par son élégance et son éclairage étudié, magnifiée par une grande cheminée.

PAYS D'AUCH

MAISON GELAS

46-48, avenue Edmond-Bergès
✆ 05 62 06 30 11
https://gelas.com/fr/
Ouvert du lundi au vendredi de 9h à 18h et le samedi de 9h à 12h. Visite guidée et dégustation : 3 €.

La Maison Gélas fait partie des références incontournables du Bas-Armagnac. Une visite guidée vous mène à travers son chai fondé en 1865 par Baptiste Gélas. Vous y découvrirez la salle des alambics où sont distillées les eaux-de-vie, ainsi que les différents métiers liés à la fabrication de l'armagnac : bouilleur de cru, maître de chai, tonnelier... La cave-boutique attenante renferme plus de 800 références d'armagnacs, de flocs de Gascogne, d'eaux-de-vie de prune ou de liqueurs. La maison a aussi mis au point des recettes de vinaigre ou de moutarde à l'Armagnac.

CASTILLON-DEBATS

Au Xe siècle, la commune était désignée sous le nom de Castillon. Elle a par la suite pris le nom de Castillon-en-Fezensac, Castillon d'Armagnac ou Castillon-de-Batz pour finalement devenir Castillon-Debats. Ce nom lui vient du château occupé par le compagnon d'Henri IV, Manaud de Batz. Il subsiste de ces nombreux atermoiements un patrimoine intéressant. Le château de Batz en fait partie, ainsi que le moulin de Musclade, les maisons anciennes, l'église Saint Antoine ou encore les vestiges des remparts ou les fossés de l'ancien castellum. D'agréables promenades dans le bois de Mazous complètent cette destination touristique charmante.

DÉMU

Tout près de Vic-Fezensac, se trouve ce petit village tranquille d'un peu plus de 300 habitants. Son histoire remonte à deux milliers d'années. Le castelnau fortifié est érigé au Xe siècle. La tour qui occupe le centre du village en marquait l'entrée au XIVe siècle. Haute de quinze mètres, elle est le seul vestige de cette époque. Elle a été transformée en prison au XVIIIe siècle. Elle possède, au sommet de son toit, un superbe carillon. Ne cherchez pas l'église, qui a été détruite au XVIe siècle : ne subsiste que la chapelle Notre-Dame du Bernet, au sud du village : son clocher arbore quelques colombages et un toit couvert d'ardoises.

BLACK PIG - LA CAVE DE TONTON €

10, Rue Centrale
MANCIET
✆ 05 62 08 28 81
Du mardi au vendredi le midi ; le vendredi et le samedi le soir. Formule du midi : 16,50 €

Cette nouvelle cave à manger à l'allure champêtre est idéalement située entre Auch, Éauze et Nogaro. Le menu change tous les jours et les plats sont locaux, faits maison. À la carte, des tapas ou des plats typiques : on vous recommande les rillettes de sardines, le confit de canard délicieusement grillé et ses frites maison. C'est aussi une cave à vin et épicerie, où vous pouvez profiter dune bonne bouteille de vin à déguster sur place avec un droit de bouchon, ou l'emporter.

MAISON RAMAJO

1197, Route de Nogaro, Lieu-dit Merlet
✆ 05 62 08 51 03
www.foie-gras-ramajo.com
Ouvert du lundi au samedi de 8h à 12h et de 14h à 18h. Visites toute l'année sur réservation ; les mercredi à 17h l'été

Le foie gras de la famille Ramajo fait sa renommée depuis 4 décennies avec une médaille d'or au Concours Agricole en 2018. C'est une des premières boutiques de conserveurs du Gers. Ils perpétuent depuis les valeurs qui leurs tiennent à cœur : du naturel, du terroir, du fait maison. On trouve évidement de belles spécialités : foie gras d'oie ou de canard, frais, entier, mi-cuit, des saucisses et saucissons, du magret séché ou en sauce mais aussi une gamme savoureuse de plats cuisinés avec les confits, cassoulets, daube d'oie ou rôti de magret fourré au foie gras.

VIGNERONS BRASSEURS DE BUROSSE

Burosse
✆ 06 77 85 27 95
www.vigneronsbrasseursdeburosse.com
Ouvert du lundi au samedi de 10h à 19h.

Brice et Rémi ont développé le domaine vinicole en 2012 en mettant au point une cuvée 100% tannat. Forts de leur expérience, sortent désormais de leur cave 5 cuvées en rouge, blanc ou rosé. Leur curiosité ne s'arrête pas là : ils fondent une brasserie en 2017. Blanche, blonde, rousse et bière éphémère, elles sont toutes élaborées à base de malt d'orge et de houblon bio cultivé maison. Leurs bières blanche, brune et ambrée « de Gascogne » sont médaillées d'or au Concours Agricole de 2022.

ASTARAC

Né au Xe siècle de la partition du duché de Gascogne, le comté d'Astarac était florissant au Moyen Âge. Situé au carrefour de routes en direction de l'Espagne ou de l'océan, nombreux étaient les villages à tenir foires et marchés. C'est aussi une région qui a connu la vicissitude des guerres : guerre de Cent Ans, guerres de religion, Révolution française... Le patrimoine architectural a payé un lourd tribu à ces conflits incessants. La plupart des bourgades de l'Astarac ont été fondées au Moyen Âge, entre le Xe et le XIIIe siècle. Les plus importantes, comme Masseube, Mirande, Barcelonne-du-Gers ont adopté un plan de bastide avec des rues perpendiculaires formant un damier régulier et une place centrale. L'Astarac est aussi la région de naissance du plus célèbres des Mousquetaires, d'Artagnan. Né à Lupiac, le petit village lui consacre un musée intéressant qui, sans briser la légende, nous replonge dans la réalité du personnage.

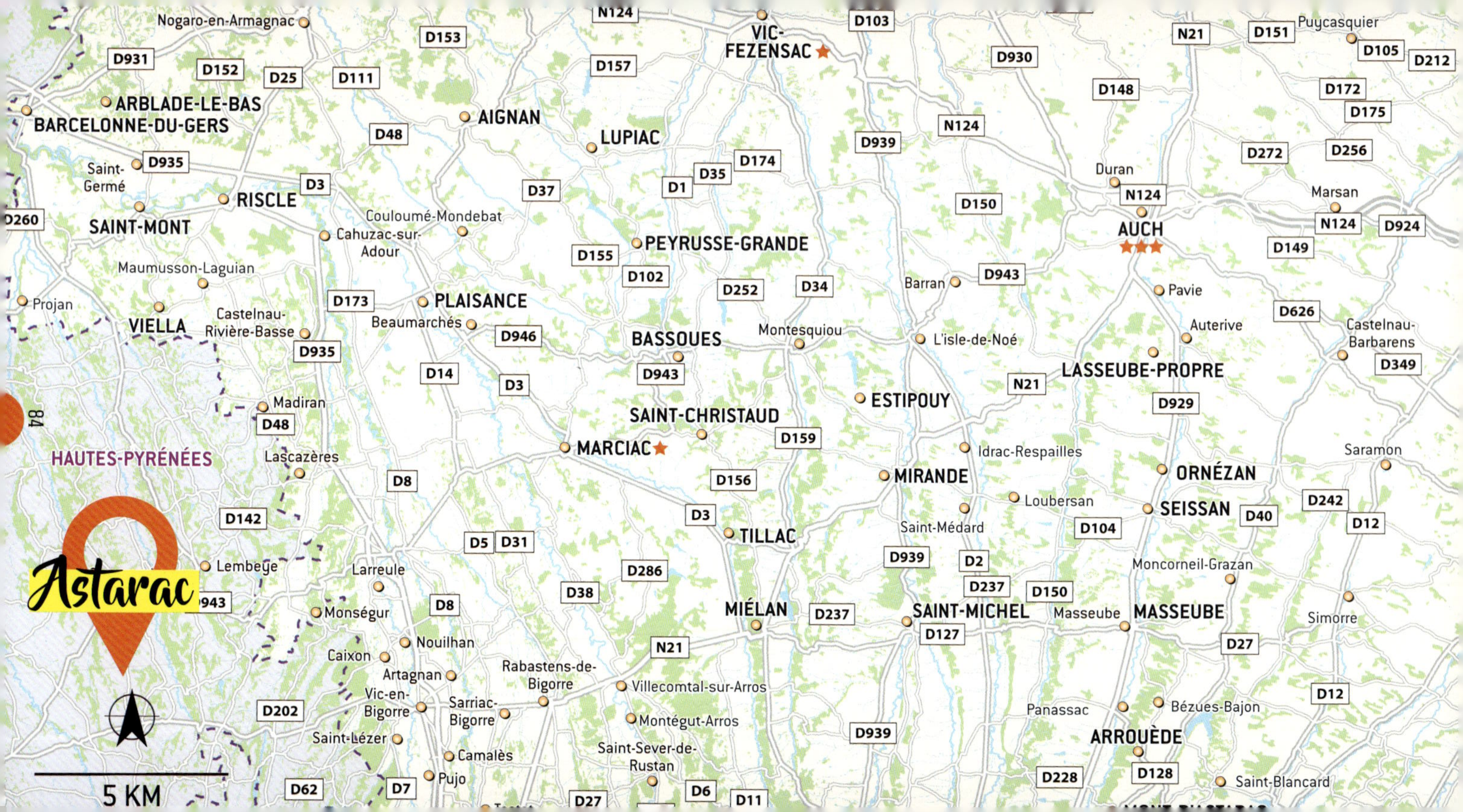
Astarac
5 KM
HAUTES-PYRÉNÉES
Nogaro-en-Armagnac
ARBLADE-LE-BAS
BARCELONNE-DU-GERS
Saint-Germé
SAINT-MONT
RISCLE
Maumusson-Laguian
Projan
VIELLA
Castelnau-Rivière-Basse
Madiran
Lascazères
Lembeye
Cahuzac-sur-Adour
Couloumé-Mondebat
AIGNAN
LUPIAC
PLAISANCE
Beaumarchés
PEYRUSSE-GRANDE
VIC-FEZENSAC
BASSOUES
Montesquiou
SAINT-CHRISTAUD
MARCIAC
TILLAC
MIÉLAN
Larreule
Monségur
Nouilhan
Caixon
Artagnan
Vic-en-Bigorre
Saint-Lézer
Sarriac-Bigorre
Rabastens-de-Bigorre
Camalès
Pujo
Villecomtal-sur-Arros
Montégut-Arros
Saint-Sever-de-Rustan
Barran
L'isle-de-Noé
ESTIPOUY
MIRANDE
Idrac-Respailles
Loubersan
Saint-Médard
SAINT-MICHEL
Masseube
MASSEUBE
Duran
AUCH
Pavie
Auterive
LASSEUBE-PROPRE
ORNÉZAN
SEISSAN
Moncorneil-Grazan
Panassac
Bézues-Bajon
ARROUÈDE
Saint-Blancard
Simorre
Saramon
Castelnau-Barbarens
Marsan
Puycasquier
N124
D153
D931
D152
D25
D111
D157
D103
D930
N21
D151
D105
D212
D148
D172
D175
D48
D939
N124
D272
D256
D935
D3
D37
D1
D35
D174
D150
N124
N124
D924
D260
D155
D102
D943
D149
D173
D252
D34
D626
D946
D935
D14
D3
D943
N21
D349
D929
D48
D159
D8
D156
D3
D242
D12
D40
D104
D142
D5
D31
D939
D2
D286
D38
D237
D150
943
D8
D237
D127
D27
N21
D12
D202
D939
D62
D7
D27
D6
D11
D228
D128

PAGES

MASSEUBE

Les experts n'en finissent pas de débattre sur l'origine du nom de cette bourgade de 1 500 habitants. Masseube serait-il un dérivé de Manu Silva ou de Manus Sylvae ? La nuance est de taille puisque le premier signifie « main de la forêt » et serait lié à l'apparition d'une main lumineuse au-dessus des bois. Des moines auraient attestée de ce phénomène étrange en 1230. Le second signifie « forêt en forme de main ». Les historiens locaux réfutent la version latine et s'appuient sur l'étymologie, à savoir « mas » qui désigne une exploitation féodale et par extension une maison de la forêt. Les vestiges d'une importante villa gallo-romaine attestent pourtant d'une présence humaine avant le Moyen Âge. Une importante communauté monastique marque les lieux et vers 1230, Masseube est une vraie place forte. Dès 1274, un plan en damier et des fortifications avec quatre portes sont mis en place. Les fondateurs de la ville la dotent d'une administration démocratique et ses foires assurent son développement économique. En 1645, son suzerain Bernard l'Éperon décède sans successeur et Masseube intègre le fief du duc de Roquelaure. Cité féodale épanouie, elle nous a légué une superbe halle du XIVe siècle, l'église Saint-Christophe du XVIe siècle et une magnifique maison du XVIe siècle ornée d'élégants colombages et d'encorbellements. Elle est classée, à juste titre, aux Monuments historiques. Des moulins, un lavoir, des fontaines viennent enrichir le patrimoine local. Masseube vit aujourd'hui principalement de l'élevage et de la transformation de ses oies grises très réputées.

PLAN D'EAU DE L'ÎLE D'AGER

L'île d'Ager
✆ 05 62 66 12 22
www.valdegerstourisme.fr
Accès libre et gratuit.

Ce site de 3,5 ha forme un îlot de verdure à la sortie de Masseube. Parfaitement ombragé, les familles s'y retrouvent en été pour une journée au grand air. Des tables de pique-nique, un espace de jeux pour enfants, une zone de pêche (sans capture), un parcours sportif ou un sentier pédagogique permettent à tous de profiter d'un instant nature. Si la baignade est interdite, le cadre est magnifique, avec une cascade rafraîchissante et des passerelles bucoliques qui enjambent le Gers.

AOU CASSOU €€

À Lambert - **MONCORNEIL-GRAZAN**
✆ 06 75 15 47 71
www.aoucassou.fr
Chambre double de 58 € à 60 €. 350 € la semaine. Petit déjeuner inclus.

Les séjours ici sont exceptionnellement reposants, le cadre est enchanteur. Les chambres ont été aménagées dans une grange dont les propriétaires ont conservé le caractère authentique, avec poutres croisées et belles fenêtres, qui vous permettront d'admirer la beauté du jardin et des prairies alentour, qui s'étendent sur trois hectares. Le bien-être est absolu, et les deux chambres proposées sont très confortables et chaleureuses. Piscine et jeux d'enfants pourront vous occuper, mais n'hésitez pas à profiter des ateliers artistiques proposés par votre hôte.

LES BERGES DU GERS*** €€

Avenue Henri-Trilha
✆ 05 62 66 01 75
www.berges-du-gers.fr
Compter de 16 à 18 € pour un emplacement de 80 m². Camping fermé du 1er novembre au 30 avril. Chalets et mobil-homes.

En bordure de Gers, le camping profite d'un cadre agréable très ombragé. Les emplacements de 80 m² permettent de planter une grande tente ou de poser son camping-car. Tous les chalets et mobil-homes proposés à la location sont climatisés. Il peuvent accueillir entre 4 et 8 personnes. Le camping est adossé à la base de loisirs du village qui offre de nombreuses activités auxquelles les résidents accèdent gratuitement : piscine avec bain à bulles, toboggan, champignon arroseur, aire de jeux, parcours de santé, pêche, complexe sportif...

BOULANGERIE PÂTISSERIE ARTISANALE LARTIGUE

56, avenue Jules-Duffort
✆ 09 63 58 63 55
Ouvert du mardi au vendredi de 6h30 (7h le samedi) à 13h30 et de 16h à 19h ; le dimanche de 7h à 13h.

Laurent Lartigue propose une belle variété de pains, mais pas seulement. Les adeptes de la vraie viennoiserie craqueront pour ses spécialités au beurre, un savoir-faire de plus en plus rare. Ici, tout est fait maison, et la pâtisserie est à l'honneur avec des petits gâteaux comme on les aime, des éclairs aux tartelettes aux fruits, en passant par les glaces et chocolats. N'hésitez pas à goûter le tourteau proposé le week-end : il a été primé au concours départemental de la confrérie !

LA COMPAGNIE DES VINS

Au village - **MONCORNEIL-GRAZAN**

✆ 05 62 65 48 81

Ouvert tous les jours sur rendez-vous. Dégustation gratuite un samedi par mois, le matin et l'après-midi.

Christian Termote, passionné d'œnologie et marchand de vins depuis 1992, ne propose pas n'importe quel vin. Il sélectionne avec soin des millésimes élaborés par des vignerons indépendants. Il recherche avant tout l'identité, le caractère, l'originalité et les vins qui ont une histoire à raconter. À travers sa palette de crus très variée, il partage son expertise, notamment sur les accords mets et vins. Les 500 références très orientées Sud-Ouest côtoient une quarantaine d'armagnacs, une quinzaine de whiskies et de rhums. Dégustation gratuite un samedi par mois.

LA FERME DE L'ESTIVE

Lieu-dit L'Estive

✆ 05 62 66 90 89

Ouvert tous les jours de 9h à 21h.

Oies et canards font la réputation de la Ferme de l'Estive. La famille Cazaux les transforme en foie gras, confits, gésiers, pâtés mais aussi magrets séchés. Une gamme de plats cuisinés est également proposée, autour de recettes du terroir savoureuses : daube, haricots tarbais avec confits de canard, tajine au canard aux légumes frais et fruits. Bernard Cazeaux peut vous proposer une dégustation, qui vous permettra de découvrir la qualité de ses produits. Il est aussi possible de se procurer oies et canards entiers, d'octobre à avril.

MARCHÉ DE MASSEUBE

Place du Foirail

✆ 05 62 66 12 22

Tous les mardis matin de 8h à 12h30. Le samedi matin de juin à octobre devant la Halle.

Le mardi matin toute l'année, le sympathique marché qui s'installe sur la place du Foirail propose tout le nécessaire : fruits et légumes, viandes et poissons frais, pâtisseries, vins et fromages locaux, vêtements… De juin à octobre, vous pouvez retrouver les producteurs locaux lors d'un second rendez-vous. Le samedi matin, sous la belle halle de la mairie, à deux pas de la magnifique maison à colombage du XVe siècle, ils vous attendent avec des stands gourmands conviviaux et des spécialités artisanales qui sont un vrai bonheur pour les yeux et les papilles.

CENTRE BALNEA

Centre Balnéa

GÉNOS

✆ 05 62 49 19 19

www.balnea.fr

Entrée adulte de 19 € à 21 € en très haute saison. Tarif enfants de 4 € à 15,50 €. Pass famille de 50 € à 61 €.

Dans le beau site de la vallée du Louron, près du lac de Génos-Loudenvielle, Balnéa est un lieu idéal pour se ressourcer, entre soins relaxants et bassins en plein air. Un magnifique dôme de verre s'ouvre sur les montagnes et le ciel des Pyrénées, vous pouvez ainsi vous détendre en admirant la nature environnante. Ce temple dessert cinq bains évoquant des civilisations lointaines. Bains incas, romains, amérindiens, japonais et tibétains, ces espaces déclinent les gammes du bien-être pour toute la famille, dans un univers à la fois zen, ludique et raffiné.

© BALNEA

© BALNEA

ASTARAC

LAC DE L'ASTARAC

Départementale 40
BÉZUES-BAJON
✆ 05 62 05 95 95
www.tourisme-gers.com
Accès libre. Baignade interdite.

Intégré au paysage du Haut-Astarac et irrigué par les deux bras de l'Arrats, ce plan d'eau de 150 hectares est classé Natura 2000. Si la baignade est interdite, il est possible d'y pêcher et de se promener sur les sentiers de ses rives à pied, à vélo ou à cheval. Tables de pique-nique, course d'orientation et parcours santé vous attendent pour profiter d'une journée au grand air. Le lac est aussi une réserve ornithologique où se croisent plus de 160 espèces, dont un grand nombre d'oiseaux migrateurs. Avec les Pyrénées en arrière-plan, le cadre est enchanteur.

SEISSAN

Un castelnau était encore présent au XIIe siècle à Seissan. Il reste peu de choses de cette époque, à part la haute tour carrée qui lui appartenait. Ce dernier fut la résidence des abbés de Fagets. En 1286, une bastide est construite tout en longueur. Le village a gardé beaucoup de charme avec son kiosque à musique, ses halles, son église et ses vieilles maisons à colombages. À la sortie de la commune en direction d'Auch, on tombe sur le pigeonnier de la Bernisse, un pigeonnier-porche tout en colombage et briques de terre. Aux alentours de Seissan se trouvent le très joli château du Garrané et son église qui surplombent la campagne environnante.

ARROUÈDE

Ce minuscule village peuplé d'à peine 104 habitants est un havre de paix. Le village ne manque pas de charme et au détour des rues et des routes, on croise un métier à ferrer, des fontaines, des puits, des maisons anciennes ou encore des croix en fer forgé. C'est aussi un superbe balcon sur les Pyrénées : situé à 327 m d'altitude, Arrouède offre un panorama exceptionnel sur la chaîne. Les balades à faire, à vélo ou à pied sont nombreuses sur les petites routes et sentiers de campagne. Une randonnée appelée « le chemin du Jésus » permet de découvrir les environs, en passant par le sympathique village de Chélan et le très beau village de Mont-d'Astarac.

LE PIGEONNIER DE LA BERNISSE

Avec ses faux airs de chapelle, ce pigeonnier est l'un des plus photographiés du Gers. Sa base de briques et sa tourelle à colombages en terre crue forment un bel exemple d'architecture de la deuxième moitié du XIXe siècle. Installé sur une propriété privée, le pigeonnier ne se visite pas. En revanche, il est bien visible depuis la route départementale. On peut d'ailleurs constaté qu'il a été soigneusement restauré, de même que la grange à claire-voie à laquelle il est adossé.

MONT-D'ASTARAC

Face à la chaîne des Pyrénées, ce village médiéval a été la toute première capitale du comté d'Astarac. Les comtes d'Astarac y ont construit leur château dès le Xe siècle. On peut encore distinguer la motte castrale à l'emplacement du château d'eau actuel. A l'époque, la commune était dotée d'une enceinte fortifiée entourée d'un fossé et d'une tour-porte. Seule cette dernière a résisté aux affres du temps. Face à elle se dresse l'église Saint-Laurent érigée en 1490 hors-les-murs. Elle fait partie de l'itinéraire de la « Route des peintures murales » grâce à ses magnifiques fresques dont un Arbre de Jessé qui figure la généalogie du Christ.

WHAKA LODGE €€€

Route du Lac
✆ 05 62 66 27 94
www.whakalodge.com
Tentes de luxe, cabanes et lodges en bois, de 703 € à 1886 € la semaine selon capacité et saison.

Ce magnifique *éco-resort* est idéalement situé près d'un grand lac privé sur un terrain boisé. Il propose des hébergements très variés, certains insolites, mais tous très confortables, bien décorés et conçus dans un esprit écologique et durable. De la tente de luxe avec sanitaires privés aux grands écolodges en bois au milieu des arbres, en passant par les cabanes sur pilotis ou même posées sur le lac, toutes les propositions sont séduisantes. Cet environnement exclusif et haut de gamme implique des tarifs élevés, mais le cadre est enchanteur.

LA TAVERNE D'ASTARAC €

13, Place Carnot
✆ 06 14 12 15 60
Ouvert du lundi au jeudi de 8h à 19h30 ; le vendredi de 8h à 1h. Formule du midi : 17 €

Vous serez sans aucun doute chaleureusement accueilli par Carmen et Vanessa dans ce petit bistrot à la décoration industrielle et moderne, au cœur de Seissan. Elles ont mis un point d'honneur à servir à leurs clients des plats faits maison avec des produits frais et locaux en circuit court : la viande et les légumes viennent des producteurs d'un village à côté. Vous y dégusterez une délicieuse araignée de porc sauce roquefort et ses frites maison ou encore le boudin et son écrasé de pomme de terre. Le menu change tous les jours, vous ne serez pas déçu !

ORNÉZAN

Situé sur l'axe Masseube-Auch, sur la D929, le petit village d'Ornézan s'étend de part et d'autre de cette route. Il abrite un grand château des XIIIe et XIVe siècles adossé à la rivière du Gers et encadré par deux impressionnantes tours carrées. Son édification a entraîné le développement d'un village. Il obtient ses coutumes vers 1320. La très jolie église Sainte-Catherine construite à la fin du Moyen Age est marquée par une tour-porte, élément assez caractéristique dans cette partie du Gers. Elle possède un magnifique retable en bois sculpté classé monument historique. Un village à découvrir. Le village compte également un ancien moulin à eau.

MIRANDE

Cette jolie bastide fut fondée en 1281 sur l'emplacement du village de Saint-Jean-de-Lézian. Les ruelles médiévales conduisent vers la grande place centrale ceinte d'arcades et au centre de laquelle trône un kiosque à musique d'époque. Au bout de la rue de l'Évêché, le clocher-porche de l'église Sainte-Marie enjambe la rue de ses deux arcs-boutants, une construction unique en France. La bourgade compte aussi des vestiges de fortifications, les tours de Rohan, d'Astarac et du Bourreau, ainsi qu'une belle halle à armature d'acier du XIXe siècle. Dès sa fondation, la ville a été surnommée Mirande-la-Jolie en raison de son damier parfait. C'est aujourd'hui une bourgade rurale paisible mais vivante, estampillée « Station verte », et l'une des rares cités françaises à avoir obtenu l'exigeant label international « Cittaslow », dédié au cadre et à la qualité de vie. Il est vrai que le temps prend une saveur particulière entre les beaux murs de la bastide, ou dans la campagne préservée qui l'entoure, que vous pourrez découvrir en empruntant l'un des nombreux sentiers de randonnées des alentours. La culture n'est pas en reste, et la ville possède même son musée des beaux-arts et arts décoratifs, avec une belle collection de peintures et faïences anciennes. Ce sont surtout les festivals de la belle saison qui font la renommée de Mirande, dont le célèbre festival de musique country (« Country in Mirande ») : pendant quatre jours en juillet, le sud du Gers prend les accents du Sud profond des Etats-Unis...

LASSEUBE-PROPRE

Le nom peut sembler intrigant. Lasseube vient du latin *silvae* signifiant la forêt, et « propre » désignait au Moyen Âge un lieu déforesté afin qu'un village puisse y être installé. C'est ainsi que Lasseube-Propre existe depuis l'époque médiévale, passant de forteresse à castelnau au XIIIe siècle. On sait, en outre, par des vestiges exhumés, que le lieu-dit Es-Vivès a été occupé dans l'Antiquité. Les balades dans les environs permettent de découvrir la tour du village qui fut l'ancienne porte du castelnau, les châteaux privés du Castet-Viel, de la Blennerie et de Cazaux, les diverses églises et chapelles, et d'autres éléments du petit patrimoine rural.

MUSÉE DES BEAUX-ARTS ET DES ARTS DECORATIFS ★

13, rue de l'Evêché ✆ 05 62 66 68 10
www.tourisme-mirande-astarac.com
Ouvert du lundi au vendredi de 9h à 12h et de 14h à 18h et le samedi de 10h à 12h et de 15h à 18h. Gratuit.

C'est en 1832 que le notable mirandais Joseph Delort crée ce musée. Il présente une collection intéressante de portraits des écoles italiennes, flamandes et françaises, du XVe au XIXe siècle. Parmi la collection hétéroclite, on remarque les émouvants dessins de Gervais Caze, qui a croqué la Grande Guerre des tranchées à l'hôpital ou la canne de Toussaint Louverture. Figure également une belle collection de faïences décoratives anciennes, provenant des principaux ateliers du Sud-Ouest.

ÉGLISE SAINTE-MARIE ✝ ★

4, Place Louis Durrieux
✆ 05 62 59 37 04
Accès libre.

Massive, l'église Sainte-Marie domine la ville de sa stature. Mirande obtient le titre d'évêché en 1410 et se lance dans la construction d'une cathédrale. Mais elle perd son titre dès 1413. Sainte-Marie fut donc consacrée en tant que simple église paroissiale. Elle tire sa singularité de son étonnant clocher-porte. Les contreforts qui soutiennent la tourelle, probablement à vocation militaire, enjambent la rue. Le portail principal de l'église se cache sous le jambage de pierre, derrière une belle grille en fer forgé. Le Christ, entouré de ses apôtres, surmonte le tympan. La Vierge a été sculptée dans le pilastre qui sépare les deux portes d'entrée. Elle est encadrée par Ecclesia et Synagoga, une allégorie fréquente dans l'art chrétien du Moyen Âge. Ecclesia symbolise le christianisme et se reconnaît à sa couronne, alors que Synagoga qui se tient les yeux bandés représente l'aveuglement du peuple juif qui n'a pas su reconnaître le caractère messianique de Jésus. L'accès à l'église s'effectue par une porte latérale, surmontée d'une statue de saint Jean-Baptiste. La nef sans transept, typique de l'architecture méridionale, est bordée de chapelles. Parmi les éléments remarquables, vous noterez l'orgue Magen aux trente-six tuyaux et l'autel-tombeau en marbre noir et jaune, surmonté d'un tableau de l'Assomption de la Vierge peint par Antoine Coypel. Les deux vitraux représentant la Vierge à l'Enfant et l'Archange Saint-Michel terrassant le dragon sont attribués à Arnaud de Moles, l'auteur des vitraux de la cathédrale d'Auch.

OFFICE DE TOURISME MIRANDE ASTARAC

13, rue de l'Evêché
✆ 05 62 66 68 10
www.tourisme-mirande-astarac.com
Ouvert du lundi au samedi matin et après-midi, et le dimanche matin en juillet et août.

Les Floralies en mai ou le Festival de Country en juillet attirent beaucoup de monde à Mirande. Son patrimoine culturel aussi. La sympathique équipe de l'Office de Tourisme saura vous conseiller. Vous trouverez des brochures thématiques, des carnets destinés aux enfants pour découvrir le musée ou la ville. Elle organise également une visite de la ville gratuite l'été, qui vous dévoilera tous les secrets de cette belle bastide. N'hésitez pas à demander l'agenda de la saison !

DOMAINE D'ESCAPA €€

Lieu-dit Clarens ✆ 06 15 91 51 61
www.domaine-escapa.fr
Roulotte pour 4 ou 5 pers : compter de 264 € à 413 € le weekend, de 886 € à 1089 € la semaine selon la saison.

Ce domaine de 40 ha de prairies et de bois s'est spécialisé dans l'hébergement insolite. Les carrés des étoiles sont de grands cubes de bois percés de hublots sur les murs et au plafond, permettant d'observer la Voie Lactée depuis son lit. Les tipis, très confortables, sont équipés d'une salle de douche et d'une kitchenette. Les cabanes cachées dans la forêt, et pour certaines perchées dans les arbres, comportent une terrasse sur laquelle trône un bain à remous. Les roulottes, enfin, se déclinent en version 2 personnes, 5 personnes et personnes à mobilité réduite.

HÔTEL MÉTROPOLE*** €€

31, rue Victor-Hugo
✆ 05 62 66 50 25
www.hotel-metropole-gers.fr
Compter de 70 € à 80 € pour une chambre double.

À proximité de la place principale, l'établissement 3 étoiles accueillait déjà les touristes il y a 200 ans. David et Hélène ont su y apporter par leur rénovation un confort moderne et une décoration résolument contemporaine. Dynamiques et pleins d'humour, ces jeunes propriétaires proposent des chambres vastes et calmes, et très bien équipées. Le restaurant propose une cuisine du terroir où le canard figure en bonne place. Le Métropole est agréé par les chartes « Qualité Tourisme » et « Logis » qui garantissent un bon accueil et un séjour confortable.

AU PRÉSIDENT €€

Route d'Auch ✆ 05 62 66 64 06
www.aupresident.fr
Chambre simple de 55 € à 60 € ; chambre double de 65 € à 70 € ; chambre triple de 75 € à 80 €. Petit déjeuner inclus.

Chez Le Président, vous trouverez un calme bienfaisant, tout en restant proche du centre-ville. Dès la première moitié du XIXe siècle, la maison appartenait au président du tribunal d'instance de la commune ! Autant dire que le cachet est à la hauteur de la fonction, et si vous appréciez les demeures anciennes à l'architecture de caractère, celle-ci est pour vous. Les chambres sont pleines de charme, indépendantes et bien équipées. Le matin, vous profiterez des confitures et gâteaux maison de votre hôte, et vous disposerez de la cuisine pour préparer vos repas.

AUBERGE DE LA HALLE €

7-9, rue de l'Ecole
✆ 05 62 66 76 81
Ouvert du lundi au vendredi le midi.

L'auberge se trouve à côté de la halle où se tient le marché le lundi matin. C'est d'ailleurs là que vous croiserez Max, le chef, qui y puise toutes les semaines inspiration et produits frais. Cela fait trente ans qu'il les travaille pour proposer une cuisine personnelle et authentique. Tête de veau, joues de bœuf en daube, salade de fruits frais, riz au lait : les suggestions sont aussi appétissantes qu'enlevées. Le chef n'hésite pas à revisiter la cuisine régionale. Vous profiterez d'un emplacement privilégié et d'un excellent accueil.

LA BRASSERIE DES ARTS €€

5, boulevard Centuelle
✆ 05 62 66 50 27
Ouvert du mercredi au samedi de 11h45 à 15h et de 19h30 à 22h. Compter 32 € pour un repas.

Impossible de ne pas craquer pour cette maison spécialisée dans le poisson et les fruits de mer en bordure de la bastide de Mirande. Derrière le porche se dissimule un magnifique jardin paysager. La pièce d'eau, la fontaine, le tapis gazonné, les oliviers et plantes aquatiques créent un cadre romantique où il fait bon s'attabler. En hiver, l'élégante salle avec sa grande fresque pop rendant hommage à Miles Davis vous accueille. Le chef cuit ses poissons (et quelques viandes) à la plancha exclusivement, avec un savoir-faire ébouriffant : du grand art !

LE COUP D'ENVOI €

1, rue Pierre-Lamaguère
✆ 05 62 66 52 77
Ouvert le lundi de 7h à 19h ; du mardi au jeudi de 7h à 21h ; le vendredi de 8h30 à 2h ; le week-end jusqu'à 21h.

Ce bar-tabac PMU est tout indiqué pour un déjeuner rapide et à petit prix. Dans une ambiance de quartier, vous pourrez vous attabler en salle ou en terrasse pour déguster un plat typique de brasserie. Viandes grillées, frites maison, salades composées et tartines font partie des classiques. La salade gasconne au magret séché, manchons, confits et gésiers permettent de faire le tour des fleurons locaux. Une adresse à retenir, chaleureuse, animée et authentique, où vous pourrez revenir le soir suivre les rencontres de rugby ou de foot.

LA CROUSTADE MIRANDAISE

11, avenue d'Etigny
✆ 05 62 67 68 79
Ouvert le dimanche et le lundi de 8h à 13h ; du mercredi au samedi de 8h à 13h et de 15h à 19h.

La Croustade Mirandaise est tellement célèbre que cette spécialité a déjà eu les honneurs des journaux télévisés de midi. Christophe Pérès a repris la fabrique et la boutique pour perpétuer la tradition de la croustade, de la tourte et du tourteau. Les inconditionnels viennent de Tarbes ou de Pau pour croquer dans cette pâtisserie typiquement gersoise, faite d'un empilement de fines feuilles de pâte beurrée sur des lamelles de pommes fondantes. Il existe des variantes au pruneau, ou poire-chocolat, mais les puristes l'apprécient arrosée d'armagnac.

LE GRAND CAFÉ GLACIER €

11, place d'Astarac
✆ 05 62 66 50 28
Ouvert du lundi au samedi de 8h à 2h ; le dimanche de 8h à 13h.

Le Grand Café est certainement l'établissement le plus animé de Mirande. À toute heure du jour et de la nuit, vous apprécierez l'ambiance qui y règne et ce dès le petit-déjeuner. On s'y régale de plats de type brasserie le midi, on y célèbre les troisièmes mi-temps, on y fait la fête le week-end. La carte privilégie les produits régionaux, comme le cassoulet, le demi-magret ou le confit de canard. En été, les tapas s'invitent pour un grignotage léger à l'heure de l'apéro. Jérôme et son frère Pierre ont su créer un lieu à l'atmosphère vivante et chaleureuse.

DOMAINE DE VALENTÉES

Quartier Valentées
✆ 05 62 66 78 47
www.parfumdetradition.com
Ouvert du mardi au jeudi de 8h à 12h30 et de 13h30 à 17h30, le vendredi matin. Présent le lundi matin au marché.

Cette exploitation est rattachée au lycée agricole de Mirande. Les travaux pratiques sont réalisés grâce aux élevages de canards et de poulets, de porcs noirs et de vaches mirandaises. Apprendre le métier d'agriculteur se fait sur le terrain, pour le plus grand bonheur des amateurs de bons produits à se procurer à la conserverie. Avec six ateliers de culture, d'élevage et de transformation, les apprentissages aident les jeunes à se lancer dans le métier. Foie gras, gésiers, pâtés, magrets fourrés au foie gras, daube ou cassoulet sont vendus sur place.

ASTARAC

MARCHÉ DE MIRANDE

Place de l'Astarac et sous la Halle
05 62 66 68 10
Le lundi matin de 9h à 12h.

Tous les lundis matin, le marché traditionnel transforme Mirande en une bourgade animée. Les chalands se bousculent pour aller à la rencontre des producteurs locaux, des commerçants de bouche, des artisans du coin, des pépiniéristes, des camelots. Sous la belle halle de type Baltard, mais aussi sur la place d'Astarac, il perpétue le rendez-vous qui existe depuis la fondation de la ville en 1281. Idéal pour faire de bonnes affaires, remplir son panier de produits locaux gourmands et entamer un brin de causette, ce point de rencontre est un incontournable.

LA MARMITE ROULANTE

4, rue Esparros
05 62 59 05 45
Ouvert le lundi de 7h à 12h30 ; du mardi au vendredi de 8h à 13h et de 15h à 19h (le samedi 14h-18h) ; le dimanche matin

Bruno réserve un accueil chaleureux à tous ceux qui franchissent la porte de sa charcuterie. Jambons et boudins artisanaux font la réputation de ce commerce. Les viandes sont soigneusement sélectionnées, comme le bœuf et le veau de race gasconne ou le porc noir qui peut être obtenu sur commande. En été, brochettes, grillades, saucisses, merguez et côtes de bœuf font leur apparition pour garnir barbecues et planchas. Le rayon traiteur propose salades, entrées, verrines, plat principal et même dessert pour s'assurer un ou plusieurs repas sans rien faire !

PISCINE LUDINA

Domaine aquatique de l'Astarac
05 62 66 50 13
www.coeur-dastarac.fr
Ouvert tous les jours de 11h15 à 19h de début juillet au 31 août. Accessible aux PMR. Adulte : 6,10 €. Enfant : 4,90 €.

Ludina est un parc aqualudique installé dans un domaine d'un hectare et demi de verdure. Sa position en bordure de la Petite Baïse et aux portes de la ville est idéale. Le parc met à disposition de ses visiteurs jeux et animations pour amuser toute la famille. Ce sont en premier lieu les piscines à bulle, toboggans, jets hydromassants, piscines et bassin pour les touts petits qui attirent. Et il y aussi des aires de jeux et un terrain de beach volley pour s'occuper hors de l'eau. Ludina est le lieu idéal pour profiter du soleil gersois sans souffrir de la chaleur.

SAINT-MICHEL

Petit village implanté sur les rives de la Baïse, Saint-Michel est en fait la réunion de plusieurs petits villages qui existaient encore individuellement sous l'Ancien Régime. Au Xe siècle, Saint-Michel était la propriété des seigneurs de Taran, qui y firent édifier une église en l'honneur de l'archange Michel. L'édifice roman fut rasé au XVIIIe siècle pour laisser la place à une église de style néo-gothique flamboyant. Le clocher n'est pas sans rappeler feu la flèche de Notre-Dame de Paris avec ses tourelles et son allure élancée. En revanche, nulle trace des anciens seigneurs, puisqu'ils habitaient une tour en bois construite au nord du village.

SUE URE CERAMICS

Les Bourdets 09 67 79 03 45
www.sueureceramics.com
Visite de l'atelier sur rendez-vous.

Céramiste, Susan vous reçoit dans son atelier et vous explique avec son humour très british ses petits secrets de fabrication. Elle fait naître de son tour et de son four des pièces aux lignes épurées dans des couleurs tendres. Tasses, théières, pichets, bols, coupelles, vases et même abat-jour intègrent une collection personnelle qui se renouvelle au gré de son inspiration. Sue dessine également du linge de maison, qu'elle fait fabriquer, comme les textiles du Sénégal ou les dessous de plats et sets de table qui viennent de Pologne.

SAINT-CHRISTAUD

Situé au croisement de deux voies anciennes, ce petit village est très connu des pèlerins qui empruntent le chemin de Saint-Jacques-de-Compostelle, et un poème dit d'ailleurs que « tous ceux qui l'on traversé l'ont aimé ». Même sans être de ceux-là, vous aurez du mal à ne pas succomber au charme de son panorama. Posé sur les crêtes, il domine les coteaux avec ses belles maisons éparses, son cœur étant formé d'une splendide église qui semble protéger ses terres avec bienveillance. Elle est d'une pure beauté architecturale, reconstruite au XIIe siècle par les moines antonins sur une base datant de 1088, peut-être édifiée par les templiers.

EGLISE SAINT-CHRISTOPHE

✆ 05 62 09 36 46

Ouvert toute l'année. Visite libre.

Cette église massive du XIIIe siècle, en brique rouge de Toulouse, vaut le détour. Située sur le Chemin de Saint-Jacques, sa structure imposante émerge du paysage bucolique et calme de Saint-Christaud. Reconstruite en 1250 par les Antonins de Toulouse pour remplacer l'édifice original datant de 1088, l'église est d'inspiration romane. L'accès se fait par un portail en pierre du XIVe siècle, encadré de sculptures. A l'intérieur, la nef est divisée en trois travées voûtées. Remarquez les clés de voûte en pierres sculptées et les *oculi* carrés au-dessus des fenêtres.

LA CHÈVRE QUI RIT

La Baradée

✆ 05 62 05 33 08

Ouvert tous les jours de 10h à 20h. Vente de produits tous les après-midi. Visite de la ferme sur rendez-vous.

Marie élève une quarantaine de chèvres qu'elle bichonne affectueusement. Elle confectionne yaourts et fromages avec le lait bio de la traite qui sont vendus à la boutique tous les après-midi. En prévenant un peu à l'avance, vous pourrez visiter la ferme. Selon la période de l'année, vous aurez la chance d'assister à une naissance ou à une mise en pâture. L'éleveuse vous expliquera le concept de la communication intuitive, qui est peut-être le secret du bon goût de ses produits laitiers. Et en tendant bien l'oreille, peut-être percevrez-vous le rire de la chèvre...

MIÉLAN

Miélan est l'une des cent bastides apparues en Gascogne entre le milieu du XIIIe siècle et celui du XIVe siècle, période de répit entre la guerre contre les Albigeois et celle de Cent Ans. Fondée en 1284 par le sénéchal du roi de France en Languedoc, en paréage avec le seigneur du lieu, elle a reçu le nom de la célèbre cité italienne (Milan), déformé localement en Miélan. Détruite en 1370 par les Anglais, reconstruite puis à nouveau occupée en 1450, elle devient capitale du duché-pairie d'Antin au XVIIIe siècle. Après la Révolution, d'anciennes églises ont servi de carrières de pierre. Napoléon, rentrant d'Espagne, traverse Miélan le 24 juillet 1808.

LE GÎTE D'HYPOPOTTE €€

4, chemin de Hajàu

✆ 06 69 53 49 22

www.legitedhypopotte.fr

Gîte pour 15 à 20 personnes. De 1 200 € à 2 500 € la semaine selon la saison.

Le gîte l'Hypopotte est une grande et magnifique ferme du XVIIe siècle à colombages, rénovée et décorée avec beaucoup de raffinement. Le grand jardin mène à une magnifique piscine chauffée de 13 mètres, où se prélasser. Quinze personnes pourront profiter des 5 chambres et 4 salles de bains, de la salle de jeux avec table de billard de 40 m², de l'incroyable cuisine, et d'un dortoir pour les enfants. Il est possible également de réserver une belle suite familiale pour 4 personnes en plus du gîte. Le lieu de repos idéal pour découvrir Jazz in Marciac entre amis !

SOUS LA GLYCINE €€

5, rue des Frères-Léglise

✆ 05 62 66 63 79

www.chambres-hotes-gers.fr

Chambre simple à partir de 50 € ; chambre double à partir de 70 € ; suite à partir de 100 €. Petit déjeuner inclus.

Cette demeure de 1771 a beaucoup de charme, et le parc qui court sur un demi-hectare n'y est pas étranger. Splendidement aménagé avec un pigeonnier et une mare aux nénuphars, il invite à la détente et la rêverie dès les premiers pas sur sa verte pelouse. Les chambres sont claires et propres, décorées dans un style simple mais très confortable... et on aime les pochoirs de Chantal, bricoleuse, artiste et très attentionnée ! Le petit déjeuner et une bonne table d'hôtes sont proposés mais vous pourrez avoir accès à une cuisine si vous le souhaitez.

LES VALLONS DU LAC €€

RN 21

✆ 05 62 67 51 59

www.lacmielan.com

Fermé oct à mars. Chambre simple 60-79 €, double 69-90 €, triple 85-95 €. Petit déjeuner 9,50 €. Animaux acceptés 5 €.

Les Vallons du Lac est l'un des rares endroits à marier tant de propositions sans dénaturer son cadre. Aire de jeux, piscine, toboggans aquatiques, tennis, badminton mini-golf se tapissent autour d'un lac et d'un parc verdoyant de 27 ha. Tous les logements sont de plain-pied, pratiques, confortables et très bien équipés. La décoration, à la fois raffinée et moderne, offre une douce ambiance et une entrée individuelle garantit indépendance et intimité. La terrasse privative permet de profiter de belles vues sur le lac et la nature environnante.

ASTARAC

PIZZERIA LA CALÈCHE €

1, rue Ritourie

✆ 05 62 67 50 25

Du mardi au samedi le midi ; le vendredi et le samedi le soir. Le dimanche sur réservation. Pizza seulement le week-end

La Calèche fait partie de ces bars de village emblématiques où l'on vient autant pour boire un verre que pour la bonne ambiance qui y règne. Nathalie a aussi fait du lieu un restaurant qui propose un menu complet qui change tous les jours et des pizzas le week-end, à des prix plus qu'abordables. La pâte préparée par le chef est craquante et moelleuse à la fois et reçoit aussi bien des garnitures salées que sucrées. Encore faut-il avoir une place pour une pizza au Nutella après avoir attaqué la Gersoise avec magret, gésiers de canard, fromage et jambon cru !

LA P'TITE MARMITE GASCONNE €€

17, place du Padouen ✆ 05 62 67 50 36

www.laptitemarmitegasconne.sitew.fr

Ouvert du lundi au vendredi de 7h à 14h30. Compter 17 € pour le menu complet. Pizza à emporter le vendredi soir

Joëlle et Erick font frémir leur P'tite Marmite Gasconne tous les midis. Ils en ressortent de délicieux potages campagnards qui accompagnent le menu du jour et les formules. Erick prépare deux plats chaque jour, l'un traditionnel et régional, et l'autre teinté d'exotisme. Les desserts valent eux aussi le détour, comme le vrai fondant au chocolat qui coule au premier coup de cuillère. Mais nous vous recommandons la coupe fraîcheur, débordante de crème fouettée, c'est un régal.

MARCIAC ★

Coeur battant du célèbre festival, la bastide royale de Marciac fut fondée en 1281 selon le plan à damier typique. Comme dans la plupart des bastides, la place centrale accueillait une halle dédiée au commerce. Elle fut détruite en 1871, ne laissant qu'une vaste place – la plus grande du Gers – qui permet d'accueillir les artiste sur scène à l'occasion du festival Jazz in Marciac. Tout autour, les élégantes façades percées d'arcades abritent commerces et restaurants. L'église Notre-Dame-de-l'Assomption, édifice du XVe siècle au clocher-porche carré, est constituée d'une triple nef et d'un chœur pentagonal abritant des sculptures du XIVe siècle.

GALERIE L'ANE BLEU

19, rue Saint Pierre

✆ 06 87 54 70 17

http://anebleu.over-blog.com/

Voir l'agenda des expositions sur le site internet.

Installée dans une ancienne grange à colombages du XVIIe siècle, la galerie de L'Âne Bleu s'est donnée pour mission de promouvoir les différentes formes artistiques et culturelles liées aux arts plastiques. Elle dispose d'un fonds permanent d'œuvres et accueille des expositions temporaires toute l'année. La galerie fait toujours coïncider une exposition originale avec le festival Jazz in Marciac. Décembre est consacré à la gravure. Pour plus de renseignements et découvrir les programmations passées et à venir, rendez-vous sur le site Internet de la galerie.

MUSEUM D'HISTOIRE NATURELLE

19, place de l'Hôtel-de-Ville

✆ 05 62 09 38 03

www.coeursudouest-tourisme.com/

Ouvert du lundi au vendredi de 9h à 12h et de 13h30 à 17h. Entrée : 2 €.

Afin de conserver la belle collection d'oiseaux créée par son père, Joseph Abeilhé en a fait don dans les années 1930 à la commune de Marciac. Les 300 oiseaux empaillés et œufs sont exposés dans des vitrines dont l'allure obsolète fait tout le charme du lieu. Outre l'ornithologie amplement mise à l'honneur, l'entomologie, la géologie et la paléontologie sont également représentées dans la collection. Coquillages, mammifères naturalisés ou reptiles complètent l'ensemble.

LES TERRITOIRES DU JAZZ ★

Place du Chevalier-d'Antras

✆ 05 62 08 26 60

www.marciactourisme.com

Ouverture du mardi au samedi de 10h à 18h pendant le festival. Sur réservation en dehors du festival (mairie).

Si vous pensiez que le jazz s'écoutait les yeux fermés, au musée qui lui est consacré il s'agit de les ouvrir bien grands ! Unique en Europe, tant par son thème que par les moyens techniques dont il est équipé, ce magnifique espace propose un voyage à travers toutes les expressions de cette musique aux racines africaines. La prouesse technique, la profusion et la pertinence des documents, la qualité de leur présentation, l'originalité de l'ensemble entraînent le visiteur, casque à infrarouge sur les oreilles, dans un parcours magique d'une durée de 45 min.

LES VÉLOS D'ADRIEN

2 ter, rue des Cinq-Parts
✆ 06 51 32 38 62
Réservation par téléphone tous les jours pendant le festival.

Passionné par les vélos, Adrien les a collectionnés, restaurés et parfois même transformés. Il a amassé pas moins d'une centaine de vélos en tous genres qui, à sa disparition en 2009, semblaient voués à l'oubli. C'était sans compter sur la détermination de Jeannot et Rémi Lacour qui ont lancé un service de location de deux-roues. Vélo de ville, VTT, VTC et même tandem sont disponibles pour arpenter les environs pendant le festival. Les compères louent aussi des rosalies aux abords du lac. Elles peuvent embarquer de 4 à 6 personnes, pour des balades de 30 minutes.

LA BAGUENAUDE €€

9, rue de Juillac ✆ 05 62 09 57 03
www.labaguenaude.fr
4 chambres (de 25 à 42 m²). Chambre double de 85 € à 120 €. Petit déjeuner inclus. Lit supplémentaire : 25 €.

C'est une magnifique maison du XIXe siècle recouverte de vigne vierge, où règne un esprit riad dans l'architecture. Elle comporte une cour intérieure avec sa fontaine et un très beau jardin, atypique en plein centre, abrité des regards par de hauts murs en pierre. En été, vous profiterez de la belle piscine. Les chambres sont aménagées et décorées avec soin dans un esprit contemporain, alliant les tableaux, sculptures d'artiste, têtes de lit modernes avec des fauteuils de style Louis XV. Les espaces communs sont propices à la détente et l'ambiance chaleureuse.

HOTEL DES COMTES DE PARDIAC*** €€

28, place de l'Hôtel-de-Ville
✆ 05 62 08 20 00
www.hotel-marciac.com
Compter de 69 € à 80 € pour une chambre double.

Eric et Cyrille sont les propriétaires de ce bel hôtel pour lequel ils ont quitté l'Allier. Idéalement placée au cœur du village, la magnifique bâtisse semble rayonner sur Marciac. Les chambres, refaites récemment, bénéficient d'une décoration moderne et surtout d'une literie très confortable. Agencées autour d'une coursive, elles surplombent le jardin verdoyant et un grand patio. L'accueil, le cadre et les équipements vous garantissent un séjour enchanteur !

LE BŒUF SUR LA PLACE €€

29, Place de l'Hôtel de ville
✆ 05 62 08 45 83
Du lundi au vendredi le midi et le soir. Menu du midi : 16 €

Qu'il fait bon de s'attabler au Bœuf sur la Place après une balade dans Marciac ou entre deux concerts de jazz ! Le nouveau restaurant au cœur de la ville, sous les arcades, propose des plats faits maison avec des produits frais pour tous les amoureux de la cuisine locale. Dans l'assiette, le traditionnel cassoulet Gascon, le croque Marciacais au fromage de Trançens ou encore le travers de porc fermier et ses frites maison. Craquez en dessert pour la tarte tatin aux pommes caramélisées ! Une adresse incontournable lors de votre passage à Marciac.

CAFÉ DE L'HÔTEL DE VILLE €€

11, place de l'Hôtel de Ville ✆ 05 62 03 26 08
www.cafe-hoteldeville.com
Tous les jours le midi et le soir. Café ouvert de 8h à 2h du matin tous les jours pendant le Festival Jazz in Marciac.

L'intérieur du Café de l'Hôtel de Ville s'est métamorphosé pour renouer avec le style Belle Époque des fondateurs, ancêtres des propriétaires actuels. Vous pourrez profiter de plusieurs espaces et atmosphères : les trois terrasses dont celle qui est située sous les arcades de la place de l'Hôtel de Ville, les fauteuils ou les banquettes de la grande salle cosy, le bar qui accueille les habitués, ou encore le petit salon qui le prolonge. La carte du restaurant affiche un esprit bistronomique, avec de grands classiques. Petits déjeuners copieux servis jusqu'à 11h.

© PHILIPPE GRAILLE - STOCK.ADOBE.COM

La ville de Marciac.

ASTARAC

LA PÉNICHE €€

Route du Lac

✆ 05 62 09 38 46

www.restaurant-marciac.com

Ouvert toute l'année. Tous les jours le midi et le soir. Fermé le dimanche et le lundi soir en hiver.

Cette véritable péniche, qui a navigué sur le canal du Midi, est aujourd'hui reconvertie en restaurant. Le lac de Marciac sert de cadre fabuleux à cet établissement original. Ce lieu magnifique est idéal pour déguster un foie gras dans la tradition, des aiguillettes au foie gras, des Saint-Jacques accompagnées de jambon Serrano et poivrons ou encore des ris de veau aux morilles. Le poisson, cuit à la plancha, est excellent. En été, le service se fait en terrasse au bord de l'eau. Accueil chaleureux. Réservation recommandée, évidemment !

LA PETITE AUBERGE €€

16, place de l'Hôtel-de-Ville

✆ 05 62 09 31 33

Ouvert le lundi, le vendredi et le samedi le midi et le soir ; le mardi, le mercredi et le dimanche le midi.

La Petite Auberge est une véritable institution à Marciac. Dans une ambiance conviviale et familiale, la fidèle clientèle se réjouit des bons petits plats concoctés par Sylvie Chapart et son équipe. Avec plus de 30 années d'existence, les « Délices de mamie », les ris de veau à l'ancienne, le magret de canard en cocotte ou le T-Bone de bœuf sont devenus des incontournables. Le cadre typique de murs de pierres, poutres apparentes et cheminée, participe au succès du restaurant. En été, on apprécie la terrasse installée sous les arcades.

CABARET DE LA PEÑAC

22, place de l'Hôtel-de-Ville

✆ 06 87 79 06 05

Ouvert le lundi et du mercredi au samedi. Horaires variables, consulter la programmation des évènements sur le site web.

Ce café-concert associatif fait bouger la ville et ses habitants en dehors du festival de jazz. Pia et l'équipe de bénévoles organisent des repas-concerts à thème. Au menu, jazz, salsa, rock, funk ou flamenco... La scène fait la part belle aux musiques du monde. Les menus sont élaborés au plus près du style musical de la soirée. Dans une démarche affirmée d'économie sociale et solidaire, les produits privilégient le circuit court et les petits producteurs. La Peñac propose également des soirées jeux, ciné-débat, des projections de documentaires et divers ateliers.

L'ESSENTIEL

20, chemin de Ronde

✆ 05 62 69 07 93

https://www.lessentiel-marciac.fr/

Ouvert du lundi au samedi de 9h30 à 12h30 et de 15h à 19h, en continu de 9h à 20h pendant le festival Jazz in Marciac.

Cet établissement promeut la nécessité de nourrir le corps comme l'esprit, et le rôle primordial d'un mode de vie sain et naturel. Vous y trouverez une large gamme de produits bio, vegan et sans gluten ; des compléments alimentaires, des produits bien-être et des délices locaux. Côté librairie, littérature générale, nouvelles, poésies mais aussi art, cuisine, régionalisme et littérature jeunesse se côtoient dans une sélection assez pointue. L'Essentiel place les échanges équitables, solidaires et locaux au cœur de ses préoccupations.

MARCHÉ DE MARCIAC

19, place de l'Hôtel-de-Ville

✆ 05 62 09 38 03

Le mercredi de 8h à 13h.

Le mercredi matin, sur la place de l'Hôtel-de-Ville, l'ambiance est à la négociation et aux bonnes affaires gourmandes. Rendez-vous incontournable des producteurs locaux, ce marché est une belle vitrine du terroir où fruits, légumes, pâtisseries, fromages et charcuteries remplissent bien vite le panier. Des revendeurs sont également présents, ainsi que divers camelots proposant des vêtements et des accessoires de mode. En été, des animations musicales animent le marché, qui se déplace en bordure de lac pendant le festival Jazz in Marciac.

PISCINE LUDIQUE DE MARCIAC

✆ 05 62 03 70 66

www.coeursudouest-tourisme.com/

Ouvert uniquement de mi-juin à fin août. Juillet et août : Tous les jours de 13h30 à 19h30. Entrée : 3,50 € Enfant : 2 €

Ludique, elle l'est assurément avec sa piscine de plein air chauffée mais aussi son bassin avec rivière à contre-courant, une cascade parapluie, un geyser, des jets d'eau massants. Les tout-petits ont droit à leur pataugeoire, les plus grands à leur toboggan et, comme le site est surveillé, vous pouvez profiter tranquillement du solarium pendant que les enfants s'amusent. L'espace comprend aussi une aire de jeux et un snack avec boissons fraîches et glaces à déguster.

L'ASTRADA

53, Chemin de Ronde
✆ 09 64 47 32 29
www.lastrada-marciac.fr

Concerts et spectacles toute l'année.

Astrada signifie « destinée » en occitan. Portée par le maire de Marciac, Jean-Louis Guilhaumon et l'association Jazz in Marciac, la salle a pour vocation de faire perdurer la dynamique culturelle engendrée par le festival estival. Inaugurée en mai 2011, cette salle de 500 places à l'acoustique très étudiée accueille tout au long de l'année des concerts de musique jazz, classique, contemporaine, de chanson française, des pièces de théâtre, des spectacles de cirque de danse ou d'humour. Elle accueille également des artistes en résidence, et des ateliers de danse.

DUCK WAKE PARK

Chemin de la Riberotte
✆ 06 46 32 11 15

Ouvert tous les jours de 9h à 19h. Session de wakeboard ; 22 €. 1h de paddle ; 12 €. Bouée tractée ; 5 €.

Nani et Vivien, passionnés des sports de glisse et anciens snowboarders professionnels vous accueillent chaleureusement au Duck Wake Park pour une session de wakeboard tiré par un câble de téléski nautique, de paddle ou de bouée tractée. Ils ont à cœur de proposer des activités familiales, sportives, inclusives et éthiques en partageant leur bonne humeur et dynamisme. C'est l'endroit idéal pour tous les amateurs de nouvelles expériences et de sensations fortes ! Sur place, vous trouverez également une buvette et un snack pour une pause entre deux sessions.

PLAISANCE

Créée en 1322, Plaisance se distingue des nombreuses bastides du département. Son assemblage d'îlots réguliers est traversé par un réseau de rues singulier et deux places à arcades organisent cet urbanisme original. Les remparts détruits au début du XVIIe laissent trois portes et une tour d'angle de forme carrée. À la fin du XIXe siècle, la ville compte une importante activité minotière. Le Grand Moulin de Cassagnac en est un beau témoignage. La ville se dote de ses premières arènes en 1862 pour y tenir les novilladas qui jusque-là se couraient sur la place de la Mairie. Les courses landaises continuent de rythmer le calendrier de Plaisance.

AIGNAN

Première capitale de l'Armagnac et siège du Parlement de Gascogne dès le Xe siècle, cette ancienne ville fortifiée abrite 700 âmes. Elle aurait vu le jour en l'an 620, fondée par le seigneur saxon Anianus. Elle fut détruite une première fois en 1335 sur décision du prince Noir, puis en 1590 par les calvinistes. Elle a su conserver sa place à-couvert aux structures en bois, son lavoir, son église romane Saint-Saturnin, édifiée au XIIe siècle avec son porche classé. Chaque année, les arènes accueillent corridas et courses landaises pendant les fêtes de Pâques. Un lac de 4 hectares et de nombreux sentiers de randonnée permettent de se délasser.

LE RELAIS DU BASTIDOU*** €€

Cayron - **BEAUMARCHÉS** ✆ 05 62 69 19 94
www.le-relais-du-bastidou.com

Chambre 2 personnes de 79 € à 95 € par nuit hors festival Jazz in Marciac.

Fabienne et René vous accueillent dans ce charmant hôtel-restaurant situé en pleine nature à seulement 6 kilomètres de Marciac. Au sein d'une ancienne ferme du XVIIIe siècle rénovée, vous séjournerez dans l'une des 8 chambres confortables et parfaitement aménagées, ayant toutes un accès extérieur, directement sur le jardin ou la piscine. Pour vos repas, le restaurant labellisé « Tables du Gers » est ouvert tous les jours et propose une cuisine du terroir bio. Le Relais du Bastidou est idéal pour un séjour alliant calme, tranquillité et table gourmande de qualité.

CARCHET CITY VILLAGE WESTERN

Route de Plaisance
✆ 06 89 03 67 55
www.carchetcity.fr

Programme des évènements sur le site web. Ouvert le week-end dès 11h. Menu unique à 25 €.

Carchet City est un lieu unique et inclassable, la reconstitution fidèle d'une rue de village du Far-West américain des années 1860, en pleine campagne gersoise. Des animations sont régulièrement organisées par des passionnés de la culture américaine et des westerns. Reconstitution de hold-up et faux règlements de compte à coups de colts se rejouent régulièrement dans Main St. Un saloon et une taverne tex-mex permettent de se plonger complètement dans l'atmosphère des pionniers.

LA FERME AUX BUFFLES

Lectoure ✆ 06 29 28 31 53
www.lafermeauxbuffles.fr
Ouvert du mercredi au dimanche de 11h à 12h et de 15h à 18h. Sur réservation. Départs à 11h, 15h, 15h45, 16h30, 17h15.

Dans les 20 hectares de parc, les buffles s'ébattent avec bonheur. Vous montez à bord d'un camion militaire version 4x4, ambiance safari avec Martial qui vous guide dans l'univers de ces bovins dont certaines races sont en voie de disparition. Fascinante et instructive, cette sortie est unique en son genre. Les plus petits peuvent continuer l'aventure avec les cochons, oies, âne et lapins qui les attendent à la mini-ferme. Sur place, une ferme-auberge vous ouvre sa table de terroir. Vous testerez la charcuterie de buffle et la tome de bufflonne exceptionnelle !

MARCHÉ D'AIGNAN

Place du village
✆ 05 62 08 26 60
Tous les lundis de 8h à 13h.

S'il domine la vallée du Midour, le bourg d'Aignan est également au sommet des rendez-vous gourmands. Il faut dire qu'entre les nombreuses fermes, les productions bio, les marchands et la proximité des coteaux de Saint-Mont, tout ce qui se fait de bon aux alentours est réuni. Toutes les spécialités régionales sont à découvrir sur la place du village le lundi matin. Fromages, pâtisseries, fruits et légumes, conserves, foie gras, viandes, vins et armagnac : cette belle vitrine du bon-vivre gersois et de son savoir-faire gastronomique est incontournable.

L'ACCROBRANCHE DU LAC

Lac d'Aignan
✆ 06 78 78 46 71
www.parc-aventure-32.fr
Ouvert à partir d'avril. L'été, tous les jours de 11h à 19h. Entrée de 10 € à 22 €, tarifs complets en ligne.

Ce parc acrobatique forestier est un peu la cerise sur le gâteau qu'est le lac aux nombreuses propositions de loisirs. Tous les aventuriers trouvent ici un parcours à leur taille. Deux sont accessibles aux tout petits, et avec plus de 120 jeux, on ne voit pas le temps passer ! Parcours verts d'initiation pour découvrir l'activité, parcours bleus pour quelques jeux en grimpant un peu plus et parcours rouges jusqu'à 15 m pour les sensations fortes. Le must du site est la tyrolienne de 150 m qui traverse le lac. Adrénaline garantie ! Nouveau : 2 nocturnes en été.

PEYRUSSE-GRANDE

Traversée par l'ancienne voie romaine Lannemezan-Bordeaux, Peyrusse-Grande l'est aussi par la ligne de séparation des eaux entre les bassins de l'Adour et de la Garonne. Le village possède de belles maisons médiévales et son église Saint-Mamet est l'une des plus anciennes du Gers. Son style roman archaïque fait d'arêtes franches et d'ouvertures arrondies est trompeur. L'édification de ce bâtiment remonte bien au tout début du XIe siècle. A l'intérieur, la voûte du fond du et de l'abside en cul-de-four est caractéristiques de cette époque. Arcades et chapiteaux sculptés présentent de rares motifs d'entrelacs. A voir avant de rendre visite à d'Artagnan.

LUPIAC

Ce village perché entre Astarac et Armagnac à 243 mètres d'altitude se repère de loin. Anciennement occupé par les Maures et jadis fortifié, c'est l'un des plus vieux castelnaux de Gascogne. Sa visite permet de découvrir la place principale avec ses arcades à colombages. A la sortie du village, à quelques mètres du musée d'Artagnan, se dresse un pittoresque moulin à vent de 1726. Les panoramas et couchers de soleil spectaculaires suffiraient à attirer les touristes. Mais c'est un certain Charles de Batz de Castelmore qui a fait la renommée de Lupiac. Son nom ne vous dit rien ? Il s'agit pourtant du plus célèbre des Mousquetaires du Roi, d'Artagnan.

MUSÉE D'ARTAGNAN ★

Chapelle Notre-Dame ✆ 05 62 09 24 09
www.lupiac.fr
Ouvert tous les jours de 10h30 à 19h en juillet et août. Autres horaires sur le site. Entrée : 6 € / 5 € / 3 €.

Le plus illustre des Gascons, alias Charles de Batz de Castelmore, est mieux connu sous le nom de d'Artagnan. A Lupiac, son village natal, découvrez la vraie vie de ce personnage emblématique qui quitta les siens en 1613 pour devenir capitaine des Mousquetaires du roi Louis XIV. Une collection de documents et de reproductions d'œuvres variées permettent de découvrir la réalité du personnage rendu célèbre par Alexandre Dumas. Un parcours sonore et visuel ainsi qu'une vidéo révèlent d'Artagnan à la cour comme à la guerre en parallèle du personnage romanesque.

LAC DE LACOSTE

Lacoste

✆ 05 62 09 24 09

Accès libre toute l'année. L'été, baignade surveillée, snack et guinguette.

Avec un petit air de Canada, les 13 hectares et l'environnement boisé au relief vallonné du lac de Lacoste fait le succès de cette base de loisirs réputée. En accès libre toute l'année, vous pouvez vous y baigner gratuitement l'été dans un périmètre délimité par l'équipe de maîtres-nageurs et pratiquer des activités aquatiques telles que le *paddle* ou la pirogue. En juillet et août, une plage de sable fin est aménagée et la guinguette est ouverte, organisant souvent des soirées à thème. Tout pour passer un agréable moment en famille ou entre amis !

BASSOUES

L'histoire de ce village est si riche qu'elle lui a légué à chaque époque de merveilleux trésors qui en font aujourd'hui un des plus beaux du département. Ce patrimoine d'exception se retrouve dès la place principale, véritable enchantement avec ses arcades et les maisons à colombages qui l'entourent. La rue principale traverse une splendide halle dont la charpente ne laisse pas indifférent et, pour remonter le temps, vous pourrez marcher au bord du mur d'enceinte : un instant de grâce à lui seul. Ce qui vous frappera pourtant le plus sera sans conteste l'impensable donjon de 43 mètres de haut qui veille sur ses ruelles. Magnifiquement conservé, il date de 1371. Pour arriver au sommet, il faut monter 197 marches mais la vue est à la hauteur de l'effort ! Si vous aimez les raretés, n'hésitez pas à pousser la porte de l'église de la Nativité, elle comporte un bénitier en pierre du XVe qui reste un chef-d'œuvre absolu. Bassoues est une terre où les légendes ont forgé l'urbanisme, celle de sa création hésite entre le VIIe et le Xe siècle, où un castrum puisait déjà dans son charme. La forêt porte encore le nom de Marsoulès, dérivé du dieu romain Mars, mais s'il faut lier son histoire à un vrai héros, c'est au légendaire guerrier franc Fris qui y planta en 732 sa bannière. Son épopée d'anthologie a fait naître une basilique et une âme particulière à ce village qui, entre un flamboyant passé et un cadre enchanteur, a choisi de faire vivre les deux.

DOMAINE DE BILE

Domaine de Bilé - Famille Della Vedove

✆ 06 12 86 01 97

www.domaine-de-bile.com

Ouvert du lundi au samedi de 9h à 19h ; le dimanche de 9h à 13h. Visite guidée et dégustation gratuite

Le domaine de Bilé est une destination oenotouristique de choix. La famille Della Vedove perpétue une tradition familiale qui a débuté en 1962. Aujourd'hui, l'exploitation, qui produit armagnac, flocs et côtes-de-gascogne, est très dynamique, et beaucoup d'événements sont organisés sur place. Outre la visite et la dégustation gratuites, vous pourrez partir en randonnée sur l'un des trois circuits balisés du domaine, entre lac et forêt, participer à des concerts, journées à thème ou pique-niques, et même visiter une exposition dans la galerie d'art du domaine.

LE DONJON ★

✆ 05 62 70 97 34

www.bassoues.net

Ouvert tous les jours en juillet et août de 10h00 à 12h30 et de 14h à 19h. Fermé d'octobre à mars. Entrée adulte 4€

Le donjon de Bassoues est incroyablement haut (43 m !) et bien conservé. On l'appelait « Tour du Bach » ou « Masse », sûrement en raison de sa taille. Construit en 1371 par l'archevêque et cardinal Arnaud Aubert, ce chef-d'œuvre d'architecture militaire est d'une solidité à toute épreuve, notamment grâce à ses contreforts. Gravir les 197 marches de l'escalier à vis permet de découvrir l'histoire de cette tour, mais aussi de découvrir un panorama sublime. Le donjon accueille aussi des expositions de peintures ou de photographies pour le plaisir des visiteurs.

GÎTE BACCHUS €€

Domaine de Bilé

✆ 06 12 86 01 97

www.domaine-de-bile.com

Gîte avec vue sur lac et piscine, pour 2 à 4 personnes, de 490 € à 665 € la semaine selon saison

Appartenant au Domaine de Bilé, en position dominante avec vue sur le lac Saint-Laurent et les Pyrénées, voici un charmant petit gîte tout confort, avec piscine et grande terrasse. La pièce à vivre est moderne, spacieuse et lumineuse, avec ses baies vitrées. Elle est dotée d'une belle charpente apparente. Le gîte, très récent, est aménagé avec simplicité. Vous pourrez profiter de la piscine aux beaux jours. Vous pourrez aussi pêcher, ou partir en randonnée depuis le domaine, ou participer aux nombreux événements organisés par vos hôtes.

BETTY BEEF €€

Lieu-dit Lapèze
✆ 05 62 06 18 23
www.restaurant-bettybeef.com
Ouvert le soir du vendredi au dimanche et tous les jours midi et soir en été. Compter 30 € pour un repas.

L'idée de ce restaurant installé dans une magnifique grange centenaire a germé dans l'esprit de Philippe Villas et son épouse. Ces éleveurs de race charolaise se font les ambassadeurs de leur viande bio déclinée en burgers, grillades ou plats mijotés par le chef Wilson Bertin. Ouverte en 2018, cette table campagnarde a connu un succès immédiat et amplement mérité. Les produits proviennent des meilleures fermes de la région et sont affichés en toute transparence au tableau noir dans la salle. Une belle sélection de vins accompagne cet instant de grâce.

MARCHÉ DE BASSOUES

✆ 05 62 70 95 08
www.bassoues.net
Le dimanche de 8h à 13h.

S'il a toujours plus ou moins existé, le marché de Bassoues a été véritablement repensé et relancé il y a quelques années pour le plus grand plaisir des adeptes des produits du terroir. Ici, une seule consigne : pas de revendeurs, à l'exception du poissonnier. Le dimanche se fait le rendez-vous phare des producteurs et artisans de la région. Pâtissier, boulangers, éleveurs de volailles fermières, fabricant de pâtes fraîches, maraîchers, pépiniériste sont également présents, et l'été rémouleur, céramistes ou créateurs de bijoux se joignent au rassemblement.

RISCLE

Construit au cours des IXe et Xe siècles, Riscle entourait un château comtal et une chapelle protégée par des fossés et des baratz, d'épais remparts. Son nom vient de « risclo » qui désignait une rangée de pierres disposée dans le lit des cours d'eau pour attirer le poisson. Riscle a vu son castelnau du XIe siècle se transformer à la fin du Moyen Age en une ville plus importante, grâce à ses marchés et à ses foires. Son église romane du XIe siècle est classée Monument historique. À la croisée de l'Armagnac, du Béarn et de la Bigorre, Riscle marque le début du pays des vins de Saint-Mont et de Madiran, qui comptent parmi les meilleurs crus du Gers.

RELAIS DU PONT D'ARCOLE €€

Route d'Aquitaine ✆ 05 62 69 71 40
www.relais-du-pont-darcole.fr
Compter 65 € pour une chambre double. Restaurant ouvert du lundi soir au dimanche midi.

L'élégance et le confort sont les maîtres mots des lieux où la décoration associe l'authentique et le moderne. Entièrement relookées, les chambres affichent une touche résolument contemporaines avec des têtes de lit aux chevets intégrés, des jeux de miroirs et de petits placards très pratiques. On aime l'harmonie chaleureuse des tons blanc, gris et mauve. Équipées d'une salle de bains fonctionnelle, de la télévision et du wifi gratuit, elles sont tout confort. On retrouve le même esprit au restaurant, qui propose une cuisine du terroir mise au goût du jour.

LES SEPT COULEURS €€

7, Place de l'église
SAINT-GERMÉ
✆ 05 62 69 08 48
Ouvert du dimanche au mardi de 9h30 à 14h30 ; le jeudi de 9h30 à 18h ; le vendredi et le samedi de 9h30 à 22h45.

Ce nouveau restaurant au cœur de Saint-Germé est très apprécié des locaux et des visiteurs de passage. Il propose une cuisine étonnante : une fusion entre les couleurs du Sud-Ouest et celles de l'île Maurice. Le chef Ritz vous fait déguster des mets locaux avec des saveurs exotiques : un mélange entre le traditionnel foie gras et de la mangue, le magret et sa sauce au rhum ou encore l'île flottante et son fruit de la passion. Vous voyagerez le temps d'un repas à travers cette cuisine colorée et savoureuse. Vous retrouverez également un espace épicerie du terroir.

LE PIGEONNEAU €€

36, avenue de l'Adour
✆ 05 62 69 85 64
www.lepigeonneau.com
Ouvert le midi du mardi au vendredi, le soir vendredi et samedi. Compter 25 € pour un repas.

Ruby et Bob vous accueillent avec une bonne humeur communicative. Dans une décoration bien pensée, vous apprécierez l'ambiance cosy renforcée par les bougies sur les tables. Bob se joue des épices, des herbes et des condiments pour relever ses plats. On aime le carpaccio de bœuf et son pesto maison, le risotto à la bisque de gambas ou encore le magret de canard et sa marinade à l'asiatique. Pour finir, un moelleux au chocolat ou une verrine de banoffee. Les menus changent au fil des saisons. Voilà une très bonne table qui procure un agréable moment.

CHÂTEAU BARREJAT

SARL Denis Capmartin - **MAUMUSSON-LAGUIAN**
✆ 05 62 69 74 92
www.chateaubarrejat.com
Visite avec dégustation sur demande du lundi au vendredi entre 9h et 12h et 14h et 18h. Jusqu'à 17h le samedi.

Le domaine donne des crus d'exception régulièrement récompensés dans les concours agricoles. Château Barréjat a encore obtenu une médaille d'or au concours du Salon de l'agriculture en 2020. Les madiran et pacherenc du-vic-bilh sont aussi cités dans de nombreux guides spécialisés. Certaines parcelles sont très anciennes et cette robustesse exceptionnelle permet d'obtenir des vins de grande qualité. Denis Capmartin façonne sa vigne dans le respect de la tradition et du terroir. Il en tire des rouges puissants et des blancs vinifiés en sec ou moelleux.

MARCHÉ HEBDOMADAIRE

Place du Village
✆ 05 62 08 26 60
Tous les vendredis de 8h à 13h.

Tous les vendredis matin, le marché traditionnel se réunit sous la halle de Riscle, mais aussi tout autour du bâtiment avec les producteurs de la région. Ne cherchez pas une halle ancienne sur la place centrale comme dans de nombreux villages du Gers. Ici, il s'agit d'un bâtiment des années 1950 à l'entrée de la ville. Vous trouverez de nombreuses spécialités des élevages du Sud-Ouest, des fruits et légumes, mais aussi un poissonnier et même un traiteur. Petit par sa taille mais grand par sa qualité, ce rendez-vous rythme avec gourmandise la vie de la commune.

DOMAINE DE MAOURIES

Lieu-dit Maouries
✆ 05 62 69 63 84
www.domainedemaouries.com
Certifié HVE. Visite du lundi au vendredi de 9h à 12h et de 14h à 18h, le samedi sur rendez-vous.

Isabelle, Pascal et Philippe font vivre ce domaine dont les 28 ha sont répartis sur trois terroirs. Il en résulte un large choix d'appellations : madiran, pacherenc de Vic-Bilh, Saint-Mont et côtes-de-Gascogne. Rouges, rosés, blancs secs ou moelleux, tous les palais trouveront de quoi s'enthousiasmer. Les vins du Domaine de Maouriès sont régulièrement primés dans les concours et reconnus par les guides spécialisés. Vous pouvez venir les goûter sur place et visiter les chais. Vous apprendrez alors les spécificités d'un domaine certifié HVE.

VIGNOBLES BRUMONT

Château Bouscassé et Montus
MAUMUSSON-LAGUIAN
✆ 05 62 69 74 67
www.brumont.fr
Ouvert du lundi au vendredi de 9h à 12h30 et de 14h à 18h. Le weekend sur rendez-vous.

Alain Brumont a eu le mérite à ses débuts de donner une image forte au madiran et au tannat, le cépage roi de l'appellation. Cela fait plus de trente ans que ce vigneron à l'aura incontestée s'emploie à développer son domaine avec un art indéniable de la communication. Le chai souterrain construit en 1988 est le premier du genre dans le Sud-Ouest. Avec 26 références, dont les célèbres Montus et Château Bouscassé, Brumont couvre toute la gamme vinicole de la région : madiran, pacherenc du Vic-Bilh, côtes-de-gascogne et même chardonnay ou pinot noir.

DOMAINE SERGENT

Lieu-dit Sergent
MAUMUSSON-LAGUIAN
✆ 05 62 69 74 93
www.domaine-sergent.com
Ouvert du lundi au vendredi de 9h à 18h.

Cette propriété familiale qui se transmet de génération en génération depuis 1902 est aujourd'hui entre les mains des sœurs Brigitte et Corinne Dousseau. Elles se sont employées dans un premier temps à moderniser le chai puis à obtenir la certification « haute valeur environnementale ». Les rouges répondent à l'appellation madiran et les blancs à celle de pacherenc-du-vic-bilh. Le moelleux a obtenu une médaille d'or au Concours général agricole de Paris en 2020. Les amateurs de rosé se tournent volontiers vers le béarn rosé. Boutique au domaine et sur internet.

TILLAC

Construit entre le XIe et le XIVe siècle, le castelnau de Tillac fait figure de rareté dans le Gers : il est installé en plaine. Si le château des comtes de Pardiac n'est plus, on peut encore apercevoir quelques vestiges de l'enceinte fortifiée en se promenant dans le village. Malgré un plan simpliste, il n'en reste pas moins un village pittoresque avec son église du XIVe siècle, ses couverts et ses façades à colombages et ses deux tours médiévales. Il mériterait de figurer sur la liste des « Plus Beaux Villages de France ». Malgré son charme incontestable, le village ne cesse de se dépeupler et on ne dénombrait que 270 âmes lors du recensement de 2018.

ÉGLISE SAINT-JACQUES-LE-MAJEUR ✝ ★

✆ 05 62 70 00 00

Ouvert tous les jours de 9h à 18h.

Construite au XIVe siècle, l'église Saint-Jacques-le-Majeur a perdu son aspect d'origine. Le clocher cubique a remplacé le clocher-mur au XIXe siècle après un incendie dévastateur. Tout a été fait pour conserver le charme architectural d'antan lors des travaux de rénovation. À l'intérieur, la charpente en bois est apparente et rappelle la coque renversée d'un bateau. La chaleur du bois rend l'édifice accueillant, et la nef est éclairée par des vitraux éblouissants.

TOURS-PORTES

Visite libre depuis la ruelle médiévale.

La présence de ces deux importants éléments de fortification évoque l'ampleur du castelnau au Moyen Âge. Les tours de Mirande et de Rabastens étaient reliées par un mur d'enceinte fortifié qui garantissait une certaine sécurité aux habitants. Elles étaient les deux seuls points d'accès au village. La Tour de Rabastens présente une configuration surprenante. Appelée aussi « Tour ouverte à la gorge », constituée de seulement 3 murs, dépourvue de toit, elle se refermait en un fabuleux piège sur les assaillants qui ne pouvaient ni s'y installer, ni s'y camoufler.

O RABASTENS €€

Place de l'Horloge

✆ 05 62 08 58 07

Ouvert du jeudi au lundi de 12h à 14h ; le vendredi et le samedi de 19h à 21h. Compter 14,50 € pour un repas à midi.

À l'entrée du village, nous avons craqué pour le Ô Rabastens, un restaurant de caractère aussi surprenant qu'agréable. Deux terrasses vous y attendent et leur charme s'accorde parfaitement à l'ambiance du lieu. Stéphane et Cathy assurent un accueil chaleureux et des propositions plus que séduisantes. Du mariage du Gers et de la Touraine est née une carte pleine de saveurs. Nous vous conseillons de goûter le pied de cochon farci ou le croustillant de chèvre de Sainte-Maure. Le foie gras ou encore les magrets représentent dignement les spécialités locales.

DOMAINE DE PALLANNE

Château de Pallanne

✆ 05 62 70 00 06

www.domainedepallanne.com

Compter 50 € pour un green fee en semaine et 65 € le week-end. Compter 1 290 € pour le membership.

Le golf de cette splendide propriété a été inauguré en 2004. Les 18 trous, fairways, greens et bunkers s'enchaînent dans le vaste parc de 70 hectares. Long de 6 300 mètres, implanté sur un parcours vallonné ponctué de plans d'eau, il est d'un niveau international. Rattaché au château de Pallanne, vous prendrez plaisir à prolonger le par au club-house installé dans la cour. 5 chambres d'hôtes et deux gîtes de 4 et 6 personnes permettent de résider sur place et de profiter du golf et de la piscine de façon illimitée. Un bon plan pour les amateurs du putt.

BARCELONNE-DU-GERS

Cette bastide créée vers 1118 par les templiers de Mancet est une étape de charme où il fait bon se promener. Traversée par l'Adour, elle se situe aux confins des Landes. De beaux témoignages du passé comme son église du XVIe s. et son clocher carré, son lavoir exceptionnel et sa curieuse prison, ancien château d'eau qui a servi ensuite de chambre de sûreté et d'asile de nuit, forment un patrimoine de caractère. Connue pour ses arènes où la course landaise est présente depuis cinq siècles, Barcelonne-du-Gers vous ouvre ses chemins, son bois où le château de Jeanne d'Albret a laissé quelques vestiges, son sentier de l'Adour mais surtout son cœur.

LAVOIR

✆ 05 58 71 64 70

www.tourisme-aire-eugenie.fr

Accès libre toute l'année.

Ce grand lavoir construit en 1867 avec les matériaux récupérés de l'ancienne halle est alimenté par le ruisseau du Jarras. La corvée s'appelait alors « la bugade », le linge sale était d'abord frotté au savon de Marseille, tandis que l'eau chaude était mise à bouillir dans les grandes cheminées. Le lavoir est un des plus anciens du département et sa structure reste exceptionnelle avec ses bancs qui courent sur toute la longueur. En hiver, l'endroit servait d'abri au « bouilleur de cru » ambulant qui venait distiller l'armagnac pour les paysans locaux.

MAIRIE

Rue des Pyrénées
✆ 05 62 09 44 21
Ouvert du lundi au vendredi de 8h30 à 12h et de 13h30 à 16h45.

En la voyant vous vous poserez mille questions : fronton de pelote basque ? Inspiration russe ? Influence espagnole ? Ancienne église ? Avec sa façade étonnante, le bâtiment de la mairie intrigue tous les curieux. Construite en 1868, après bien des démarches pour l'achat du terrain et la mise en place des travaux, elle arbore un joli balcon de bois, un cadran à horloge, les armoiries de la ville, une frise en briques et un campanile. Difficile d'en définir le style exact, elle est en tout cas à voir et représente un très bon sujet de débat !

LE SENTIER DE L'ADOUR

www.coeursudouest-tourisme.com
Balade et visite libre.

Profitez d'une bouffée d'oxygène en parcourant les berges de l'Adour et les petits sentiers de ce circuit vert réservé aux randonneurs à pied, à cheval ou à VTT. Aménagé dans un esprit de valorisation de l'eau, le circuit est long de 89 km de Tarbes à Aire-sur-l'Adour. Vous traverserez des endroits bucoliques qui permettent de se reconnecter à la nature. Vous aurez peut-être la chance d'apercevoir des cistudes, une espèce de tortue protégée. La rivière traverse quelques villages au patrimoine intéressant comme la Maison de l'Eau à Jû-Belloc ou l'église de Mazères.

BASTIDE DU COSSET €€

11, place de la Garlande
✆ 05 62 69 88 42
www.bastideducosset.com
Gîtes de France (4 épis). 5 chambres. Chambres de 80 € à 120 €. Petit déjeuner inclus.

Florence et Freddy vous accueillent dans leur majestueuse maison de maître, dans laquelle ancien et moderne se côtoient dans des espaces bien pensés et très agréables : grand salon avec piano et tables de jeux, espace informatique très pratique, des boiseries d'antan au confort contemporain... Les chambres se présentent comme des havres de paix, magnifiquement meublées et agencées, elles sont pleine de caractère. Les salles de bains sont de vrais bijoux, nichées sous les toits. Bain bouillonnant et piscine vous attendent pour parfaire votre détente.

Ô MARCHÉ FERMIER

1, rue des Pyrénées
✆ 05 62 69 28 94
Ouvert du lundi au samedi de 9h à 12h30 et de 15h à 19h, le dimanche matin.

Cette boutique propose la vente directe de produits fermiers de grande qualité dans un espace où vous faites vos courses comme si vous alliez directement à la ferme. Sur les étals, fruits et légumes de plein champ, viandes et volailles, fromages et vins. Avec ses produits bio ou issus de l'agriculture raisonnée, le site réinvente le marché. Les conserves sont rigoureusement sélectionnées et on saura vous expliquer la fabrication de chaque spécialité. Les conserves de poissons proviennent d'une petite entreprise basque : thon, sardines et chipirons sont à tomber.

ARBLADE-LE-BAS

Point de grand château imposant à Arblade-le-Bas, petit village paisible qui a probablement vu le jour au Xe siècle. L'église de la Nativité-de-la-Sainte-Vierge au centre du village date du XIIe siècle et son abside affiche un style clairement roman. Après avoir été détruite par la foudre au XVIe siècle, elle est reconstruite et contrefortée puis remaniée au fil du temps. C'est aujourd'hui un ouvrage sobre qui allie plusieurs styles architecturaux pouvant surprendre. Le village de 142 habitants tire ses ressources économiques de la vigne et de l'agriculture. En 1741, les vins blancs étaient déjà distillés et vendus sur le marché de Mont-de-Marsan.

SAINT-MONT

Cet adorable village gersois aux tons ocre et terre de Sienne était autrefois défendu par une forteresse, des portes et des murailles. En 1569, Montgomery maltraita l'église et livra le monastère aux flammes. A la fin du XVIIe siècle, le cloître est reconstruit et le retable vient habiller le maître-autel de l'église dédiée à saint Jean-Baptiste. Sa nef à une seule travée est attribuée aux Anglais. Reconstruite et restaurée à maintes reprises, la voûte principale attire l'attention par sa hardiesse et son élévation. Saint-Mont a vu sa notoriété se développer autour de la cave Plaimont installée in situ, à la dynamique hors du commun.

MONASTERE DE SAINT-MONT €€€

rue Bernard Tumapaler ✆ 06 32 86 46 11
www.lemonasteredesaintmont.com
Compter de 147 € à 158 € pour une chambre double selon la saison et la catégorie.

En 2018, le monastère de Saint-Mont datant du XIe siècle a été transformé en hôtel de luxe. La somptueuse bâtisse accueille désormais 11 chambres de charme, un restaurant, un bar et un spa. Les éléments anciens tels que l'escalier en chêne, la cheminée monumentale des anciennes cuisines ou les parquets pluri-centenaires ont été conservés. Le moderne se mêle agréablement à l'ancien et vient réchauffer l'austérité monacale. Le spa a été aménagé dans l'ancienne bergerie d'où vous pouvez admirer les Pyrénées. Des dégustations sont organisées dans la cave clunisienne.

LA TABLE €€€

627, rue Bernard Tumapaler
✆ 06 32 86 46 11
www.lapetitetablerestaurant.com
Ouvert du mercredi au samedi midi et soir et le dimanche midi. Plus d'horaires l'été, voir sur le site web.

La Table tenue par Jean-Paul Tossens joue la simplicité par son nom, mais déroule avec brio une carte aux saveurs de saison. Venu de Belgique où il a pris le temps de pratiquer ses gammes, il enchante les papilles avec de belles recettes gastronomiques. Ne manquez pas le pigeonneau, son produit de prédilection, travaillé différemment au fil des mois. Le chef régale le bistrot « Les Bérets Noirs » avec des recettes de tapas et de viandes grillées ou fumées au Kamado. Vous profitez alors de l'espace bar et de ses fauteuils confortables.

PLAIMONT

Route d'Orthez ✆ 05 62 69 62 87
www.plaimont.com
Ouvert du lundi au samedi de 9h à 12h30 et de 14h30 à 15h, le dimanche de 14h à 18 ; en continu de 9h à 19h en été.

Au pays de Saint-Mont, Plaimont vous fera découvrir des vins à la typicité bien gasconne. Créée en 1979 par l'association des caves de Plaisance, Aignan et Saint-Mont, le nom Plaimont est leur acronyme. En 1999, les Caves de Crouseilles et de Condom ont rejoint le groupe, ajoutant à la corbeille les appellations pacherenc du vic-bilh, madiran et l'IGP côtes-de-Gascogne. Les emblématiques « vignerons au béret » ont réussi à préserver une parcelle de vignes pré-phylloxériques inscrite à l'inventaire des Monuments historiques. Vieille de 200 ans, elle se visite.

VIELLA

Célèbre pour ses maisons colorées aux tuiles rouges, ce bourg rayonne aux confins du Béarn, de la Bigorre, des Landes et de l'Armagnac. Au sommet d'un coteau verdoyant, Viella domine de magnifiques forêts et des plaines aux cultures très variées qui assurent un spectacle aux teintes magiques. Cette vue unique est renforcée par la chaîne des Pyrénées en toile de fond. Ancien fief du comté de Foix, il est rattaché en 1367 au comté d'Armagnac. Elle manque d'être décimée par une épidémie de peste au Moyen-Âge. Aujourd'hui, elle tire une bonne partie de ses ressources de la viticulture et porte haut les appellation pacherenc du Vic-Bilh et madiran.

DOMAINE BERTHOUMIEU

✆ 06 83 06 11 55
www.domaine-berthoumieu.com
Ouvert du lundi au samedi de 8h à 12h et de 14h à 18h30, uniquement sur rendez-vous.

Fondé en 1850 sur 25 hectares, ce domaine aux portes des Pyrénées Atlantiques s'attache à sublimer les appellations madiran et pacherenc du vic-bilh. Il a été récemment repris par deux jeunes sœurs, Claire et Marion Bertolussi. Elles travaillent dans le respect de la certification Haute Valeur Environnementale, qui préserve la biodiversité et veille à limiter la pression des pratiques agricoles sur l'environnement. Les sœurs Bertolussi proposent une gamme de 6 vins et une liqueur de vin, le Tanatis, élaboré comme un porto, mais à partir de raisin 100 % tannat.

DOMAINE LAOUGUÉ

Route de Madiran
✆ 05 62 69 90 05
www.domaine-laougue.fr
Ouvert du lundi au vendredi de 9h à 12h et de 14h à 18h.

Ce domaine ne compte plus les médailles : concours de Bordeaux, Toulouse, Mâcon et Concours général agricole de Paris, Challenge international des vins, Concours européen des masters, Fédération des vignerons indépendants. Les commentaires de la littérature spécialisée se joignent à ce concert d'éloges. Une belle reconnaissance pour cette propriété familiale créée en 1980 sur 20 ha, qui donne quatre cuvées de madiran et deux de pacherenc. Désormais, Sylvain reprend le sillon tracé par son père, perpétuant un travail d'excellence.

ARMAGNAC

L'Armagnac... Voici le terroir qui a rendu le Gers célèbre dans le monde entier. On tire de ses vignes plantées sur des boulbènes et des sols argilo-calcaires la meilleure des eaux-de-vie. C'est d'ailleurs la plus ancienne. Les Gascons ont appris à manier l'alambic laissé par les Sarrasins lors de leur passage inamical sur leurs terres. Il a d'abord servi à produire des parfums et des élixirs, avant que ne naisse l'idée d'y bouillir du vin. Les collines sont tapissées de vignes, où dominent les cépages blancs. Mais on y produit aussi des côtes-de-Gascogne rouges, blancs et rosés, dont la qualité ne cesse de s'améliorer. En Armagnac, vous l'aurez compris, l'œnotourisme a le vent en poupe. La région située au nord-ouest du Gers abrite aussi un héritage patrimonial d'exception dont font partie l'Abbaye de Flaran ou la villa gallo-romaine de Séviac. Les villages fortifiés de Larressingle et Fourcès méritent eux aussi le détour.

LANDES
D51
D35
D43
D381
Barbotan les Thermes
Castelnau-d'Auzan
D15
D626
CAZAUBON
D37
D264
D29
Mauléon-d'Armagnac
D43
D32
N524
BRETAGNE-D'ARMAGNAC
ESTANG
Lias-d'Armagnac
EAUZE
D109
D122
D152
D33
PANJAS
D153
N524
D32
Laujuzan
Salles-d'Armagnac
D931
Noulens
Manciet
D143
D147
D931
D231
D6
Magnan
Lanne-Soubiran
NOGARO
D931
D153
D231
D931
D152
D111
D25
D108
AIGNAN
D174
D102
D48
D20
D155
D935
Termes-d'Armagnac
D3
D37
D131
10 KM
D126
Plaisance du Gers

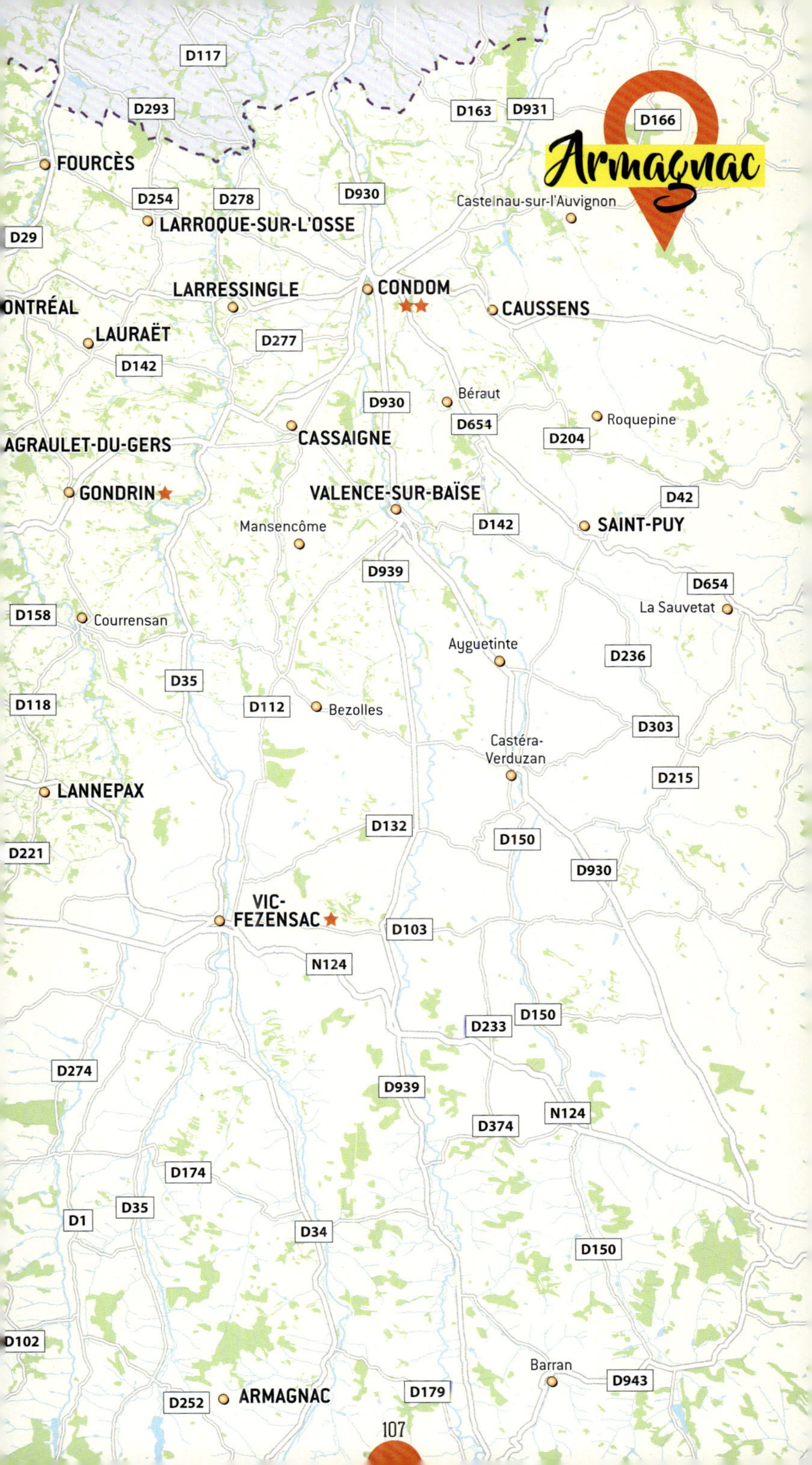
Armagnac
D117
D293
D163
D931
D166
FOURCÈS
D254
D278
D930
Castelnau-sur-l'Auvignon
LARROQUE-SUR-L'OSSE
D29
LARRESSINGLE
CONDOM
CAUSSENS
ONTRÉAL
LAURAËT
D277
D142
D930
Béraut
D654
Roquepine
D204
CASSAIGNE
AGRAULET-DU-GERS
GONDRIN
VALENCE-SUR-BAÏSE
D42
D142
SAINT-PUY
Mansencôme
D939
D654
La Sauvetat
D158
Courrensan
Ayguetinte
D236
D35
D118
D112
Bezolles
D303
Castéra-Verduzan
D215
LANNEPAX
D132
D150
D221
D930
VIC-FEZENSAC
D103
N124
D150
D233
D274
D939
N124
D374
D174
D35
D1
D34
D150
D102
Barran
D943
D252
ARMAGNAC
D179

PAGES

EAUZE ★

Nous sommes dans l'ancienne Elusa, la ville des Elusates, ce peuple aquitain ou proto-basque qui lutta contre les légions de Jules César, avant de capituler et de devenir la capitale de la province de Novempopulanie. Cité administrative importante, elle fut l'un des premiers évêchés de France, dès le Ve siècle. En raison de ses richesses, la cité fut violemment pillée par les Vikings, et son siège épiscopal rasé. Cathédrale, cloître, maisons à colombages : la ville est chargée d'histoire. Aujourd'hui, Eauze vit principalement de la viticulture et du négoce de l'armagnac. Fêtes et festivals en nombre en font une ville animée toute l'année.

CATHÉDRALE SAINT-LUPERC

Place d'Armagnac
✆ 05 62 09 85 62
www.grand-armagnac.com
Accès libre. Pas de visite pendant les offices.

La cathédrale d'Eauze n'a hérité de son titre qu'en 1864 alors que sa construction remonte au XVe s. La ville à la christianisation précoce était un évêché au IVe s. L'évêque d'Eauze a participé au Concile d'Arles en 314 aux côtés d'autres évêques venus de Rouen, Autun, Lyon ou Apt. On ne sait trop où étaient construits l'ancienne cathédrale et le palais épiscopal. Ceux-ci ont été pillés, rasés, détruits lors du passage des Vikings dans la région au IXe s. L'église a été commanditée par Jean Marre, le prieur d'Eauze et futur évêque de Condom. Les travaux démarrent en 1467 pour s'achever en 1521. Elle présente un plan d'église typique du gothique méridional : une nef unique bordée de chapelles basses, un chœur terminé par des absides à pans coupés. Elle est dédiée à Saint-Luperc, un martyr local dont l'histoire n'a été écrite qu'au Xe s. par les Bénédictins du monastère d'Eauze. L'église ne comprend que peu d'éléments notables. Quelques tableaux, statues et les fonts baptismaux sont répertoriés dans la base de données Palissy qui recense le patrimoine immobilier de l'État. Plus originales sont les neuf vignettes peintes dans l'abside centrale. Elles représentent 8 scènes de la vie de Jésus. La neuvième illustration représente un Christ pantocrator (par opposition au Christ en croix ou en enfant). Cette longue fresque peinte est encadrée par deux fenêtres à vitraux qui datent de la grande campagne de restauration entreprise au XIXe s. Tout comme l'orgue néogothique de la maison Daublaine et Callinet.

LA DOMUS DE CIEUTAT - CENTRE D'INTERPRÉTATION ★★

Allée Julien-Laudet
✆ 05 62 09 71 38
www.elusa.fr
Ouvert de 10h et 12h et de 14h à 18h en basse saison et de 10h à 13h et de 14h à 19h en été. Entrée : 6 €.

Entre 2001 et 2012 des fouilles ont été menées à Eauze au sein d'une réserve archéologique de 20 ha. Elles ont mis au jour les vestiges d'une *domus*. Cette maison à péristyle aurait été édifiée au IIIe siècle sur une superficie de 1600m². Quelques années plus tard, vers l'an 350, le propriétaire aurait décidé de l'agrandir pour porter la surface bâtie à 2700m². Légèrement surélevée par rapport aux rues, la demeure bénéficie d'une position dominante dans le quartier aristocratique dans lequel elle a été construite. Elle s'organise autour de deux cours à péristyle entièrement tournée autour de ses jardins. Elle dispose d'un petit espace de thermes privés et d'une grande salle de réception. Le soin apporté par les propriétaires successifs à la décoration de la demeure, en particulier au niveau des sols et des murs des pièces de réception, marque probablement la volonté d'exhiber leur pouvoir et leur richesse. La *domus* est bordée le long de ses façades nord et est par des portiques ou trottoirs couverts. Un centre d'interprétation a pris possession de l'ancienne gare d'Eauze, à l'entrée du site archéologique. Cet espace permet de découvrir l'ampleur de la cité antique d'Elusa à travers une scénographie moderne et ludique et transporte le visiteur au cœur de la vie urbaine et rurale à l'époque gallo-romaine. Domus de Cieutat, villa de Séviac et musée archéologique sont regroupés sous la bannière d'ELUSA, Capitale antique. Dès mi-2023, une nouvelle campagne de fouille est relancée.

GÎTE COMMUNAL D'ÉTAPE €

2, rue Félix-Soulès
✆ 05 62 09 83 30
www.grand-armagnac.com
Accueil à l'office de tourisme. Pour 15 personnes (3 dortoirs de 5 lits). Autour de 11 € par personne.

Ce gîte d'un genre modeste a l'avantage de se situer en plein centre-ville, à quelques mètres de l'Office de tourisme et de la cathédrale. Facile à trouver, doté de 15 lits en dortoir proposés à un prix dérisoire, le gîte d'étape communal d'Eauze a souvent de la place, au dernier moment, notamment pour les pèlerins partis sur les chemins de Saint-Jacques-de-Compostelle, mais aussi pour les voyageurs solitaires, jeunes et moins jeunes. Petit plus : les équipements, bien que standardisés, sont tous récents et parfaitement salubres.

HÔTEL-RESTAURANT HENRI IV €€

1, place Saint-Taurin
✆ 05 62 08 45 40
www.hotel-restaurant-henri-4.fr
Chambre double de 87 € à 112 €. Menu de 27 € à 38 €. Petit déjeuner buffet 12 €.

L'hôtel Henri IV est situé sur une petite place cachée derrière l'imposante cathédrale élusate. Les dix chambres spacieuses ont été rénovées avec goût et sont dotées de tout le confort nécessaire pour un séjour au calme. Aux beaux jours, vous profiterez du soleil depuis l'agréable terrasse pour le petit déjeuner ou bien un plat du jour à midi. L'ambiance familiale et douillette, ainsi que la gentillesse des propriétaires feront le reste pour vous séduire.

MAIRIE

Place de la République
✆ 05 62 09 83 30 - www.mairie-eauze.fr
Ouvert du lundi au vendredi, de 8h30 (9h le lundi) à 12h et de 13h30 à 17h30.

La mairie d'Eauze donne l'impulsion d'une vie culturelle très riche. Concerts, conférences, théâtre et cinéma de plein air mais aussi de l'art contemporain font partie du bouillonnement permanent de la saison culturelle. Squares, parcs, lac permettent à la commune d'avoir deux fleurs aux classement des villes fleuries. Eauze est aussi la capitale de l'Armagnac et toutes les administrations de l'eau-de-vie se trouvent ici. Il fait tout autant partie du patrimoine que les chapelles, les maisons à colombage, les lavoirs ou le magistral site gallo-romain d'Elusa.

HOURCAZET €€

Lieu-dit Hourcazet
✆ 05 62 09 99 53
www.hourcazet.com
Chambre simple 65 € ; chambre double 75 €. Petit déjeuner inclus. Lit supplémentaire : 10 €.

Claude propose quatre chambres d'hôtes confortables (entrée indépendante, télévision, sanitaire) et coquettes, avec petit déjeuner copieux sucré et salé servi dans le jardin ou bien sur la terrasse. Deux des chambres peuvent être louées ensemble pour créer un espace familial complet. Sur place, vous pourrez vous servir de la cuisine. Au cœur des vignes et entourée d'un vaste parc fleuri arboré de chênes centenaires, cette ancienne ferme à colombages et son annexe, entièrement rénovées, garantissent un séjour champêtre et bienfaisant.

LOFT CAFÉ €

7, place d'Armagnac
✆ 05 62 09 90 76
Ouvert du mercredi au samedi de 9h à 23h45. Le dimanche de 10h15 à 18h. Compter autour de 20 à 30 € pour un repas.

Le Loft Café est confortablement installé sous les arcades de la vieille ville et fait face à la cathédrale. Son équipe jeune et dynamique vous accueille avec un sourire généreux, à l'image de leur table. Vous dégusterez une cuisine élaborée avec des produits frais en provenance des fermes locales. Nous vous recommandons tout particulièrement les côtes d'agneau grillées aux herbes, les toasts aux rillettes d'oie, la croustade à l'armagnac… Une façon de vous mettre l'eau à la bouche, car la carte change tous les jours. On recommande !

FERME DE MOUNET €€€

Route de Parleboscq ✆ 05 62 09 82 85
www.ferme-de-mounet.com
Grand gîte pour 8-10 pers. de 600 € à 1 600 € la semaine ; petit gîte 2 pers. de 300 € à 600 €. 4 chambres d'hôte.

La Ferme de Mounet s'étend sur 60 hectares à proximité immédiate d'Eauze. Les deux gîtes individuels de cette gentilhommière de la fin du XVIIIe siècle sont vastes et rénovés dans l'esprit gersois. Ils sont installés sur le domaine, pratiques et restaurées avec goût. Tout a été prévu pour que vous passiez des vacances agréables et ludiques : billard, appareils de fitness, bibliothèque, piscine et un grand jardin de 5 000 m² pour le gîte principal. La Ferme de Mounet compte également quatre chambres d'hôtes spacieuses et confortables dans la gentilhommière.

AU MOULIN DU POUY €€

Allée Jean Desqué
✆ 09 50 75 76 58
Ouvert le mercredi et le dimanche le midi ; du jeudi au samedi le midi et le soir sur réservation. Compter environ 30 €.

Françoise Perry et Jean-Pierre Blondeel vous accueillent dans un cadre bucolique et verdoyant au Moulin du Pouy, ancienne guinguette d'après-guerre remise au goût du jour. Vous apprécierez la cuisine familiale de terroir de Françoise, qui a à cœur de travailler des produits frais, de saison et locaux ! Au menu du jour, un confit de canard du Sud-Ouest avec sa sauce persil et ses pignons de pin ou une galantine fermière sauce champignons, à accompagner d'un vin de la région soigneusement sélectionné, et en dessert, une tourte aux pommes macérées dans l'armagnac.

LA VIE EN ROSE €€

22, rue Saint-July
✆ 05 62 09 83 29
www.restaurant-la-vie-en-rose.com
Ouvert midi et soir, sauf mardi soir et mercredi. Compter 30 € pour un repas.

Table de poche gastronomique, La Vie en Rose régale Eauze et ses habitants depuis une vingtaine d'années. Le chef apporte beaucoup de soin à la préparation de ses plats, élaborés avec des produits locaux et frais. Aux beaux jours, venez vous attabler sur la terrasse ou dans la salle climatisée. Au menu, un délicieux confit de canard grillé ou bien des papillotes de saint-jacques au foie gras, et en dessert, la fameuse croustade tiède et sa glace aux pruneaux. La maison est ambassadeur Tariquet, l'un des domaines viticoles les plus célèbres du Gers.

ARMAGNAC VEUVE GOUDOULIN

Le Clos du Presbytère - **COURRENSAN**
✆ 05 62 06 35 02
www.armagnac-goudoulin.com
Visite du lundi au jeudi de 8h30 à 18h, le vendredi de 8h30 à 16h30, samedi et jours fériés sur rendez-vous.

Fondée en 1935, la maison Goudoulin est rachetée en 2009 par un distillateur alsacien, Michel Miclo. Amoureux de l'armagnac, il est séduit par la qualité du domaine et sa collection de millésimes, dont le plus ancien remonte à 1900. Avec Aurélien, le maître de chai, il perpétue l'esprit d'excellence de Jeanne Goudoulin. Les deux compères ont également réussi à créer une collaboration entre les deux maisons autour d'un autre produit : le gin. Les baies sont sélectionnées par la maison Miclo, la distillation et l'élevage en fût s'effectuent au domaine Goudoulin.

CHÂTEAU DE MILLET

3356, avenue de Parleboscq
✆ 05 62 09 87 91
www.chateaudemillet.com
Ouvert du lundi au samedi de 9h à 12h et de 14h à 18h, le dimanche et jour férié sur RDV ; GITE 6 pers.

Le château de Millet propose dégustation et vente de ses armagnacs, floc et vins dans un environnement enchanteur. Cuvées et millésimés sont régulièrement primés lors de concours renommés ou cités dans des revues et des guides spécialisés. Le château dispose également d'un gîte de 6 personnes en location. Il est installé dans l'ancien pigeonnier du domaine. N'hésitez pas à vous balader jusqu'à l'étang, qui n'est autre qu'un site classé Natura 2000 et abrite une faune et une flore exceptionnelles (tortues cistudes, cormorans, hérons...).

DOMAINE DE LAGAJAN-GEORGACARACOS

✆ 05 62 09 81 69
http://www.lagajan.com
Ouvert tous les jours de 9h à 19h. Visite gratuite du chai et de l'alambic.

Bienvenue dans ce domaine familial transmis par les femmes de génération en génération depuis le XVIIe siècle. L'esprit de conservation du patrimoine a poussé les propriétaires à ouvrir un musée où s'accumulent de vieux outils agricoles. La visite se poursuit dans la salle de l'alambic et au chai aux immenses pièces de chêne. Viticulture et vinification, animation du musée, accueil, commercialisation, ici, chaque tâche est assignée à un membre de la famille.

DOMAINE DE PAJOT

Pajot ✆ 05 62 09 93 50
www.domainepajot.com
Ouvert du lundi au vendredi de 9h à 12h30. Dégustation gratuite sur rendez-vous. Visites guidées proposées.

Le domaine de Pajot, a entamé sa conversion bio en 2001 et obtenu la certification en 2013. Il produit côtes-de-gascogne, floc et armagnac. Les cépages de colombard, d'ugni-blanc, de gros manseng et de sauvignon sont sélectionnés avec passion et rigueur par Damien Barreau. À travers la visite des vignes et la dégustation de vins, flocs et armagnacs, vous serez conseillé et accompagné pour trouver celui adapté à vos goûts. Nous vous conseillons par exemple le Quatre Cépages, un vin blanc sec frais aux notes aromatiques d'agrumes, de buis et de fruits exotiques.

DOMAINE DES FRERES LAFFITTE

Lieu-dit Guillombeyrie
✆ 05 62 08 46 03
www.lesfrereslaffitte.com
Ouvert à la visite (sur rendez-vous) du lundi au vendredi, de 9h à 12h et de 14h à 17h30.

Si la qualité de la production locale d'armagnac est dans l'ensemble très élevée, certains domaines se distinguent par leur excellence. C'est le cas des crus multimédaillés de la famille Laffitte à Ayzieu, non loin d'Eauze, dont les lettres de noblesse ont été acquises par Patrick et Andrée. Leurs fils Christophe et Sébastien ont su préserver cet héritage avec talent. Leurs armagnacs devraient vous séduire, tout comme leurs cuvées de blancs Petit Gascoûn.

DOMAINE DU POUNTET

Lieu-dit Saint-Amand
✆ 06 23 84 82 45
https://pountet.fr/
Visite sur rendez-vous. Vente en « Click and Collect ».

Le Domaine du Pountet vit à la vigne au rythme de la nature. Il présente l'étonnante particularité de vinifier à côté d'Eauze des raisins appartenant à l'appellation Brulhois. Guillaume Combes a repris en 2003 un vignoble de 13 ha à Saint-Cirice du côté de Valence-D'agen. Dans le respect de l'AOP Brulhois, Guillaume fait naître des vins rouges corsés et mûrs issus d'assemblage de merlot et tannat ou 100 % Malbec. Son rosé et son blanc moelleux bénéficient eux de l'IGP Comté Tolosan. Le Domaine du Pountet récolte et vend également son propre miel.

DOMAINE TARIQUET

Domaine du Tariquet
✆ 05 62 09 87 82
www.tariquet.com
Ouvert du lundi au samedi de 10h à 12h et de 14h à 18h.

Après avoir traversé une immense allée bordée de vignes s'étendant à perte de vue (des centaines et des centaines d'hectares), une jolie demeure gasconne s'impose à vous dans toute sa splendeur : c'est le château du Tariquet. La famille Grassa en est propriétaire depuis 1912. Elle fait partie de ces producteurs d'armagnac qui ont choisi de maintenir le cépage folle-blanche, le plus ancien de la région. Ils ont également relancé avec succès l'appellation côte-de-gascogne dans les années 1980, en proposant une gamme de blancs de haute qualité à petits prix.

DOMAINE VILLA DRIA

Vignoble Drieux
✆ 05 62 08 38 19
www.villadria.com
Ouvert du lundi au vendredi de 9h à 12h et de 14h à 18h. Visite sur rendez-vous.

Le domaine Villa Dria est réputé pour ses côtes-de-gascogne légers, fins et fruités. Ce nom insolite a été donné au domaine en souvenir de l'époque où les Romains implantèrent la vigne dans la région. Ils avaient deviné que cette terre composée de sables, d'argiles et de limons, agréablement tempérée et doucement ensoleillée, conviendrait à merveille à la viticulture. Aujourd'hui, les principaux cépages de la Gascogne y sont presque tous présents, pour donner des blancs, rouges et rosés qui remportent régulièrement des prix dans les concours agricoles.

FERME DE MOUNET

Route de Parleboscq
✆ 05 62 09 82 85
www.ferme-de-mounet.com
Ouvert du lundi au samedi de 9h à 17h.

La ferme de Monique et Bernard Molas est une magnifique gentilhommière du XVIIIe siècle qu'ils ont patiemment rénovée. Ils y élèvent canards et oies qu'ils transforment merveilleusement : foie gras de canard entier, foie gras d'oie entier, bloc de foie de canard et d'oie, cou de canard farci... Vous ne serez pas déçu en goûtant leurs produits primés dans les foires agricoles. Gites et chambres d'hôte leur permettent d'organiser des séjours à thème, des week-ends dégustation et des ateliers entièrement dédiés à la cuisine du foie gras.

GOLF D'EAUZE GRAND ARMAGNAC

Lieu-dit Guinlet
✆ 05 62 09 80 84
www.golfdeauze.com
Ouvert tous les jours de 7h30 à 19h30. Compter 52 € pour le 18 trous en haute saison.

Le Golf d'Eauze Grand Armagnac est mieux connu localement sous le nom de golf de Guinlet. Il existe depuis 1986 et a su fidéliser sa clientèle locale de passionnés. Le parcours exigeant et vallonné de 18 trous s'étire sur 5 675 mètres. Le terrain est boisé et agrémenté de bunkers bien placés ou de greens défendus par des obstacles d'eau. L'endroit fait partie d'un vaste complexe de loisirs avec un restaurant, une résidence, une piscine, un court tennis ainsi qu'une boutique.

MARCHÉ AU GRAS

Avenue des Fleurs
✆ 05 62 61 77 40
www.foie-gras-gers.com
Le dimanche matin de fin octobre à fin mars, à partir de 10h.

Le marché au gras d'Eauze se tient le dimanche matin dans la halle Belle-Marie, tout près des arènes Nimeño II. Il démarre à la cloche à 10 heures précises. Parfois doublé d'un petit marché gourmand, c'est l'occasion de découvrir les produits locaux, dans l'extraordinaire atmosphère propre aux halles au gras du Gers. La dernière semaine du mois de novembre, le marché au gras participe à la Semaine de l'armagnac (se renseigner auprès de l'Office de tourisme), et il se double d'un grand marché de Noël le dimanche précédant la fête de la Nativité.

CAZAUBON

Cazaubon est un bourg médiéval comme le Gers en compte tant, avec ses maisons à colombages, sa place à couverts, son église imposante et ses arènes. Il est fréquenté pour sa station thermale, installée dans le hameau de Barbotan-les-Thermes. Henri IV, Michel de Montaigne ou le cardinal de Richelieu comptent parmi les visiteurs les plus célèbres de cette cure spécialisée dans le traitement des troubles circulatoires. La tour-clocher de l'étonnante église Saint-Pierre du XVe siècle fait office de porte d'entrée de la ville. Une infrastructure d'accueil et des équipements de loisirs importants font de Barbotan une destination plaisante pour tous les âges.

MARCHÉ GOURMAND

Place d'Armagnac
www.mairie-eauze.fr
Le dimanche matin en juillet et août.

Victime de son succès touristique, culturel et économique, la commune d'Eauze a tellement vu grossir son traditionnel marché du jeudi matin en été qu'elle a décidé de mettre en place un marché alternatif. Tous les dimanches matin de juillet et en août, Eauze accueille producteurs et artisans de la région pour une session de rattrapage. Près de la cathédrale Saint-Luperc, une bonne vingtaine de producteurs locaux animent la belle place d'Armagnac, avec ses arcades voûtées du Moyen Âge, ses maisons à colombages et ses agréables cafés.

CHÂTEAU GARREAU - ÉCOMUSÉE DE L'ARMAGNAC

MAULÉON-D'ARMAGNAC ✆ 05 58 44 84 35
www.chateau-garreau.fr
Ouvert du lundi au vendredi en hiver, toute la semaine d'avril à octobre. Horaires variables. Entrée : 5 €.

Bienvenue à la Ferme version Vignobles et Découvertes. L'écomusée œuvre pour la promotion de la liqueur emblématique et du terroir d'Armagnac. A découvrir : le musée du vigneron qui décline la vie d'un paysan-vigneron à travers ses outils, le musée des Alambics qui met en valeur une collection de 11 alambics différents et s'est doté d'un nouveau diaporama. Et un chai souterrain centenaire remarquable où est vieilli l'Armagnac que vous pouvez visiter (visite du Prince).

© CAZAUBON - BARBOTAN LES THERMES

© CAZAUBON - BARBOTAN LES THERMES

© CAZAUBON - BARBOTAN LES THERMES

OFFICE DE TOURISME - BARBOTAN LES THERMES

3, Place de l'Armagnac ✆ 05 62 69 26 59
www.barbotantourisme.fr

L'été : du lundi au samedi de 9h à 13h et de 15h à 18h. Le dimanche de 9h à 13h. Plus d'horaires en ligne.

L'équipe de l'office de tourisme de Cazaubon-Barbotan-les-Thermes vous accueille chaleureusement pour vous accompagner dans la réussite de votre séjour. Elle vous conseillera sur les plus beaux villages à visiter aux alentours, les lieux incontournables, les activités et les balades à faire dans le coin. On vous y proposera également l'agenda des événements et des manifestations. Rendez-vous donc en « Petite Toscane » au cœur du Gers pour vivre une aventure savoureuse et dépaysante !

© CAZAUBON - BARBOTAN LES THERMES

© CAZAUBON - BARBOTAN LES THERMES

HÔTEL DE LA PAIX*** €

24, avenue des thermes
✆ 05 62 69 52 06
www.hotel-paix.fr

Chambres simples à partir de 65 €, doubles à partir de 80 €, triples et supérieures à partir de 90 €. Studios à louer.

Ce charmant hôtel 3 étoiles, idéalement situé à 50 mètres des thermes de Barbotan, se trouve dans un parc d'un hectare, il propose des chambres simples, lumineuses et climatisées. Les chambres supérieures, très spacieuses, sont dotées d'une terrasse privative ou d'un accès direct au parc. Il est également possible de louer un studio de type T2, avec une cuisine ouverte donnant sur le jardin. Le restaurant de l'hôtel propose un large choix de spécialités régionales et de pizzas. Une piscine extérieure vous attend aux beaux jours.

LA BASTIDE***** €€€

La Bastide
✆ 05 62 08 31 00
www.bastide-gasconne.com

Chambre double de 220 € à 355 € selon la saison. Suite dès 320 €.

L'hôtel de charme de La Bastide, entièrement restauré en 2011, est un établissement haut de gamme, où l'accueil est à la fois soigné et personnalisé, dans l'esprit du réseau Relais & Châteaux façon Gascogne. Le restaurant propose différents menus, dont un spécial « cuisine d'appétit » ou « cuisine légère ». Un séjour dans ce sublime établissement prolonge le bien-être prodigué par les thermes de Barbotan et par les paysages gascons. Les prestations offertes par les chambres, et notamment par les suites, sont de très grand standing.

CAMPING LAC DE L'UBY €€

Les Rives du Lac
✆ 05 62 09 53 91
https://europe.huttopia.com/

À partir de 18,60 € par jour pour un emplacement électrifié. Location chalets et mobil-homes.

Le camping Huttopia est situé sur les rives du lac de l'Uby, qui est très apprécié pour la pêche. Le complexe propose une large gamme d'hébergements en plus des emplacements pour les tentes et camping-cars. Certains ont vue sur le lac. Les services sont nombreux, dont une supérette qui vend pain frais, viennoiseries, pizzas, snacks et légumes frais. L'espace aquatique privé et surveillé est ouvert de mi-juin à mi-septembre. Des activités sont prévues pour les plus jeunes et le camping dispose d'un espace bibliothèque, jeux de société et baby-foot.

CHÂTEAU BELLEVUE*** €€€

19, rue Joseph-Cappin
✆ 05 62 09 51 95
www.chateaubellevue.org

Compter entre 97 € et 143 € pour une chambre double, selon la catégorie et la saison.

Cette somptueuse demeure du XIXe siècle domine de son charme un parc de 3 hectares. Ses 19 chambres ont chacune un style affirmé à la délicatesse campagnarde un peu désuète. Elles sont aussi confortables qu'agréables. Ici, on pense au bien-être avant tout. Salon, bar, bibliothèque, belle et grande piscine de plein air et spa, terrasse plein sud, vue imprenable, produits d'accueil écologiques, peignoir, linge de toilette, lit top confort… et un excellent restaurant au rez-de-chaussée. Un séjour luxueux en perspective, à deux pas des thermes de Barbotan.

DOMAINE DU MÉGNON €€

Le Sentex
✆ 05 62 69 50 38

Compter de 265 € à 530 € pour une semaine. Gîtes 2 ou 4 personnes. Forfait curiste sur demande.

Au cœur d'un vaste parc d'un hectare embelli de chênes et de cèdres plus que centenaires se dissimule aux regards une très belle maison bourgeoise. Les propriétaires ont aménagé deux gîtes dans les dépendances aux magnifiques poutres de chênes apparentes. La Pitchounette (61 m²) est faite pour accueillir 2 personnes. Elle vous séduira par son côté loft campagnard avec une grande cheminée, des colombages, des meubles chinés chez les brocanteurs. Le second gîte, la Mirabelle, est proposé avec le même bon goût. Il peut accueillir 4 personnes sur 2 niveaux.

LA COCCINELLE €

33, avenue des Thermes
✆ 05 62 03 77 07

Ouvert le mardi midi ; du mercredi au dimanche le midi et le soir. Compter 20 € pour un repas.

La brasserie est devenue le haut-lieu des soirées de Barbotan. Chaque année, à la fin de l'hiver, le lever de rideau est accueilli avec enthousiasme par les locaux. Le bar restaurant dispose d'un bel espace moderne et bien décoré, ainsi que d'une agréable terrasse. Il propose toujours de belles spécialités gasconnes copieuses et gourmandes, mais s'est surtout converti aux pizzas et burgers, qui font le bonheur des habitués. Les assiettes sont bien troussées et joliment présentées. Les vacanciers aiment venir y déguster une glace en terrasse dans l'après-midi.

CHÂTEAU BELLEVUE €€€

19, rue Joseph-Cappin
✆ 05 62 09 51 95
www.chateaubellevue.org
Ouvert de 12h à 13h30 et de 19h30 à 20h30 du mercredi au samedi. Ouvert mardi soir et dimanche midi. Menus de 19 à 59 €.

La chef Charlotte Latreille officie aux fourneaux depuis plusieurs années déjà. Elle revisite le répertoire régional, en le régénérant de sa créativité. Les produits comme le foie gras, l'armagnac ou le chèvre bio proviennent des meilleures fermes du Gers. La carte varie au fil des saisons, mais parmi les classiques, nous pouvons citer le filet de canette à l'orange ou la tartelette à la mandarine et mousse à la crème de marrons. La cuisine de Charlotte est intégralement pensée et faite maison, ce qui inclut le pain, les pâtisseries et les glaces.

ARMAGNAC VEUVE LAFONTAN

Cutxan
✆ 05 62 69 77 10
www.armagnac-veuve-lafontan.com
Visite du lundi au vendredi, sur réservation téléphonique.

Du doux paysage gersois, voici une adresse qui en a tout puisé. Veuve Lafontan élève la distillation de vin au rang d'excellence. Béatrice Mandon ne produit que des armagnacs d'exception. Déguster ses armagnacs, c'est découvrir des trésors de diversité et de complexité et une palette aromatique authentique. Les eaux-de-vie sont élevées dans des pièces en chêne pédonculé de 200 à 400 litres. La salle des trésors renferme une collection d'exception avec une gamme de millésimés allant de 1888 à 1969 conservés dans des bonbonnes.

LA FERME DU ROSIER SUR LE TOIT

Le Bourdieu
✆ 05 62 08 18 64
Visite et boutique ouverte à la demande, appeler avant.

Cette ferme élève canards gras et porc fermier en plein air. L'exploitation familiale, gérée par Delphine et Nicolas, dispose d'une conserverie. Vous y trouverez donc toute la déclinaison du canard, frais ou cuisiné, et bien sûr le traditionnel foie gras. Mais aussi de la viande de porc, ainsi que des boudins, des saucisses ou du jambon… C'est un élevage de tradition, que les propriétaires vous feront visiter avec plaisir (prendre rendez-vous par téléphone).

MARCHÉ DE CAZAUBON

Place de l'église
www.grand-armagnac.com
De 7h à 13h le mercredi à Barbotan et le vendredi à Cazaubon.

Le marché se tient deux fois par semaine. La rue des Thermes est piétonnisée le mercredi matin à Barbotan, tandis que la place de l'église est investie par les producteurs le vendredi matin à Cazaubon. Marché de plein air, il est principalement consacré à l'alimentation, mais vous rencontrerez quelques producteurs d'armagnac ou de bières de micro-production. Les produits phares de la région abondent sur les étals, dont l'incontournable foie gras, mais aussi de délicieux fromages fermiers bio. Un passage par ce marché s'impose si vous êtes dans les parages.

BARBOTAN-LES-THERMES

Thermes de Barbotan
✆ 05 62 08 31 31
Tous les jours du lundi au samedi du 8 mars au 28 novembre 2023.

L'établissement de Barbotan-les-Thermes tient son architecture des anciens séchoirs à tabac du Sud-Ouest. À l'intérieur, des éclairages tamisés distillent une lumière douce propice à la détente. Un cadre relaxant pour une double orientation thérapeutique : la rhumatologie et la phlébologie. Une tourbe végéto-minérale extraite sur place, malaxée avec l'eau thermale, ainsi que les applications de kaolin ont un excellent effet sédatif sur les douleurs, tandis que les kinésithérapeutes peuvent suivre individuellement les curistes. Des soins de remise en forme sont proposés à la demi-journée ou en court séjour : bain hydroxeur, baignoire à bulles et jets d'eau, matelas aquatique, hydromasseur séquentiel diffusant des affusions d'eau thermale sur tout le corps, ondée thermale hydromassante, vaporarium ou encore douche au jet. Une salle de gym avec appareils de cardio permet de se raffermir les muscles. Une équipe très complète de soignants et de para-médicaux vous accompagne tout au long de votre cure : médecin thermal, infirmier, kiné, nutritionniste, sophrologue, psychologue, sonothérapeute, podologue, maître-nageur et éducateurs spécialisés pour encadrer les activités sportives. Le centre travaille même avec un animateur méditation et une praticienne Reïki. Des mini-cures sont également proposées, comprenant l'hébergement et la restauration dans les établissements de la Chaîne Thermale du Soleil. Cette formule permet de bénéficier des bienfaits de l'eau thermale sans avoir besoin d'une prescription médicale.

ARMAGNAC

BASE DE LOISIRS DU LAC DE L'UBY

Parc de loisirs du lac de l'Uby
✆ 05 62 09 53 92
Ouvert à l'année à la promenade. Base de loisirs ouverte tous les jours en juillet et août de 13h à 19h. Entrée : 7 €.

Le plan d'eau de l'Uby est un immense lac de détente avec un parcours santé où on s'adonne à la pêche et à l'aviron dans un chenal de compétition toute l'année. L'été, la baignade est surveillée depuis la grande plage de sable fin. On peut y pratiquer le bateau à pédales, le canoë ou le paddle et profiter des jeux d'eau et de l'accrobranche pour les enfants. Il est jouxté par une piscine ludique de 25 mètres, des courts de tennis, de volley et de basket ou encore de pétanque.

CASINO DE CAZAUBON

6, Rue d'Albret
✆ 05 62 08 33 00
www.circuscasino.fr
Ouvert dimanche au jeudi de 10h à 2h ; le vendredi et le samedi de 10h à 3h.

Ce casino se situe au cœur du hameau de Barbotan. Dessiné par l'architecte agenais Jean Ferrando, lauréat du Grand prix de Rome, l'établissement offre un parterre de 70 machines à sous ainsi que roulette anglaise, black-jack et la Boule 2000. Des tournois de poker y sont régulièrement organisés le vendredi soir. Une salle de spectacles et de conférences de 400 m² vous permettra de profiter d'une programmation de qualité, avec des animations musicales et dansantes toute l'année. Le Bistrot et le bar Bulle & Chocolat permettent de se restaurer.

ESTANG

Son nom viendrait du latin *stagnum* qui signifie étang, mais qui a en réalité été donné à la petite rivière qui s'écoule en contrebas du village. Estang fut détachée en 1368 par Charles V en faveur de Jean Ier, comte d'Armagnac. Le patrimoine d'Estang a considérablement souffert des guerres de Religion et de la Révolution. L'église paroissiale et son annexe Saint-Martial furent pillées et incendiées. Des quatre anciennes églises, il ne reste que Notre-Dame d'Estang, un petit bijou roman du XIIe siècle. Les arènes d'Estang sont elles aussi inscrites à l'inventaire des Monuments historiques. Ses gradins de bois entièrement couverts sont remarquables.

LE COMMERCE €€

2, Place Quatre Septembre
✆ 05 62 09 63 41
www.lecommercehotelrestaurant.fr
Ouvert du mardi au samedi de 7h30 à 21h, le dimanche à midi. Compter 35€ pour un repas.

La bâtisse fait face aux arènes où se déroulent toujours les courses landaises. L'hôtel-restaurant Le Commerce abrite un bar, deux salles de restaurant, une salle de séminaire, une terrasse ombragée et fleurie ainsi que 9 chambres charmantes et à prix doux. Lætitia et Patrick Topin vous accueillent dans une ambiance conviviale et vous proposent une cuisine de terroir teintée de Méditerranée. De la Corse d'où il est originaire, Patrick a gardé le goût du poisson préparé à la plancha ou à basse température et les assaisonnements à l'huile d'olive.

PANJAS

Panjas est un petit village tranquille d'à peine 400 âmes. De son histoire, on ne sait pas grand chose, si ce n'est que l'épouse du comte de Pardaillan et Panjas était aussi la maîtresse d'Henri IV. C'est d'ailleurs le Vert-Galant qui la « donna » en mariage à son fidèle compagnon d'armes. Le comte résidait au château, dont les tours médiévales sont encore debout. Il a subi de nombreuses modifications et ajouts pas toujours très heureux. L'église Saint-Laurent est classée Monument historiques pour son chevet d'époque romane, son portail gothique, ainsi que ses fresques très anciennes. Le village de Panjas tire sa subsistance de l'armagnac.

ÉGLISE SAINT-LAURENT

Rue de la Libération
✆ 05 62 09 07 25
https://mairie-panjas.fr/votre-mairie/
Ouvert toute l'année. S'adresser à la mairie pour visiter (✆ 05 62 09 07 25).

L'église Saint-Laurent se dresse au centre de Panjas et arbore un très beau chevet de style roman. Construite au XIe siècle, elle a subi les aléas de la guerre de Cent Ans. Seul le chœur subsiste, ainsi qu'une grande nef et un portail de style gothique reconstruits au XVe siècle. En 1980, le clocher octogonal s'effondre. Il est reconstruit à côté du chevet et c'est le seul élément de l'église à ne pas être classé aux Monuments historiques. Mais le réel joyau de cette petite église de campagne est la fresque du XIIIe siècle qui décore le chœur.

DOMAINE DE JOŸ

D33 ✆ 05 62 09 03 20
www.domaine-joy.com

Boutique ouverte du lundi au vendredi de 9h à 12h et de 14h à 18h. Visite et dégustation sur rdv le samedi.

Racheté au début du XXᵉ siècle par la famille Gessler, ce sont aujourd'hui Vanessa et Kevin, représentants de la 4ᵉ génération, qui ont la main sur le Domaine de Joÿ. Amoureux des vins blancs depuis toujours, les Gessler mettent en valeur les cépages traditionnels avec beaucoup de délicatesse. Pressurage à basse pression, fermentation dans des cuves à températures contrôlées et climatisation du chai permettent d'élever le vin en douceur et de ne pas ajouter de sulfites. Folle-blanche et baco sont également cultivés pour produire le célèbre armagnac.

NOGARO

Cette commune du Bas-Armagnac doit son nom aux Romains. Nugarolium était la « ville des noyers ». Elle fut fondée en 1055 par Saint-Austinde, alors archevêque d'Auch. Il acheta les terres à Guillaume Nogaro et fonda la sauveté pour réunir ses conciles. Bourgade importante sur le chemin traditionnel de Saint-Jacques-de-Compostelle, Nogaro se situe entre Eauze et Aire-sur-l'Adour. Louis XIV s'y arrêta en compagnie de ses mousquetaires, le 26 avril 1660, alors qu'il se rendait à Saint-Jean-de-Luz pour y épouser Marie-Thérèse d'Espagne. Avec plus de 2 000 habitants, Nogaro est un haut lieu de l'automobile, de l'aéronautique et de la course landaise.

HAUTS DE MONTROUGE

Les Hauts de Montrouge
✆ 05 62 09 01 79
www.hautsdemontrouge.com
Ouvert du mardi au vendredi de 9h à 12h et de 14h à 18h ; le samedi de 9h à 12h.

Les Hauts de Montrouge représentent fièrement la production vinicole dans la région de Nogaro. Cette cave coopérative rassemble 60 vignerons qui œuvrent depuis 1963 à valoriser leur terroir à travers côtes-de-gascogne, flocs et armagnacs. Les blancs sont à l'honneur avec pas moins de 14 cuvées différentes qui permettent de déguster en subtilité la richesse du terroir gascon et de ses cépages. La coopérative accueille des groupes. Enfin sachez que l'Armagnac VSOP Hauts de Montrouge a été récompensé par une médaille d'or aux Talents de l'Armagnac 2021 !

HÔTEL LE COMMERCE** €€

2, place Cordeliers
✆ 05 62 09 00 95
www.hotelrestaurantnogaro.com
Environ 90 € pour une chambre double. Petit-déjeuner 10 €

À l'hôtel-restaurant Le Commerce, vous êtes au cœur du terroir gascon. Cet établissement familial à l'accueil chaleureux et situé en centre-ville à 2 minutes du circuit automobile, possède 14 chambres tout confort avec télévision et wifi gratuit. La décoration est simple, mais apaisante afin de bien se reposer. Pour vous restaurer, vous avez deux salles de restaurant – le restaurant étant fermé uniquement le dimanche soir –, à la décoration aux tons chaleureux, le tout ayant été rénové encore récemment pour gagner en caractère pratique.

HÔTEL-RESTAURANT SOLENCA*** €€

984, Avenue Daniate
✆ 05 62 09 09 08
www.solenca.com
Chambre double de 87€ à 97 €. Petit déjeuner 13 €.

L'hôtel*** Solenca est idéalement situé à l'entrée de Nogaro à proximité du célèbre circuit automobile. Avec ses 49 chambres, twins ou doubles, l'hôtel dispose d'équipements et de prestations adaptés aux individuels, aux familles, aux groupes et aux entreprises. Vous y retrouverez trois salles de restaurant dont une proposant le petit-déjeuner sous forme de buffet ; une vinothèque ; trois salles de séminaires équipées, une agréable piscine et un sauna.

BLACK PIG - LA CAVE DE TONTON €

10, Rue Centrale
MANCIET
✆ 05 62 08 28 81
Du mardi au vendredi le midi ; le vendredi et le samedi le soir. Formule du midi : 16,50 €

Cette nouvelle cave à manger à l'allure champêtre est idéalement située entre Auch, Éauze et Nogaro. Le menu change tous les jours et les plats sont locaux, faits maison. À la carte, des tapas ou des plats typiques : on vous recommande les rillettes de sardines, le confit de canard délicieusement grillé et ses frites maison. C'est aussi une cave à vin et épicerie, où vous pouvez profiter dune bonne bouteille de vin à déguster sur place avec un droit de bouchon, ou l'emporter.

BRASSERIE DES CORDELIERS €

1, Place des Cordeliers
✆ 05 62 69 09 27
Ouvert tous les jours le midi ; du jeudi au samedi le soir. Compter 20 € pour un repas.

Située à la sortie de la ville, face aux arènes, on ne peut passer devant cette belle bâtisse sans la remarquer. Au petit-déjeuner, vous vous régalerez de viennoiseries au beurre avec le café, et côtoierez les travailleurs locaux. Puis quand vient l'heure du déjeuner, vous retrouvez les habitués du matin mêlés aux gens de passage, le tout dans une joyeuse effervescence. La carte propose les grands classiques de la brasserie régionale, de l'entrecôte au filet de dorade, jusqu'à un large choix de desserts, le tout à prix serrés.

PIZZERIA DI ROMA €€

82, rue Nationale ✆ 05 62 03 73 44
https://www.pizzeriadiroma-nogaro.fr/
Ouvert tous les jours le soir ; le mardi et du jeudi au dimanche le midi. Menu Italien : Entrée / Plat / Dessert : 26 €.

Quand cadre et plaisir de l'assiette se rejoignent, pourquoi résister ? La salle, toute pimpante s'offre tout en longueur sous une verrière. Les pizzas se déclinent sur une base de sauce tomate ou de crème fraîche toujours croustillantes et savoureuses. Une courte sélection de plats italiens vient compléter ce large choix : lasagnes maison, linguine au pesto maison, antipasti, saltimbocca permettent aux habitués de varier les plaisirs et de se sentir comme dans la Botte. Les gens de passage apprécieront cette adresse qui retranscrit si bien la *dolce vita* gersoise.

ARMAGNAC DARTIGALONGUE

10, Place du Four ✆ 05 62 09 03 01
www.dartigalongue.com
Boutique ouverte du lundi au jeudi de 8h à 12h et de 14h à 18h, jusqu'à 17h le vendredi. Visite à 14h30 l'été, 10 €

Cette maison fondée sous Louis-Philippe se flatte d'être la plus ancienne en Armagnac. Depuis 180 ans, les Dartigalongue veillent à la maturation de leurs eaux-de-vie dans un magnifique chai à visiter, installé en plein cœur de Nogaro. Leurs armagnacs sont le fruit de l'assemblage de l'ugni blanc, du baco et de la folle-blanche. Ils sont distillés dans un alambic à basse température et élevés pendant de longues années dans des fûts de chêne en provenance de la région. La maison présente une collection très complète d'eaux-de-vie (VSOP, hors d'âge, millésimés...).

MARCHÉ DE NOGARO

Place Alsace-Lorraine
✆ 05 62 09 02 17
www.nogaro-armagnac.fr/marches
Le mercredi et le samedi de 8h à 13h.

À Nogaro, ce sont deux marchés qui ont lieu chaque semaine, place Alsace-Lorraine, à l'ombre des grands platanes. Le mercredi matin, c'est un petit marché alimentaire où se retrouvent principalement les habitués ; en revanche, le samedi, vous tomberez sur un marché traditionnel où les produits de bouche sont rejoints par bien d'autres articles : vêtements, spécialités locales... Dans une très belle ambiance, vous aurez l'occasion de déambuler entre les étalages afin de vous approvisionner ou de trouver quelques souvenirs à ramener.

CAVE VINS CHEZ MOI

2, avenue de Daniate
✆ 05 62 08 46 36
Toute l'année. Du mardi au samedi de 9h30 à 12h30 et de 15h à 19h.

Cave Vins Chez Moi offre plus de 300 références venues de tous les coins de France et même plus : Bourgogne, Bordeaux, Sud-Ouest, Espagne, Italie, etc. A découvrir également une gamme de bières et locations de fûts pour toutes vos occasions. Pour les amoureux de spiritueux, ces cavistes sympathiques ont sélectionné pour vous les meilleurs : rhum, whisky, armagnac en bouteille et en vrac. Enfin, est disponible, ce qui est remarquable chez un caviste, une épicerie fine avec un large choix de produits (balsamiques, vinaigres, confitures, safran, etc.).

© CAVE VINS CHEZ MOI

© CAVE VINS CHEZ MOI

CIRCUIT PAUL ARMAGNAC ★

275, Avenue André Diviès
✆ 05 62 09 02 49
www.circuit-nogaro.com
Ouvert du lundi au vendredi de 8h30 à 12h et 14h à 18h. Courses, baptêmes (entre 60 € et 250 €) et stages de pilotage.

Premier circuit permanent de France, créé en 1961, ce circuit organise toute l'année des compétitions multidisciplinaires (courses d'autos, de motos, de karts, de camions, et le championnat du monde d'économie d'essence avec l'étonnant Eco-Shell Marathon). Il est également utilisé pour des essais moto ou auto, des opérations médiatiques avec présentations de nouveaux modèles automobiles, des stages et baptêmes de conduite, une école de pilotage... Diverses écuries de course s'entraînent sur ce circuit, qui accueille environ 200 000 visiteurs par an.

VÉLORAIL DE L'ARMAGNAC

Rue de la Gare
✆ 06 82 05 61 40
Compter 35 € pour une draisine (5 personnes max.). Ouvert d'avril à début novembre. Réservation obligatoire.

L'ancienne voie ferrée a été réaménagée afin de proposer de découvrir d'une façon originale la campagne gersoise en famille. Des draisines à pédales sont montées sur les rails qui relient Nogaro au petit village de Sorbets. Les deux personnes installées à l'avant pédalent pour faire avancer l'engin. Les trois personnes occupant la banquette arrière profitent du paysage. Le tronçon de 12 km aller-retour traverse les bosquets, les champs et les routes, et se parcourt en deux heures. Le départ groupé a lieu à une heure précise, et il est impératif de réserver.

BRETAGNE-D'ARMAGNAC

Ce village jadis appelé « Villecomble » ou « Villecomtal-d'Armagnac » en l'honneur des comtes d'Armagnac s'étire entre Montréal-du-Gers et Eauze. Cette petite bastide du XIIIe siècle n'a pas pu percer, car trop proche des deux villes concurrentes. Le « Bretagne » de sa dénomination trahit ses origines anglaises, quand la Gascogne appartenait à la Guyenne anglaise. Il doit être compris dans le sens de « britannique ». De ses origines médiévales subsistent quelques maisons à colombages et d'autres à couverts. À voir aussi, l'ancienne gare et sa marquise, l'ancien lavoir et l'église. En effet, la tour-clocher est détachée de l'église Saint-Jean-Baptiste.

CAMPING LES LACS D'ARMAGNAC €€

Le Gardera D264
✆ 05 62 09 70 92
www.leslacs-darmagnac.com

Compter entre 154€ et 175€ la semaine pour un emplacement 2 à 6 personnes. Chalets et mobil-homes à partir de 405 €.

Le long de deux lacs privés se trouvent de beaux chalets et des mobil-homes, parfaitement aménagés. Vous pourrez vous détendre en profitant de la pêche gratuite dans les lacs, de la baignade dans la piscine d'eau naturelle ou tout simplement des balades dans les 54 hectares de nature environnante. De nombreuses activités sont prévues pour les enfants et les plus grands dont une aire de jeux, des terrains de sport, une mini-ferme et des animations en soirée.

LE HOUGA

Limitrophe avec le département des Landes à l'ouest, la commune du Houga ferme la marche des communes du Bas-Armagnac. Un peu plus au sud, on atteint les terroirs de Saint-Mont puis de Madiran. La commune est très ancienne puisqu'elle a été fondée vers 1060. Elle tire son nom du gascon *heuguèra* et du languedocien *falguièra* qui signifient « bouquet de fougères ». Par conséquent, les habitants du Houga s'appellent les Folgariens. Le village était fortifié et on distingue encore très clairement le chemin de ronde dans sa partie ancienne. Plusieurs hameaux lui ont été adjoints au cours de son histoire, dont Saint-Aubin et sa charmante église.

LA FERME AUX CERFS ET AUX SANGLIERS ★

Route de Mont-de-Marsan ✆ 05 62 08 96 97
www.lafermeauxcerfs.com

Ouvert toute l'année. Du mardi au dimanche de 10h à 17h. Adulte : 7,50 €. Enfant de 4 à 12 ans : 4,50 €.

Ce parc animalier doté d'un circuit pédestre permet d'observer ces animaux que l'on ne voit que rarement. La visite de la ferme est commentée, animée, avec la possibilité de nourrir certains animaux, d'apercevoir des faons au printemps ou d'écouter les brames des cerfs en octobre. Un déjeuner chasseur sur place, et vous n'aurez qu'à repartir après une journée bien remplie avec, en poche, des produits de cette propriété classée Excellence Gers et Bienvenue à la Ferme.

LAGRAULET-DU-GERS

Dans la pure tradition des castelnaux gascons, Lagraulet-du-Gers a déjà les contours d'un village au XIe siècle mais c'est Bertrand de Lagraulet qui lui offre son patronyme. Son donjon et sa tour carrée maîtresse s'élèvent au Moyen Age et aujourd'hui encore, des vestiges du château ainsi qu'un chemin de ronde et des douves peuvent être observés. Les pèlerins du chemin de Saint-Jacques de Compostelle le traversent et ce depuis le XIIe siècle, comme en témoignent les chapiteaux sculptés de son église. Les touristes apprécient ses paysages, ses singularités architecturales, mais aussi son étonnant château d'eau transformé en hébergement contemporain.

CHEZ BRUNET €€

Lieu-dit brunet
✆ 06 61 21 00 40
https://chezbrunet.com/

Chambre double à 99 € la nuit. Logement insolite pour deux à 150 € la nuit. 2 nuits minimum. Petit déjeuner inclus.

Vous serez chaleureusement accueilli par Régine et Louis au cœur de leur parc de 3 hectares. Au milieu des vignobles d'Armagnac, ils ont rénové cette ancienne ferme gersoise au charme fou et en ont fait des chambres d'hôtes modernes. Le domaine comprend une chênaie, un verger et un potager bio, trois marres filtrantes, des poules, un chien et une belle piscine au sel pour se relaxer. Vous avez également la possibilité de réserver la table d'hôtes ou des plateaux repas. Ce havre de paix est parfait pour les amoureux de la nature.

CHÂTEAU D'EAU €€€

Place de l'Eglise © 05 62 29 12 44
https://lagrauletdugers.com/
Ouvert toute l'année. Gîte de 250 m² et 7 chambres dès 1050 € la semaine, chambre d'hôtes 2 personnes à partir de 145 €.

Le charmant village de Lagraulet-du-Gers propose un grand gîte et une chambre d'hôte particulièrement originale : un ancien château d'eau des années 1930. Décor et mobilier design, salle de bains en béton et cuisine à côté de la chambre, vous bénéficiez même de la terrasse ronde sur le toit avec vue panoramique et chaises longues. Des lunettes astronomiques sont à disposition pour être un peu plus près des étoiles. L'artiste Jean-Paul Chambas a réalisé la fresque murale, ainsi que la décoration de la chambre. Au cœur du bourg, une jolie chambre sous les étoiles...

DOMAINE DE L'AIRIAL

Au Bourda
© 05 62 68 20 04
https://domaine-airial.fr/
Ouvert du lundi au samedi de 10h à 17h sur rendez-vous seulement.

18 hectares sont dédiés ici principalement au Petit et Gros Manseng. Cécile, la propriétaire, chérit à la fois son vignoble et ses chevaux dans ce sublime domaine doté d'une maison gasconne typique et d'un chai en pierres. Ici, on élabore des vinaigres millésimés et un étage du chai est réservé à l'élevage des balsamiques. Ces vinaigres artisanaux nécessitent 3 ans ou plus d'élevage en barriques, aux essences de bois sciemment choisies et sont garantis sans arôme ajouté, sans additif et sans conservateur. On vous y accueille chaleureusement pour une visite.

LANNEPAX

Lannepax est un joli village tranquille aux confins de la Ténarèze et du Bas-Armagnac. Son plan régulier, ses maisons à colombages témoignent que la bastide fut fondée au XIIIe siècle, comme nombre de villes et villages du Gers. Le nom choisi signifie « lande de la paix », car c'est sur cette colline que, selon la légende, Crassius aurait reçu la soumission de la Novempopulanie. Fondée par le comte d'Armagnac, située sur une ancienne voie romaine, la cité percevait un droit de péage. Malgré sa taille modeste et sa position reculée, le village abrite parmi les plus anciennes et grandes maisons de l'armagnac, et l'une des meilleures tables du Gers.

LA FALÈNE BLEUE €€

Place de la Mairie
© 05 62 65 76 92
www.lafalenebleue.fr
Ouvert du mercredi au samedi de 12h à 13h30 et de 19h30 à 21h, et le dimanche midi. Menus de 22 € à 37 €.

Ancienne maison de notaire, la Falène Bleue occupe l'un des coins de la place principale du village. Ce drôle de nom vient de la contraction des prénoms de Fabien (le chef) et Hélène (la maîtresse de maison) et du bleu de Lectoure, omniprésent. Volets, bar, et quelques touches subtiles en salle arborent le bleu royal. Une pergola vient agrandir l'espace et offre la possibilité de profiter de l'extérieur aux beaux jours. Fabien et Hélène ont voulu un restaurant bistronomique où tous les détails sont soignés, du cadre cosy aux assiettes joliment troussées.

ARMAGNAC DELORD

Rue Principale © 05 62 06 36 07
www.armagnacdelord.com/fr
Ouvert du lundi au vendredi de 9h à 12h et de 14h à 18h. Sur réservation pour les groupes de plus de 6 personnes.

Au cœur du joli village de Lannepax, la maison Delord distille des armagnacs d'exception depuis 1893. Fondée par Prosper Delord, distillateur ambulant et maître de chai, l'entreprise est aujourd'hui dirigée par le tandem dynamique de ses arrière-petits-fils Jérôme et Sylvain qui, tout en préservant avec passion le trésor d'un savoir-faire familial construit sur quatre générations, la font entrer de plain-pied dans la modernité. Les millésimes, ainsi que les assemblages savants lentement maturés dans les belles pièces du chai bénéficient d'une aura internationale.

ARMAGNAC JEAN CAVÉ

Rue Principale © 05 62 06 36 01
www.armagnac-jean-cave.fr
Ouvert du lundi au vendredi de 9h à 12h et de 14h à 17h.

Depuis 1883, l'armagnac est ici au cœur de toutes les attentions. Les savoir-faire, acquis et transmis depuis plus de 130 ans ont permis la constitution d'une collection des meilleures eaux-de-vie, car la maison parcourt sans relâche les terres de l'armagnac pour y dénicher les trésors oubliés dans les domaines. Nulle part ailleurs dans le monde vous ne trouverez une aussi vaste gamme de vieux millésimes. Mais il faut parfois être prêt à débourser plusieurs milliers d'euros pour une bouteille des plus anciens armagnacs ! Une adresse incontournable.

Armagnac Jean Cavé · 32190 Lannepa
Tél : (+33)5 62 06 36 c
Mail : jean.cave@armagnac-cdm.f
www.armagnac-jean-cave.f
Ouvert du lundi au vendred
9h-12h/14h-18
JEAN CAVÉ
ARMAGNAC
AGEN
EAUZE
LANNEPAX
VIC-FEZENSAC
TOULOUSE
N124
CLUB DES MARQUES
WINE & SPIRITS

GONDRIN ★

Entre Condom et Eauze, au cœur d'une région de vignobles chargée d'histoire, Gondrin doit son nom à un chef wisigoth, Gundring. Pour la petite histoire, au XVIIe siècle, la marquise de Montespan, épouse de Louis-Henri de Pardaillan-Gondrin devient la favorite du roi Louis XIV. Elle fait alors dessiner par Le Nôtre un parc et un bassin circulaire pour la ville de son époux. De cette époque datent les promenades et la piscine actuelles. À visiter, la rue centrale avec ses maisons à couverts, le beau lavoir de Lasdoutz et le sanctuaire de Notre-Dame-de-Tonneteau avec sa chapelle du XVe siècle, nichée au creux d'un parc d'arbres séculaires.

LE PARDAILLAN €€

25, avenue Jean-Moulin ✆ 05 62 28 72 59
www.le-pardaillan.fr

Ouvert midi et soir, sauf dimanche soir. Compter 32 € pour un repas à la carte. Menus de 22 € à 29,50 €.

Le Pardaillan mérite son label qualité « Tables du Gers ». Les menus y sont alléchants comme le traditionnel « Gascon » qui met à l'honneur foie gras, magret et croustade. Cette dernière provient de la fabrique artisanale gondrinoise « Accents du Sud-Ouest ». Le chef a pensé aux carnivores invétérés avec une somptueuse côte de bœuf à l'os à se partager. Les amateurs de tradition se tourneront vers le pastifret, le pâté gascon. On aime le menu spécialement pensé pour les enfants qui pour une fois évite l'écueil du steak haché. Une belle adresse qui vaut le détour !

DOMAINE DE GUILLAMAN

À Guillaman
✆ 05 62 29 13 82
www.domaine-guillaman.fr

Accueil du lundi au vendredi de 9h à 12h et de 14h à 18h. Ouvert le samedi en juillet et en août.

Dominique et Stéphanie Ferret ont la passion de la vigne et élaborent l'un des Côtes-de-gascogne les plus fins qui soient. Le blanc sec (colombard pour 80 %, et ugni blanc) de Guillaman brille par sa robe cristalline. La puissance de son nez rend compte d'une belle complexité fruitée. Le moelleux d'assemblage de petit et gros manseng porte le joli nom de « Frissons d'automne ». La maison familiale du domaine aurait appartenu au couvent des Ursulines de Gondrin, ce qui pourrait expliquer les monogrammes IHS gravés au-dessus des portes.

DOMAINE DES CASSAGNOLES

Sur la D31 entre Gondrin et Mouchan.
✆ 05 62 28 40 57
www.domainedescassagnoles.com

Certifié HVE. Accueil du lundi au vendredi de 9h à 12h30 et de 14h à 18h, le samedi de 9h30 à 12h30 et de 14h à 17h30.

Les terres et les vignes du Domaine de Cassagnoles sont travaillées depuis plusieurs siècles de père en fils ou fille. Laure tient désormais les rênes de la propriété de 60 hectares exploités en viticulture raisonnée et certifié Haute Valeur Environnementale depuis 2016. Essentiellement tourné vers l'armagnac jusqu'au début des années 70, le domaine a su s'agrandir et s'intéresser à d'autres cépages pour produire des flocs mais aussi du vin. Les propriétaires proposent aussi des gourmandises comme les fruits à l'armagnac ou macérés dans du vin.

ESCAPE GAME - DOMAINE DE POLIGNAC

Lieu-dit Polignac ✆ 05 62 28 54 74
www.domainepolignac.fr

Jeu dans le chai et dans les vignes. 25 € par personne. 2 adultes minimum. Tarif dégressif. Réservation obligatoire

Faites appel à votre sens de l'enquête, votre logique et votre esprit d'équipe pour résoudre les énigmes de l'Escape Game du Domaine de Polignac ! Cette chasse au trésor de 1h à 1h30 vous fera découvrir le domaine dans son intégralité. Vous serez d'abord plongé dans le noir dans la cave du Chai puis dans les vignes, et une fois toutes les étapes réussies, vous pourrez déguster votre récompense. En famille ou entre amis, cette aventure insolite est définitivement à essayer !

PARC DE LOISIRS DE GONDRIN

1, Rue Fermanville
✆ 05 62 29 17 41
www.gondrinparcdeloisirs.com

Ouvert tous les jours de 11h à 19h30. Entrée : 8 €. Enfants : 5 €. Location de casiers.

En plein cœur du village de Gondrin se trouve un sympathique parc de loisirs dont le bassin principal a été dessiné par Le Nôtre. Il a été transformé en piscine gigantesque pour le plaisir des habitants. Le 4 500 m² de bassin sont divisés en plusieurs zones. Toboggans de 11 m, boule à vagues, bouées flottantes, pataugeoire pour les tout petits permettent de jouer en famille. D'autres activités ont été aménagées dans le parc de 1,5 hectare, dont des terrains de sport.

VALENCE-SUR-BAÏSE

Entre Condom et Castéra-Verduzan, le bourg de Valence-sur-Baïse est l'une des bastides les plus agréables de la Gascogne. Son centre se situe en hauteur, bien au-dessus de la Baïse et de la ville basse qui s'y est – tardivement – formée, autour du port fluvial. L'Auloue traverse également la commune. Si la célèbre abbaye de Flaran a été fondée en 1151, il faut attendre 1274 pour que la bastide de Valence soit fondée à quelques kilomètres de là, et placée sous le patronage de la ville espagnole homonyme. L'abbé de Flaran et le comte d'Armagnac étaient à la manœuvre, et ont renforcé la vocation naturellement défensive de cet éperon rocheux.

ABBAYE DE FLARAN ✝ ★★

✆ 05 31 00 45 75

Ouvert de 9h30 à 12h30 et de 14h à 18h. De 10h à 19h en été. Entrée : 5 € ; gratuit -18 ans. Prévoir 1h30 de visite.

Fondée en 1151 dans la vallée de la Baïse, l'Abbaye de Flaran est l'une des mieux préservées du Sud-Ouest de la France. Les bâtiments monastiques et les jardins situés au cœur d'un parc, dans un environnement naturel préservé en bord de Baïse, présentent une parfaite illustration d'un ensemble cistercien du XIIe siècle remanié jusqu'au XVIIIe siècle. Marqué par les vicissitudes de l'Histoire, vendu à la Révolution et pratiquement démantelé au début du XXe siècle, le site est racheté par le département du Gers en 1970 qui y réalise, dès les années 1980, une intense campagne de restauration. Depuis l'année 2000, l'abbaye de Flaran abrite la Conservation départementale du patrimoine et des musées. Celle-ci y développe, tout au long de l'année, de nombreuses activités culturelles, à travers une programmation très riche, où toutes les formes d'art sont représentées, et notamment la photographie, avec de belles expositions thématiques. Ouverte toute l'année et très fréquentée, l'abbaye bénéficie depuis 2011 du label « Grand Site Armagnac, Abbaye et cités » de la région Occitanie. Elle est ainsi devenue une référence patrimoniale et culturelle incontournable. Depuis juillet 2004, l'abbaye de Flaran accueille aussi une exceptionnelle collection d'œuvres originales d'artistes de renom, représentative de l'art européen du XVIe au XXIe siècle, déposée par M. Simonow, propriétaire. Ces œuvres font l'objet d'une présentation semi-permanente et d'expositions temporaires remarquables, et participent ainsi au rayonnement de l'abbaye.

ÉGLISE SAINT-JEAN-BAPTISTE ✝

Place de l'Hôtel-de-Ville

✆ 05 62 28 51 89

Ouvert toute l'année. Visite libre de l'église et du belvédère. Visite interdite pendant les offices.

Harmonieuse et aux dimensions équilibrées, suscitant l'admiration pour ses tourelles et sa haute façade, l'église Saint-Jean-Baptiste projette son ombre sur la place de l'Hôtel-de-Ville. Après avoir traversé une période de déshérence, l'église a subi d'importants travaux de restauration au XIXe siècle. Un très beau retable du XVIIIe siècle dédié à la Gloire de Saint Jean-Baptiste peut être admiré dans la nef. 60 marches permettent d'accéder à un belvédère reliant les deux tours.

MAISONS FORTES

Rue Jules-Ferry

Visite libre dans la ruelle.

La pierre de Valence-sur-Baïse fait ressortir le caractère et l'authenticité de la bastide médiévale. Dans le dernier tiers du XIIe siècle, le centre-bourg s'est doté de plusieurs « maisons fortes », qui sont autant de châteaux miniatures en pleine ville, avec tours et échauguettes. L'une des plus remarquables se situe sur une large portion de la rue Jules-Ferry et de la rue Louis-Pasteur : c'est l'antique demeure de la famille de Faulong, dont plusieurs générations ont fourni d'illustres officiers de cavalerie : une vocation, de père en fils !

MUSÉE DE L'HISTOIRE DU COSTUME

Le Cluzet

✆ 05 62 28 01 94

Ouvert sur rendez-vous uniquement. Entrée : 6 € ; tarif réduit : 3 €.

Dans un lieu-dit à l'écart de Valence-sur-Baïse, Monika Mucha vous propose de venir découvrir sa riche collection de costumes d'époque. Costumière de spectacles, elle a amassé au fil des ans de superbes créations personnelles et acheté des costumes de personnalités. On y croise les corsets des Dorris Sisters, célèbres danseuses du Moulin Rouge, une robe de gala toute en strass et plumes d'autruche de la diva Régine Crespin ou encore des peaux de bête.

SENTIER BOTANIQUE

✆ 05 62 28 59 19

www.tourisme-condom.com/

Accès libre toute l'année.

Ce sentier a été aménagé en contrebas des remparts sud de la ville, au détour des jardins en terrasses. Autrefois cultivé, l'espace avait repris au fil des ans des allures de vaste pelouse en friche où s'invitaient quelques plantes échappées des jardins voisins. Aménagé par l'Office national des forêts, le jardin compte aujourd'hui de nombreuses espèces locales : figuiers, opuntias, lauriers, laurentins, palmes nains. De nouvelles espèces arboricoles ont été ajoutées afin de parfaire le caractère éducatif du lieu : ginkgo biloba, cormier ou frêne.

MARCHÉ DE VALENCE-SUR-BAISE

✆ 05 62 28 51 89

Le mercredi de 8h à 13h et marché bio de 17h à 20h d'avril à octobre.

Au marché de Valence-sur-Baïse, on choisit, on négocie, on achète dans une ambiance conviviale le meilleur des saveurs gersoises. On trouve ici des denrées alimentaires et toutes sortes de produits locaux et de qualité. Des fruits, légumes, pâtisseries, conserves, vins, fromages variés sont exposés sur les étalages colorés des producteurs et marchands. D'avril à octobre, le marché joue les prolongations, avec les producteurs 100 % bio qui se donnent rendez-vous de 17h à 20h.

RESTAURANT LA FERME DE FLARAN €€

Lieu dit Bagatelle

✆ 05 62 29 39 83

www.fermedeflaran.com

Ouvert du lundi au samedi le midi et le soir ; et le dimanche midi. Menus de 28 € à 45 €

Idéalement située entre Auch et Condom, La Ferme de Flaran offre une cuisine authentique et savoureuse, faite maison avec des produits frais et locaux. La carte se renouvelle au gré des saisons. Labellisée « Table du Gers », c'est dans un cadre unique et chaleureux de l'ancienne ferme des moines de l'abbaye que vous pouvez déguster leur délicieux magret de canard grillé au miel ou leur suprême de pintade fermière du Gers, et finir avec leurs profiteroles revisitées caramel beurre salé.

LARRESSINGLE

Selon la légende, un lieutenant de César, face à la résistance du village, aurait crié à ses soldats *Retro singuli*, soit « en arrière, un par un », exclamation qui aurait donné son nom au village. D'autres pensent qu'il viendrait de *cingulum*, se rapportant à l'enceinte fortifiée. Au XIe siècle, Larressingle est cédé aux abbés de Condom. Il se fortifie et reste imprenable jusqu'à la fin du XVIe. Au XVIIIe siècle, le dernier évêque de Condom saccage le village, qui tombe en ruine. Mais au XXe, le duc de Trévise trouve des mécènes et le sauve. Surnommé « la petite Carcassonne du Gers » Larressingle fait partie des plus beaux villages de France.

DOMAINE D'ENTRAS

Entras - **AYGUETINTE** ✆ 05 62 68 11 41

www.domaine-entras.fr

Ouvert du lundi au vendredi de 9h à 12h30 et de 14h à 18h. Visite sur rendez-vous le samedi et le dimanche.

Ce vignoble qui s'étend sur 29 hectares produit des vins biologiques aux saveurs uniques. Le domaine d'Entras est aussi un grand nom du floc et de l'armagnac, à inscrire absolument à son carnet de dégustation. Sa gamme diversifiée de vins convient aux petites comme aux grandes occasions et les eaux-de-vie se partagent. Les breuvages de la famille Maestrojuan ont été récompensés à de nombreuses reprises par des prix et des médailles obtenus dans les concours agricoles. Et si l'alcool ne vous dit rien, vous pourrez toujours repartir avec de la moutarde maison.

LE PONT D'ARTIGUES ★

www.tourisme-condom.com

Visite libre toute l'année.

Le pont roman d'Artigues se trouve en contrebas du village de Larressingle. Il date du Moyen Âge et avait été construit pour faciliter la traversée de l'Osse par les pèlerins se rendant à Saint-Jacques-de-Compostelle. Ce pont a été inscrit au Patrimoine mondial de l'UNESCO en 1998. Il est sublimé par le contexte champêtre et boisé des alentours, la route y menant suivant le charmant petit ruisseau de la Marian. Il fait partie des rares ponts de l'époque médiévale à n'avoir jamais été emporté par les flots et reconstruit à maintes reprises.

VILLAGE FORTIFIÉ DE LARRESSINGLE ★★

Accès libre et gratuit toute l'année.

Préservé des guerres qui se sont déroulées dans la région, le village a été magnifiquement restauré dans les années 1950. Après avoir passé le pont qui enjambe les douves, le village se dévoile sous vos yeux tel qu'il était au XVIe siècle. Les maisons adossées aux remparts sont transformées en boutiques. Au centre du village trône la tour de l'austère château du XIIIe siècle. À l'ombre de celle-ci, une charmante église romane fortifiée du XIIe siècle mérite une visite.

L'AUBERGE DE LARRESSINGLE €€

Couloumet ✆ 05 62 28 29 67

www.auberge-de-larressingle.fr

Ouvert le lundi soir ; du mardi au samedi le midi et le soir ; et le dimanche midi. Compter 30 € pour un repas

Attachée au savoir-faire traditionnel et à la qualité des produits, cette auberge propose une cuisine terroir. Dans un cadre rustique, en terrasse face au village fortifié ou dans l'élégante salle aux murs de pierre, vous dégusterez un croustillant de saint-marcellin au miel, une salade de gésiers de canard confits, un demi-magret de canard du Gers ou une crème brûlée à la vanille de Madagascar. Labellisé « Table du Gers », profitez d'un voyage gourmand au cœur du territoire gascon.

L'ESTANQUET €€

Au Barry

✆ 09 83 95 20 23

Ouvert du mercredi au lundi le midi et le soir. Compter 20 €

Ce restaurant idéalement situé, avec sa grande terrasse et une capacité totale de 120 couverts, contribue à faire vivre la petite Carcassonne du Gers à la belle saison. Les tables sont prises d'assaut en été, le bouche à oreille faisant son travail. Face à tant de monde, le chef a fait le choix de rester sur des plats relativement simples. Bonnes bières, charcuteries, salade de tomates, pizzas traditionnelles, côtelettes d'agneau grillées, tartare de bœuf, salade Sud-Ouest, andouillette sauce moutarde… Des bons classiques, servis rapidement.

SAINT-PUY

Au cœur du triangle d'or gersois, c'est-à-dire entre Fleurance, Condom et Lectoure, se niche le joli village de Saint-Puy. Les environs sont particulièrement bien préservés, et c'est l'un des endroits les plus bucoliques de la région. Avec ses 588 habitants, cette ancienne capitale du comté de Gaure, attestée dès 1285, est restée un bourg paisible. Il demeure néanmoins vivant, avec ses commerces, son marché et son bâti remarquable. Le village est partagé en trois zones historiques : l'ancien site castral au sommet, une sauveté en contrebas, et un village plus récent entre les deux. Le tout compose un lieu plein de charme, où il fait bon s'attarder...

CHÂTEAU DE MONLUC

✆ 05 62 28 53 51

www.monluc.fr

Ouvert l'été du mardi au samedi de 10h à 12h et de 15h à 19h ; le dimanche et les jours fériés de 15h à 19h.

Le château Monluc possède une longue histoire. Il existe et est habité depuis 929. C'est le berceau de Blaise de Monluc, le pacificateur de la Gascogne pendant les guerres de religion. Outre les vins, les flocs et les armagnacs, le château Monluc est à l'origine du cocktail pousse-rapière, inventé par René Lassus, une liqueur apéritive à base d'armagnac associée à un pétillant, le fameux « Vin Sauvage », que vous pourrez goûter lors d'une visite-dégustation d'une heure. L'accueil est à la hauteur des saveurs uniques de ce site emblématique de la Gascogne.

CASSAIGNE

Parmi les innombrables châteaux du Gers, celui de Cassaigne a donné naturellement son nom au village de 230 habitants qui l'entoure. Ce bel édifice, aujourd'hui propriété de la coopérative viticole de Plaimont, a longtemps servi de lieu de villégiature aux évêques de Condom. Le bâtiment Renaissance actuel est venu remplacer un vieux château gascon médiéval. Parmi d'autres trésors, ne manquez pas la salle d'armes, reconvertie en chai. Blaise de Monluc en personne y a dormi, celui-là même qui a servi dans les armées de tant de rois de France, et a transmis à la postérité son érudition militaire et son testament politique dans ses *Commentaires*.

MONTRÉAL

Ce village est un parfait exemple de bastide construite au XIIIe siècle. Fondé par le comte de Toulouse, il présente un plan d'une grande pureté géométrique, autour de sa belle place centrale avec ses arcades fleuries. Son histoire est mouvementée. Le village a été incendié en 1565 lors des guerres de religions, puis est tombé en ruine. Il a été reconstruit trois siècles plus tard, et a retrouvé son charme d'antan, rejoignant le cercle fermé des Plus Beaux Villages de France. Au cœur du terroir de l'armagnac, abritant la magnifique villa gallo-romaine de Séviac, Montréal offre également un beau panorama sur les vallons gersois couverts de vignes.

ÉGLISE SAINTE-MARIE-MADELEINE [SAINT-LOUIS]

Routgès

✆ 05 62 29 52 00

www.montrealdugers.fr

Accès libre.

L'église Saint-Louis ou Sainte-Marie-Madeleine - elle est dédiée à ces deux saints - serait la plus ancienne du territoire de Montréal-du-Gers. Elle se distingue par ses lignes épurées et paysannes, ses rares fenêtres, la beauté et la couleur chaude de sa pierre, et par son clocher-mur. Son parvis est couvert, ce qui permet aux pèlerins lancés sur le chemin de Saint-Jacques-de-Compostelle de s'abriter les jours de pluie. L'intérieur est d'une sobriété exemplaire.

LES 7 ÉGLISES DE MONTRÉAL-DU-GERS

Place de l'Hôtel-de-Ville

✆ 05 62 29 52 00

www.montrealdugers.fr

Ouvert toute l'année.

Le circuit des « 7 églises de Montréal-du-Gers » est l'un des plus gros projets portés par la municipalité montréalaise. Il veille à l'entretien et à la restauration progressive de sept églises dans les environs : Notre-Dame de Montréal (aussi appelée Sainte-Marie ou Saint-Philippe-et-Saint-Jacques), l'église de Luzanet, l'église Saint-Pierre de Genens, l'église Saint-Vincent de Corneillan, l'église Sainte-Marie-Madeleine de Routgès, l'église d'Arquizan, et l'église de Ballarin.

MUSÉE DES FOUILLES DE LA VILLA DE SEVIAC ★

Office de tourisme

✆ 05 62 29 42 85

https://www.tourisme-condom.com/

Horaires de l'Office de tourisme.

Que vous ayez ou non visité la villa gallo-romaine de Séviac qui se trouve en contrebas du village, un petit tour au dépôt de fouilles de la villa gallo-romaine de Séviac est immanquable. Hébergé à l'Office de tourisme, la collection présente des fragments de mosaïques très bien conservés ainsi que des bijoux, poteries, sculptures et objets de la vie courante. Ces pièces sont issues des premières fouilles. Tous les trésors découverts par la suite ont été mis en valeur sur place.

ÉGLISE SAINTE-MARIE [NOTRE-DAME DE MONTREAL]

Place de l'Hôtel-de-Ville

✆ 05 62 29 52 00

www.montrealdugers.fr

Accès libre. Messe le dimanche à 10h30. Visite interdite pendant les offices.

Il est d'usage d'appeler cette église Sainte-Marie ou Notre-Dame, mais elle a été aussi dédiée à deux apôtres, d'où cette dénomination assez courante d'église Saint-Philippe-et-Saint-Jacques. Le centre paroissial de Montréal-du-Gers occupe un coin de la place centrale. L'édifice de style gothique date du XIIIe siècle. Restaurée dès le XVIIe siècle et la fin des guerres de religion, elle abrite une mosaïque gallo-romaine et son porche gothique est remarquable.

SITE PALÉONTOLOGIQUES DE BÉON

Lieu-dit Béon

✆ 05 67 73 84 84

L'été, visites guidée de 45 min du dimanche au jeudi de 10h à 13h et de 15h à 19h, départ toutes les heures. Adulte 5 €

Daté de 17 millions d'années, il s'agit d'un des sites majeurs d'Europe et le gisement paléontologique le plus important découvert en France depuis un siècle. 90 espèces y ont été répertoriées dont 50 espèces de mammifères, de reptiles, d'amphibiens et d'oiseaux. L'office de tourisme local vous propose une visite guidée du site, l'été. Pour les ados, des colonies de vacances avec chantiers de fouille sont proposées par Planète Sciences Occitanie.

VILLA GALLO-ROMAINE DE SEVIAC ★★

Séviac

✆ 05 62 09 71 38

www.elusa.fr

Ouvert tous les jours de 10h à 13h et de 14h à 19h en été ; de 10h à 12h et de 14h à 18h en basse saison. Entrée : 5 €.

L'extraordinaire villa gallo-romaine de Séviac a rouvert ses portes le 4 juin 2018, transfigurée par d'importants travaux de restauration des mosaïques et par la construction d'un bâtiment de couverture. Situé à proximité du village de Montréal-du-Gers, le site de la villa de Séviac est connu depuis la seconde moitié du XIXe siècle. La villa a été découverte par hasard en 1860 par un paysan qui creusait les fondations de sa future ferme. Le site a fait l'objet de fouilles régulières jusqu'en 1996. Elles ont permis de dégager une luxueuse villa gallo-romaine de l'Antiquité tardive, aménagée dans la seconde moitié du IVe siècle sur une villa plus ancienne. Le modèle de la villa a été décrit par les auteurs latins comme étant à la fois un lieu de résidence rural et une exploitation agricole. Elle était dédiée à l'approvisionnement des villes. La *villa* de campagne s'opposait au *domus* des villes. Celle de Séviac était cœur d'un ensemble agricole et viticole qui atteignait 300 hectares. D'une surface de 6 500 m², cette villa est aujourd'hui considérée comme l'une des plus vastes résidences du sud-ouest de la Gaule. Elle se distingue par son exceptionnel ensemble de mosaïques et ses vastes thermes. Les mosaïques découvertes sur le site ne constituent qu'une partie du décor original. Si elles couvrent aujourd'hui 625 m², elles devaient probablement orner la villa sur près de 1 500 m² dans la première moitié du Ve siècle. Posées en plusieurs campagnes depuis la seconde moitié du IVe siècle, elles ornaient les espaces importants tels que les thermes, les galeries et les salles d'apparat. Par leurs décors, géométriques puis végétaux, elles sont représentatives de l'école d'Aquitaine, une école stylistique de mosaïstes active dans le sud-ouest de la Gaule entre la fin du IVe et le VIe siècle. L'ensemble est d'une telle ampleur qu'il a été classé Monument historique en 1978. La villa de Séviac se distingue également par ses vastes thermes, qui s'étendaient au début du Ve siècle sur près de 520 m². Plusieurs réaménagements marquent l'importance que leur accordent les propriétaires successifs. Les premiers thermes sont modestes et datent de la première moitié du IIe siècle. Ils sont restructurés de manière ostentatoire lorsque la villa tardive est aménagée, après 350, avec des revêtements en marbre, le chauffage du sol des bassins et des salles. Une piscine ornée de mosaïques et de marbre est alors construite : elle est toujours visible aujourd'hui.

L'ESCALE €€

4, place de l'Hôtel-de-Ville

✆ 05 62 29 59 05

Ouvert tous les jours le midi ; du mardi au samedi le soir.

Édith et Rodrigue vous accueillent sous les arcades de la place de la bastide, proposant une carte brasserie fortement influencée par les saveurs du Sud-Ouest. Le foie gras est servi poêlé avec des pommes caramélisées, les calamars s'accompagnent de chorizo et le magret de canard figure à la carte. Une carte de salades (gasconne...) permet de se restaurer léger et de garder la ligne, ce qui n'est pas une mince affaire en Gascogne ! La carte intègre des spécialités venues de Madagascar, comme le « romazava ».. Plats à emporter (pizzas, kebabs...).

MONTRESTO €€

Au Pont

✆ 05 62 28 81 85

Ouvert du mercredi au lundi le midi ; le vendredi et le samedi le soir. Menu à 20 € à midi, à 30 € le soir.

L'ancienne auberge du pont, au pied de la colline de Montréal, vivotait depuis quelques années. Nathalie et David ont repris l'affaire fin 2019 après un grand coup de frais donné à la salle de restaurant. Originaire de La Rochelle, David continue de préparer les poissons, en se tournant désormais plus volontiers vers le poisson d'élevage comme la truite des Pyrénées ou l'esturgeon de Riscle. Le couple a prévu de relancer également la partie hôtelière de cette ancienne auberge, quand le restaurant aura trouvé son rythme de croisière.

CHÂTEAU DE PELLEHAUT

Le Petit Pellehaut

✆ 05 62 29 48 79

www.pellehaut.com

Ouvert du lundi au vendredi de 9h à 12h et de 14h à 18h ; le samedi de 10h à 13h et de 14h à 18h

L'immense domaine compte plus de 200 hectares de vignes. Il est géré avec passion par les frères Martin et Mathieu Béraut. Situé sur les coteaux de Pellehaut, le vignoble bénéficie d'un terroir idéal et d'un ensoleillement maximal, donnant aux vins un velouté incomparable. Le domaine de Pellehaut propose une large gamme d'armagnacs et de vins sous l'appellation côtes-de-Gascogne. La plupart des cuvées ont été récompensées ou saluées, sous différents labels. Les vins de Pellehaut sont de véritables ambassadeurs du savoir-faire viticole gersois.

© MAIRIE MONTRÉAL DU GERS

© MAIRIE MONTRÉAL DU GERS

© MAIRIE MONTRÉAL DU GERS

MAIRIE DE MONTRÉAL

Place de l'Hôtel-de-Ville
✆ 05 62 29 52 00
www.montrealdugers.fr
Ouvert le lundi de 14h à 17h et du mardi au vendredi de 8h30 à 12h30.

Campée sur sa haute colline, Montréal-du-Gers surplombe les vignes et vallons de l'Armagnac. Entre histoire et culture, la ville est marquée par sa profonde empreinte antique et médiévale. Classée parmi « les plus beaux villages de France », la municipalité est impliquée dans le projet « Elusa, Capitale antique », la magnifique villa gallo-romaine de Séviac étant sur la commune. La mairie loge dans une demeure du XVIIIe siècle sur la place principale. La cité coordonne aussi la Flamme de l'Armagnac, une manifestation autour de l'eau-de-vie du pays, en novembre.

© MAIRIE MONTRÉAL DU GERS

© MAIRIE MONTRÉAL DU GERS

DOMAINE DE LA HAILLE

✆ 05 62 29 47 46
www.lahaille.com
Ouvert de 9h à 12h et de 14h à 18h du lundi au vendredi ou samedi suivant saison. Dimanche sur réservation.

Depuis 1937, la famille Lapeyre s'attache à révéler le caractère et l'authenticité du terroir du domaine de la Haille. Ils tirent de leurs 42 hectares de vignes une large gamme de vins issus de nombreux cépages différents : colombard, sauvignon, chardonnay et gros manseng pour les blancs ; merlot, cabernet et syrah pour les rouges. Une partie de la production est réservée à la distillation de l'armagnac. Les cuvées « La Haille » présentent un caractère très fruité, tandis que la cuvée « Authentique » joue sur la charpente et la structure du vin.

DOMAINE HORGELUS

Le Cassou
✆ 05 62 09 95 94
www.domaine-horgelus.com
Visite du lundi au vendredi de 9h à 12h et de 14h à 17h30. Le week-end sur rendez-vous.

Yoan Le Menn règne sur 90 hectares de vignes patiemment entretenus et développés depuis 3 générations. La cuvée sauvignon et gros-manseng a reçu une médaille d'or au Concours général agricole de Paris en 2018. Il en est de même pour le rosé. De son côté, le *Guide Hachette des vins* a accordé un « coup de cœur » au colombard-sauvignon 2013. Cela fait une dizaine d'années que le Domaine Horgelus collectionne des récompenses amplement méritées. Il contribue à redonner ses lettres de noblesse à l'appellation côtes-de-Gascogne, longtemps déconsidérée.

DOMAINE DE LABRIT

Labrit
✆ 05 62 29 46 14
Ouvert du lundi au samedi de 8h à 12h et de 14h à 19h. Ouvert le dimanche sur rendez-vous uniquement. Visite gratuite.

Le domaine de Labrit se situe en Ténarèze, à la limite du Lot-et-Garonne. Fort d'un vignoble de 47 hectares, il vous invite à savourer ses produits tout en profitant du paysage. Armagnacs, blanc moelleux, vin rouge et rosé devraient vous séduire. Le domaine a été acquis par la famille Gourgues en 1934, c'est désormais la quatrième génération qui s'en occupe. Sébastien assure la relève depuis peu et veille à la qualité constante des cuvées « Colline ». Amateurs de bons crus, venez découvrir le plaisir d'un vin élevé avec passion et savoir-faire.

LA FERME DE HUSTET

Lieu-dit Hustet
✆ 05 62 28 26 53
https://fermehustet.jimdofree.com/
Ouvert toute l'année. De septembre à juin, du lundi au samedi de 9h à 18h. L'été, ouvert tous les jours.

Bastien Beaurain, gaveur et conserveur, élève et transforme ses canards. Il produit une délicieuse gamme de spécialités gastronomiques estampillées Sud-Ouest : foie gras, cou farci, confits, rillettes, pâtés, garbure, cassoulet... Certaines recettes sortent de l'ordinaire comme ce chili con canard, le canard aux pruneaux ou encore la sauce « bologers ». Bastien n'élève pas que des canards, mais aussi des lamas, des porcs noirs, des wallabies, des chèvres, des ânes... Le parc se visite librement, à condition de respecter la quiétude des animaux.

DOMAINE HAUT-CAMPAGNAU

2, place de l'Hôtel-de-Ville.
✆ 05 62 29 11 56
Vente directe sur rendez-vous.

Cet ancien moniteur de voile reconverti en vigneron veille sur ses 18 hectares depuis 1998. Il produit en biodynamie avec deux impératifs : la levure endémique et les cépages historiques comme marqueurs du terroir. Son parti pris tranché lui a valu les louanges de la presse, du *Monde* à *Stern*. Dominique concentre ses talents sur les blancs qui représentent 85 % de l'encépagement. Il en tire des cuvées étonnantes, comme ses « Pissenlits », élevés en vin de voile et qui évoquent les vins du Jura. Vous pouvez visiter son chai sur rendez-vous.

VIGNOBLES LADEVÈZE

Domaine de la Boubée
✆ 05 62 29 41 85
Visite sur rendez-vous. Boutique du domaine à Fourcès, ouverte du samedi au lundi.

La famille Ladevèze produit de l'armagnac depuis cinq générations. Aujourd'hui, c'est Alexandre, viticulteur et œnologue, qui a pris le relais. Toujours en recherche de nouvelles saveurs, le domaine exploite 8 cépages différents sur les collines de la Boubée. On trouvera ainsi de la folle blanche, du baco, de l'ugni blanc et du colombard, mais aussi des cépages rares comme le plant de graisse, la clairette de Gascogne ou le mauzac rosé. La maison propose des assemblages de 10, 20 et 25 ans, des millésimés, des monocépages millésimés et des bruts de fûts.

FOURCES

Avec son magnifique château Renaissance, sa tour de l'Horloge et son plan de bastide circulaire, il n'est pas étonnant de retrouver Fourcès dans la liste des Plus Beaux Villages de France. Érigée à la fin du XIIIe siècle, la cité est sans cesse passée entre les mains des Anglais puis des Français pendant la guerre de Cent Ans. Aujourd'hui, le village de Fourcès est un site étonnant qui retient les visiteurs comme les réalisateurs de films, avec sa place principale bordée d'arcades et ses façades à colombages. L'atmosphère paisible qui se dégage de ce lieu à la fois préservé et vivant vous charmera à coup sûr, tout comme la campagne environnante.

L'AUBERGE DE FOURCÈS €€

Place Armand-Fallières
✆ 05 62 29 40 10
https://aubergefources.fr/
Ouvert du jeudi au lundi de 12h à 14h et de 19h à 21h30 ; le mardi de 12h à 14h. Compter 25 € le repas.

L'auberge de Fourcès donne sur la grand-place de la charmante bastide. Pour une halte, le maître des lieux vous propose des mets aux couleurs locales mais avec une touche d'originalité, comme l'axoa de confit de canard ou les ris de veau croustillants. Les desserts classiques sont maison et bien réalisés, dont la célèbre croustade. Le cadre est chaleureux et contemporain, avec une cheminée pour réchauffer les amoureux l'hiver. Les groupes seront bien accueillis, et tous pourront profiter du spectacle de la grand-place depuis la terrasse.

PONT MÉDIÉVAL

D114
https://fources.fr
Visite libre toute l'année.

Ce pont médiéval en pierre construit au XVe siècle permet d'accéder au cœur du castelnau de Fourcès, en enjambant l'Auzoue. Depuis cet ouvrage d'art, on profite d'une belle vue sur le château local de style Renaissance, l'église paroissiale et l'artère principale menant à la place centrale de la commune, célèbre pour sa rotondité des plus fleuries. On imagine aisément la façon dont les lieux étaient disposés au Moyen Âge, avec un imposant pont-levis laissant passer marchands, voyageurs, habitants et jurats de la municipalité…

L'ALAMBOUTIC

✆ 05 62 29 35 04
www.lalamboutic.com
Boutique estivale à Fourcès ouverte dès avril 2023. Se renseigner sur le site internet

L'épicerie principale a fermé récemment mais les gérants Cécile et Nicolas ont bien d'autres projets pour l'Alamboutic. Ils la déménagent à Montréal en mars 2023 mais c'est en avril qu'ils inaugurent leur boutique estivale à Fourcès. Vous continuez à y retrouver un large choix de produits 100 % « made in Gascogne ». Les vins et Armagnacs figurent en bonne place et côté produits gourmands, ils proposent des mets et plats cuisinés régionaux à base d'oie et de canard bien sûr, mais aussi du miel, des confits de fleurs, des pâtisseries, de la charcuterie…

TOUR DE L'HORLOGE

Au village
https://fources.fr
Visite libre depuis la ruelle.

L'ancienne porte de la charmante bastide de Fourcès, remarquablement préservée, date du XIIIe siècle. De forme carrée, elle est dotée d'une archère et le passage se fait sous une voûte en berceau brisée. Elle semble être adossée à l'ancienne église du village et a pu servir de clocher. Ce passage permet d'accéder à l'ancien chemin de ronde. La tour de l'Horloge pose une énigme aux historiens qui est l'homme représenté sur le pan de mur extérieur ? Cette tour fortifiée est l'un des rares monuments laissés intacts par les troupes de Charles VII en 1488.

DOMAINE DE MAGNAUT

Depuis Cazaubon, suivre Montréal-du-Gers en direction de Condom. Depuis Condom, suivre Larroque-sur-l'Osse en direction de Mézin, dans le Lot-et-Garonne.
✆ 05 62 29 45 40 - www.domainedemagnaut.com
Ouvert à l'année le lundi, le mardi et du jeudi au samedi de 9h à 12h et de 14h à 17h. Ouvert le mercredi matin.

Au domaine Magnaut, ce sont deux générations qui ont œuvré pour vous offrir une gamme complète d'armagnacs authentiques. Dans les années 1970, Pierre Terraube a produit les premières cuvées du domaine, son fils a pris aujourd'hui la relève. Attaché aux traditions et aux valeurs de son territoire de 40 hectares, Jean-Marie n'en est pas moins un vigneron indépendant et moderne. Des événements œnotouristiques sont régulièrement organisés au domaine et se déclinent parfois au féminin, grâce au Club des Vigneronnes gersoises, dont fait partie Cécile, son épouse.

ARMAGNAC

CONDOM ★★

Le nom Condom viendrait du latin *condatomagus,* signifiant « marché du confluent ». L'ancienne cité épiscopale, aujourd'hui sous-préfecture du Gers plutôt dynamique, est aussi une étape incontournable du chemin de Compostelle. Elle compte plusieurs monuments intéressants. La cathédrale Saint-Pierre est un bel exemple de gothique tardif, tout comme son cloître. Le musée de l'armagnac et les beaux hôtels particuliers du XVIIIe siècle rappellent que la ville a toujours été au centre du négoce de l'eau-de-vie. Les abords de la Baïse ont été bien aménagés, on peut y effectuer une croisière qui permet de découvrir le lien entre la ville et la rivière.

CATHÉDRALE SAINT-PIERRE ✝ ★★

Place Saint-Pierre
✆ 05 62 28 00 80
www.tourisme-condom.com
Accès libre. Pas de visite pendant les offices, notamment la Messe du dimanche vers 10h30.

Condom devient évêché en 1317, profitant de l'installation de la papauté en Avignon. L'église Saint-Pierre existe déjà et est rattachée à l'abbaye bénédictine fondée en 1011. En mauvais état, elle est complètement rasée en 1368, pour laisser la place à une cathédrale digne de ce nom. La nouvelle cathédrale est achevée en 1400, mais la qualité de sa construction laisse à désirer, car à peine un siècle plus tard, le clocher s'effondre. L'évêque Jean Marre entreprend de la restaurer de fond en comble et les travaux sont achevés par son successeur en 1531. Montgomery l'aurait volontiers rasée en 1569 lorsqu'il s'empare de Condom. Mais les habitants de la ville se cotisent pour réunir une rançon de 30 000 livres. Seuls le chevet de la cathédrale et la chapelle de la Vierge semblent remonter à l'abbatiale du XIVe s. Tous les autres éléments ont été remaniés ou reconstruits par la suite. La cathédrale de style gothique méridionale présente une nef unique bordée de nombreuses chapelles latérales. Ses dimensions en imposent : 90 mètres de long (seulement 10 mètres de moins que la cathédrale d'Auch) et un clocher qui culmine à 40 mètres. Le chœur, inspiré de la cathédrale d'Albi, et les ornements intérieurs remontent pour la plupart au XIXe s, comme le jubé sorti de l'atelier des frères Virebent, les vitraux ou l'orgue. Ce dernier a connu bien des vicissitudes, avant d'être classé en 1974. Le cloître datant de 1521 a été très abîmé lors des guerres de Religion et accueille désormais des concerts en été.

ÉGLISE SAINT-AUSTRÉGÉSILE ✝ ★

MOUCHAN
✆ 05 62 28 40 33
www.mouchan.fr
Visite guidée du 1er juillet au 31 août de 15h à 19h.

Dédiée à saint Austrégésile (évêque de Bourges au VIe siècle), l'imposante église est classée site clunisien (le 3e en Midi-Pyrénées). Elle est une des plus anciennes du département puisque la tour, élément datable le plus ancien, date du début du XIe siècle. Elle aurait originellement servi de tour de guet. En 1089, le prieuré est donné à l'ordre de Cluny, alors le plus puissant de la chrétienté. Les moines abandonnent le lieu en 1581 et l'église ne sera réaménagée qu'au XVIIe siècle.

OFFICE DE TOURISME DE LA TÉNARÈZE

5, place Saint-Pierre
✆ 05 62 28 00 80
www.tourisme-condom.com
Horaires variables selon basse, moyenne et haute saisons. Ouvert le dimanche matin de mi-juillet à mi-août.

L'équipe de l'Office de Tourisme vous aidera à créer le carnet de route de votre séjour et vous accompagnera pour vous livrer les bons plans et les adresses immanquables. Son but est de vous faire vivre des expériences qui vous ressemblent. L'Office de tourisme organise des visites guidées de la cathédrale (payantes) et des rallyes touristiques de la ville à destination d'un public familial. Elle relaie également les informations de la région Ténarèze.

ANCIEN CARMEL DE CONDOM €

35, avenue Victor-Hugo ✆ 05 62 29 41 56
www.lanciencarmel.com
Autour de 25 € pour une nuit en gîte d'étape, petit déjeuner compris. Ouvert du 1er avril au 31 octobre.

À deux pas du GR65, l'Ancien Carmel de Condom, dont la première pierre remonte à 1280, est un gîte d'étape et un lieu de vie alternatif, solidaire et de réinsertion pour des retraités et des personnes ayant connu des difficultés. Une escale très conviviale avec possibilité de repas en réfectoire à base de produits du potager et locaux. Immense potager, vergers, jardins fleuris, mare, zone boisée, poules, oies et canards.Tout à fait dans l'esprit d'une démarche globale et d'un tourisme durable, l'Ancien Carmel est membre de Terra Gers.

LES ANGELOTS €€

3, quai Laboupillère
✆ 05 62 28 82 02
www.lesangelots.fr
Chambres doubles de 50€ à 60€ ; suites familiales (4 pers.) de 60€ à 100€. Petit déjeuner inclus.

C'est une belle maison bourgeoise des années 1810, avec plafonds hauts, moulures, rosaces, stucs, parquets origine bien cirés. Située au bord du canal et non loin du parc de Gauge et de la cathédrale, elle propose des chambres et suites aussi spacieuses que confortables. Décorées dans les tons pastel, elles procurent une sensation de douceur et de calme. Les propriétaires proposent des formules pour les pèlerins et d'autres pour les touristes notamment sous forme de coffrets-cadeaux qui combinent nuitées et découvertes culinaires ou touristiques.

LES CHALETS DE GRAZIMIS €€

Hameau de Grazimis ✆ 06 25 14 20 82
www.chalets-grazimis.fr
Compter de 429 € à 1 293 € la semaine pour un chalet, selon la capacité et la saison.

Dans un cadre verdoyant, les Chalets de Grazimis occupent un terrain vallonné de 4 hectares à quelques minutes du centre-ville de Condom. Fidèles au modèle de construction finlandais, ces 10 chalets en bois massif respirent la simplicité et le naturel, sans pour autant manquer de confort. Vous apprécierez autant l'intimité du lieu que l'hospitalité chaleureuse de Sophie. Le gîte s'adresse principalement aux amoureux des chevaux. il vous sera possible de partir en balade avec Géraldine, qui vous mènera à la découverte des environs.

DOMAINE DE LA BRETTE €€

Route de Nérac
✆ 05 62 28 08 46
www.domaine-de-la-brette.com
Chambres d'hôtes, gîtes pour 4 à 8 personnes et roulottes pour 2 à 4 personnes. De 105 € à 196 € la nuit.

Un magnifique domaine de 130 hectares, des bâtiments du XVIIIe siècle magnifiquement rénovés abritent dans une dépendance de 70 m de longueur 6 gîtes pour 4 à 7 personnes, et un grand gîte pour 8 à 10 personnes. Trois très jolies chambres d'hôtes sont aussi à votre disposition. À l'extérieur, vous disposerez d'un petit jardin privé et d'un grand parc commun avec piscine, terrain de tennis et jeux pour les enfants. Le domaine propose également trois grandes roulottes de bois très bien aménagées, chacune dotée d'une jolie terrasse.

DOMAINE DE LA ROSE DES VENTS €€

CASTELNAU-SUR-L'AUVIGNON ✆ 06 98 70 08 67
https://domainelarosedesvents.com
3 gîtes de 4 à 21 pers (de 425 € à 3200 € la semaine), 3 chambres d'hôtes (de 70 € à 100 € la nuit) et 1 refuge pèlerin.

Lidvine vous accueille dans cette belle demeure en pierres perchée sur un promontoire, située entre Condom et La Romieu. Plusieurs logements sont disponibles à la location : trois gîtes (4 à 21 personnes), trois chambres d'hôtes et un refuge. À 900 mètres du chemin de Saint-Jacques-de-Compostelle, dans un endroit calme, les pèlerins trouveront ici l'endroit idéal pour faire une halte reposante. Les petits-déjeuners sont compris en chambre d'hôte et des paniers repas sont proposés.

Les grands moulins de Condom.

LE LOGIS DES CORDELIERS** €€

2 bis, rue de la Paix
✆ 05 62 28 03 68
www.logisdescordeliers.com

Compter de 48 € à 72 € pour une chambre double selon la catégorie et la saison.

Le Logis des Cordeliers est un îlot de verdure et de silence au cœur de Condom. Cette bâtisse invite à la détente, au bien-être, tout comme la belle piscine. L'intérieur est aussi agréable que l'extérieur, avec de grandes chambres confortables. Elles disposent toutes de salles de bains, et certaines sont agrémentées d'une belle terrasse croulant sous les rosiers grimpants. Un parking privé est mis à votre disposition. L'accueil charmant augure d'un beau séjour à venir.

LES TROIS LYS €€

38, rue Gambetta
✆ 05 62 28 33 33
www.lestroislys.com

Compter de 75 € à 120 € pour une chambre double, selon la catégorie et la saison.

À l'image de l'élégante façade de cet hôtel particulier du XVIIIe siècle, les 12 chambres et suites ont un cachet des plus plaisants. On apprécie la décoration individualisée des chambres, qui s'exprime dans tous les styles : moderne, design, classique… La salle de restauration est belle et lumineuse, la piscine est très agréable. L'hôtel est tout proche de la place principale de Condom et de son église Saint-Pierre. Il donne sur la rue Gambetta, piétonne et très commerçante. Un lieu charmant et apaisant au cœur de la petite ville.

L'1 POUR TOUS €

30, rue Gambetta
✆ 05 62 68 34 27

Ouvert du mardi au vendredi de 9h à 19h ; le samedi de 9h à 23h. Formule du midi : 19,50 €

À la fois salon de thé et restaurant, L'1 Pour Tous ravit les visiteurs comme les Condomois par sa cuisine végétarienne et végan. L'unique menu végétalien fait toujours l'unanimité. En été ou en hiver, vous trouverez dans l'assiette des plats imaginatifs, colorés et copieux tous préparés avec cœur, en utilisant des légumes de saison et des produits locaux. En dessert, vous serez peut-être tenté par le crumble ou la tarte noix de pécan ! En plus d'avoir une équipe accueillante et sympathique, le restaurant organise régulièrement des concerts et des soirées à thème.

BRASSERIE LE PADOUE €

24, Rue Gambetta
✆ 05 62 28 12 03

Haute saison, ouvert du vendredi au lundi le midi et le soir ; le mardi et le jeudi le midi. Compter 25 € le repas

Cette institution reprise par Marc et Vincent en 2022 est idéalement située à quelques pas de la cathédrale. Siège des supporters du SAC Rugby après les matchs, l'établissement offre un côté brasserie proposant une cuisine simple, locale et faite maison. Vous pourrez y goûter une fameuse blanquette de veau, une entrecôte-frites, une tarte au pomme ou encore une crème brûlée en dessert. C'est une adresse parfaite pour un repas bon et pas cher au cœur de Condom, dans un décor moderne et une ambiance aussi familiale que sportive.

RESTAURANT KEZAKO €

14, rue Gambetta
✆ 09 80 53 58 93

Ouvert le lundi de 8h à 14h ; du mercredi au dimanche de 8h à 18h. Menu du midi à 16 €

Kézako est un sympathique restaurant et salon de thé idéalement situé à quelques minutes de la cathédrale de Condom. Sa petite salle chaleureuse expose régulièrement sur ses murs des clichés de photographes. Dans l'assiette, un beau choix de quiches et de desserts. Le menu de midi, aux saveurs exotiques mais aussi locales, change tous les jours. Vous pourrez donc déguster un rougail réunionnais, une tartiflette au jambon de Bayonne, un mijoté de bœuf aux épices douces de l'Inde ou encore un mijoté de porc à la bière et au cumin... Un lieu débordant d'originalité !

LE BALCON €€

1, place Saint-Pierre
✆ 05 62 28 44 06

Du mercredi au dimanche le midi ; le vendredi et le samedi le soir. Formule du jour 17 €.

Situé au premier étage d'un immeuble du XIIIe s., à côté de la cathédrale, le Balcon est un restaurant qui ravira vos papilles. Ses recettes sont inventives et puisent régulièrement dans un répertoire exotique. On y trouve du filet de poisson et son riz basmati, le poulet fermier au lait de coco et le pad thaï revient souvent à l'ardoise des suggestions du jour. Les plats sont faits maison avec des produits frais achetés chez des producteurs locaux. Ici, vous dégustez une cuisine à la fois simple et raffinée. Le Balcon, un endroit où passer un excellent moment.

LES JARDINS DE LA BAÏSE €€

20, rue Maréchal-Foch ✆ 05 62 68 37 00
www.lecontinental.net/

Tous les jours midi et soir. Menu à 28 € ou à 39 €. Formule complète du midi 17,50 €. Menu enfant 12 €.

Dissimulé derrière des volets bleus de Lectoure, le restaurant de l'hôtel Continental propose une cuisine raffinée avec un fort accent de terroir : escalopes de foie gras de canard poêlé et pommes rôties au floc de Gascogne, sandre et poêlée de quinoa aux légumes verts, magret de canard du Gers et gratin de pommes de terre sauce aux cèpes, pastis gascon aux pommes arrosé à l'armagnac... Le meilleur des produits régionaux est intégré à des recettes qui font toute la réputation de la cuisine française. Les végans ne sont pas oubliés avec un plat du marché.

RESTAURANT TÀULA €€

1, Rue des Cordeliers ✆ 05 62 68 16 07
https://taula.eatbu.com/

Ouvert du mercredi au samedi le midi et le soir ; le dimanche midi. Menus de 27 € à 62 €. Formule du midi à 22 €

Dans un cadre chic et élégant, ce restaurant bistronomique au cœur de Condom est labellisé « Table du Gers ». En plus d'être sublimement accueilli, le chef Xavier régalera vos papilles avec sa cuisine raffinée et gourmande. Une carte régulièrement renouvelée et des plats avec des produits locaux ; le poisson du moment, le travers de cochon et son gratin dauphinois revisité ou encore en dessert l'ananas rôti au bouillon de vanille. Pour les amateurs de vins, vous serez parfaitement conseillé par leur sommelier passionné. Une adresse irrésistible à ne pas manquer !

PÂTISSERIE-CHOCOLATERIE CYRIL GARNIER

3, rue Gaichies
✆ 05 62 28 11 33

Boutique ouverte du mardi au samedi de 8h30 à 12h45 et de 15h30 à 19h. Le dimanche jusqu'à 12h30. Espace salon de thé

Cyril et Virginie Garnier confectionnent des produits de grande qualité héritée d'un savoir-faire familial construit sur plusieurs générations. Dans cette pâtisserie-glacerie-chocolaterie, les œufs de Pâques en chocolat et les bûches de Noël connaissent toujours un grand succès, tout comme leurs pruneaux fourrés à l'Armagnac. La recette familiale de la tourtière gasconne a été mise au point en 1963, vous pourrez en déguster une belle part côté salon de thé.

CAVE DE CONDOM

59, avenue des Mousquetaires
✆ 05 62 28 44 33

Ouvert le lundi de 14h30 à 18h, du mardi au samedi de 9h à 12h30 et de 14h30 à 18h ; jusqu'à 19h du 1er avr. au 30 sept.

Fondée en 1950, la coopérative viticole de Condom représente un vignoble de 1 356 hectares. Elle produit des flocs, l'incontournable armagnac bien sûr, des côtes-de-gascogne, sans oublier le saint-mont. Après avoir porté l'enseigne « Terres de Gascogne », cette cave a fusionné avec une autre entreprise prospère pour créer le groupe « Val de Gascogne », lequel s'est rapproché de Plaimont Producteurs. La coopérative fait vivre des cépages locaux oubliés, comme le manseng noir du Moonseng et commercialise le très rare saint-mont issu de vignes pré-phylloxériques.

CHAT PITRE 32

31, Rue Gambetta
✆ 05 62 28 02 55
https://lechatpitre32.business.site/

Ouvert du mardi au samedi de 9h15 à 12h30 et de 14h à 19h. Le lundi après-midi en juillet et en août.

Les habitants comme les visiteurs ont la chance d'avoir à Condom une vraie et belle librairie. Ici, vous n'êtes pas accueilli par un chat, mais par un golden retriever bonhomme. Son maître, quand il n'a pas le nez dans un livre, prend plaisir à conseiller ses clients : les dernières parutions à succès, tout comme les auteurs méritant d'être découverts. Si le livre ou l'auteur que vous cherchez ne figurent pas dans cette agréable boutique aux murs clairs, vous pourrez toujours le commander, le libraire vous avertira par courriel dès réception.

CHÂTEAU GENSAC

Gensac
✆ 05 81 68 13 91
www.gensac.com

L'été, du lundi au samedi 10h30 à 12h et 14h30 à 17h30. Autres horaires sur le site

Le Château Gensac permet non seulement de déguster des vins et armagnacs d'exception mais aussi de lever un coin de voile sur la somptueuse demeure du XIIIe s. Le domaine s'étend sur 300 hectares de prairies ou s'égayent des pur-sang en semi-liberté. Ici, on cultive des cépages bien connus comme le tannat, le merlot, le sémillon ou le petit manseng. Mais aussi des variétés plus rares comme le fer servadou ou le petit courbu. Le Château distille également son armagnac dans un chai ultra-moderne situé à côté de la chapelle privée du XIVe s.

LA FERME DE MARTIN NEUF

À Martin Neuf ✆ 06 72 63 35 23
www.martinneuf.fr
Ouvert du lundi au vendredi de 9h à 12h et 14h30 à 19h. Le week-end sur RDV

Roseline et Jérôme ont repris la ferme traditionnelle de la famille Perotto il y a peu. Éleveurs et gaveurs de canards gras, Jérôme a apporté à l'exploitation l'élevage bio de Porcs Noirs, en plein air. Ils sont ravis d'accueillir des visiteurs à la ferme pour partager la passion de leur métier ainsi que pour leur faire découvrir leurs produits préparés avec amour et dans la tradition. Vous y trouverez donc des conserves et diverses charcuteries faites maison ainsi que du foie-gras, des confits, pâtés et de nombreux plats cuisinés, garantie sans colorant ni OMG.

FLEURONS DE LOMAGNE

3, place Saint-Pierre
✆ 05 62 68 20 95
www.fleuronsdelomagne.com
Ouvert du lundi au samedi de 9h à 12h30 et de 14h à 19h30 ; le dimanche de 9h à 12h30.

Les Fleurons de Lomagne font la part belle aux producteurs locaux soucieux de leur environnement et de la qualité de leurs produits. En boutique, on trouve une variété de spécialités présentées dans un lieu convivial et au prix le plus juste. Séverine, Laureen et Katia vous conseillent et vous proposent tune gamme très élargie de produits régionaux : fromage, foie gras, confiseries, vins de pays, armagnac, chocolats, apéritifs... Les paniers gourmands s'emparent de la vitrine à l'approche de Noël. Voilà une idée originale de cadeau qui ravira les gourmets.

LA LIBRAIRIE GOURMANDE

3, place Bossuet
✆ 05 62 28 17 35
Ouvert du mardi au samedi de 9h30 à 18h30, jusqu'à 19h en été.

Créé par Véronique Lauron, cette librairie-salon de thé est tenue depuis 2013 par Bernadette qui sait se montrer aux petits soins entre deux lectures. Les thés proposés proviennent de l'excellente maison Dammann et sont disponibles à la vente. Mais il est aussi possible de craquer pour un café, un chocolat chaud au piment d'Espelette ou de délicieuses pâtisseries faites maison. Côté livres, le choix est large et les thèmes variés. Les derniers auteurs primés côtoient les romans policiers, les ouvrages régionaux, les beaux livres ou encore la littérature jeunesse.

MAISON AURIAN

Chemin de l'Écluse-d'Autiège
✆ 05 62 28 34 15
www.aurian.fr
Boutique ouverte tous les jours de 10h à 12h30 et de 14h à 17h

Chez Aurian, on est distillateur et négociant de vins et d'armagnacs depuis 1880. Dans son chai d'embouteillage, Philippe Aurian, quatrième du nom, propose des armagnacs merveilleusement fondus. Ce maître liquoriste diffuse ses productions artisanales dans toute la France : crème de mûres et de cassis à l'armagnac, crème de pêches de vigne, crème de fraises des bois, liqueur d'armagnac à l'orange, pour n'en citer que quelques-uns. Il confectionne également des vins apéritifs, des bonbons et des pruneaux à l'armagnac, délices aux saveurs d'antan.

MARCHÉ DE CONDOM

Place du Bataillon de l'Armagnac
www.condom.org
Marché de la Halle, le mercredi et le samedi de 7h30 à 13h30. Marché de la Bouquerie le dimanche matin.

Le marché de Condom se tient en contrebas de la place Saint-Pierre sous la halle très années 1950. Les producteurs locaux investissent les étals deux fois par semaine pour proposer aux Condomois une belle sélection de produits typiques : fruits et légumes, volailles, conserves... Le marché est essentiellement alimentaire. En été, vous trouverez plus de chalands bien sûr, et plus d'étals de producteurs locaux qui vous accueillent dans la bonne humeur. Mieux vaut venir tôt pour avoir le choix. Le marché se tient également le dimanche matin boulevard Saint-Jacques.

CENTRE DE LOISIRS AQUALUDIQUE

Avenue des Mousquetaires
✆ 05 62 29 17 48
www.cc-tenareze.fr/centreAqualudique
Ouvert en juillet et août du mardi au dimanche de 11h à 20h. Entrée : 4,50 €. Enfant : 2,70 €

Cet agréable espace aquatique propose un grand bassin de natation de 25 mètres de long, ainsi qu'un bassin « ludique » comprenant des toboggans, des bains à remous, et une pataugeoire, très appréciable pour les plus petits. En cas de petit creux, un snack, une buvette et une aire de pique-nique vous attendent. Ce centre aqualudique familial se trouve à côté du camping municipal de l'Argenté et de la base de loisirs de Gauge, en bordure de la Baïse. Parfait pour un moment en famille !

INTERMARCHÉ

Rue Bonnemaison
✆ 05 62 68 36 36
Ouvert du lundi au samedi de 8h30 à 19h30.
Cet hypermarché de proximité est particulièrement engagé dans l'économie locale. Il s'est fixé pour objectif de toujours mettre à disposition de ses clients des produits frais et de qualité. Le magasin mise depuis plus de 35 ans sur des filières d'approvisionnement courtes. Cet engagement se traduit par des partenariats avec des producteurs gersois, certains en bio, pour garantir une traçabilité irréprochable. Le rayon boucherie est particulièrement prisé des Condomois qui redemandent de ses viandes bio locales maturées dans une cave étudiée pour.

PARACHUTISME OCCITAN

Aérodrome d'Herret
✆ 05 63 39 54 27
www.parachutismeoccitan.com
Ouvert de mars à novembre les week-ends selon planning. Compter 259 € pour un saut en parachute.

Les amateurs de sensations fortes vont adorer le saut en parachute en tandem proposé par le club de Parachutisme Occitan. L'avion grimpe entre 3 000 et 4 000 mètres d'où votre instructeur vous incitera à sauter dans le vide. La chute à 200 km/h dure une quarantaine de secondes. Votre tandem ouvre la voile à 1 500 mètres d'altitude, et pendant 8 minutes, vous pouvez profiter de la beauté du Gers et des Pyrénées vus du ciel avant de vous poser délicatement (on l'espère) au sol. Si vous choisissez l'option, vous pourrez repartir avec la vidéo de votre saut !

PLAN D'EAU ET BASE DE LOISIRS DE GAUGE

Chemin de Gaugé ✆ 05 62 28 24 88
www.tourisme-condom.com
Ouvert toute l'année en libre accès. Nombreuses activités en juillet et août. Aire de jeux et location de canoë-kayak

Ce plan d'eau situé au cœur de la plaine de Gauge vous permet de profiter d'une balade de santé, de pratiquer le canotage et le canoë-kayak en amont du barrage et pêcher dans une rivière de deuxième catégorie. Découvrez les oiseaux, les insectes et la flore locale qui s'y cachent sur votre chemin.

L'été, des activités sportives et ludiques encadrées sont proposées, gratuites ou non (minigolf, basket, foot, badminton, tir à l'arc...) qui s'adressent aux vacanciers comme aux Condomois.

VOIE VERTE DE L'ARMAGNAC

✆ 05 62 28 00 80
www.tourisme-condom.com
Accès libre et gratuit toute l'année.

Cette ancienne voie ferrée inaugurée en 1893 et désaffectée a été réhabilitée sur plus de 18 km en voie verte. Randonneurs, cavaliers, cyclistes et joggers peuvent en profiter, seuls ou en famille, au plus près de la nature et sécurisé, loin des automobiles et de l'asphalte. Condom est le point de départ, puis la voie serpente vers Gondrin et au bas de Lagraulet. Cet itinéraire bucolique dessert à distance raisonnable des sites touristiques majeurs, comme Larressingle, Cassaigne, Mouchan, le hameau de Vopillon ou encore Montréal-du-Gers.

LARROQUE-SUR-L'OSSE

Le village a été construit sur un ancien site castral du XVe siècle. Il possède encore quelques vestiges de son passé, dont les ruines de l'ancien château et quelques pans de fortifications. La tour de Luzan, partiellement ensauvagée, en fait partie. Elle dégage un charme particulier, avec ses mâchicoulis et sa porte en ogive. Mais l'édifice le plus étonnant est l'église romane Saint-Martin d'Heux, édifiée au XIIIe. Avec elle, le concept de clocher-mur prend tout son sens. Son intérieur, qui évoque la simplicité d'une ancienne ferme, est entièrement peint. Non loin, le hameau d'Heux héberge l'un des meilleurs domaines de côtes-de-gascogne.

DOMAINE CHIROULET

Heux
✆ 05 62 28 02 21
www.chiroulet.com
Ouvert du lundi au samedi de 9h à 12h30 et de 14h30 à 18h30. Livraison possible.

Cinq générations. 150 ans d'exploitation. 45 ha de vignes. Ce Domaine vous accompagne dès l'apéritif Floc de Gascogne, en passant par les accords de rouges rocailleux et puissants, les petits rosés ou les blancs servis frais, et en clôturant par un armagnac hors d'âge qui fleure bon le terroir.Philiipe Fezas a su imposer ses crus de grande qualité : récompensés par 5 médailles d'or en 2015, à l'occasion de compétitions nationales telles que le Concours Général Agricole de Paris, le Concours des vins du Sud-Ouest, et internationales à Hong Kong ou au Canada.

CAUSSENS

L'endroit a été investi dès le Néolithique. Son nom atteste d'ailleurs l'ancienneté du village. Celui-ci a en effet été occupé par les Gallo-Romains qui y ont abondamment utilisé la chaux grâce au calcaire présent dans le sol. Ce dernier était prisé car il fournissait une matière première bien précieuse à la construction. Ainsi, le terme *calx* a-t-il donné « chaux » et Caussens ! Le village s'est développé plus tard autour de son château du XIe siècle, avant d'être rasé au XIVe et reconstruit. Aujourd'hui, seuls subsistent quelques vestiges de ce château et du mur d'enceinte. Caussens abrite aussi le célèbre château de Mons et son domaine.

L'influence de l'architecture toulousaine résonne dans tout ce quart sud-est du Gers. Les églises de briques rouges à nef unique arborent des clochers-murs, parfois des clochers octogonaux à 3 ou 4 étages, comme celui de la cathédrale Sainte-Marie de Lombez qui en est le plus bel exemple. Comme partout ailleurs dans le département, nombre de villes et villages trouvent leur origine au Moyen Âge. Certains villages sont très anciens, antérieurs à la vogue des bastides des XIIe et XIIIe siècles. Le territoire est porté par une dynamique commerciale et industrielle importante. À seulement 30 minutes de Toulouse, l'Isle-Jourdain compte de nombreuses entreprises spécialisées dans l'aéronautique, sous-traitantes d'Airbus. Gimont et Samatan se disputent férocement le titre de « capitale du foie gras ». Les élevages de canards sont nombreux et les marchés au gras de producteurs attirent nombre de restaurateurs qui viennent de toute la région.

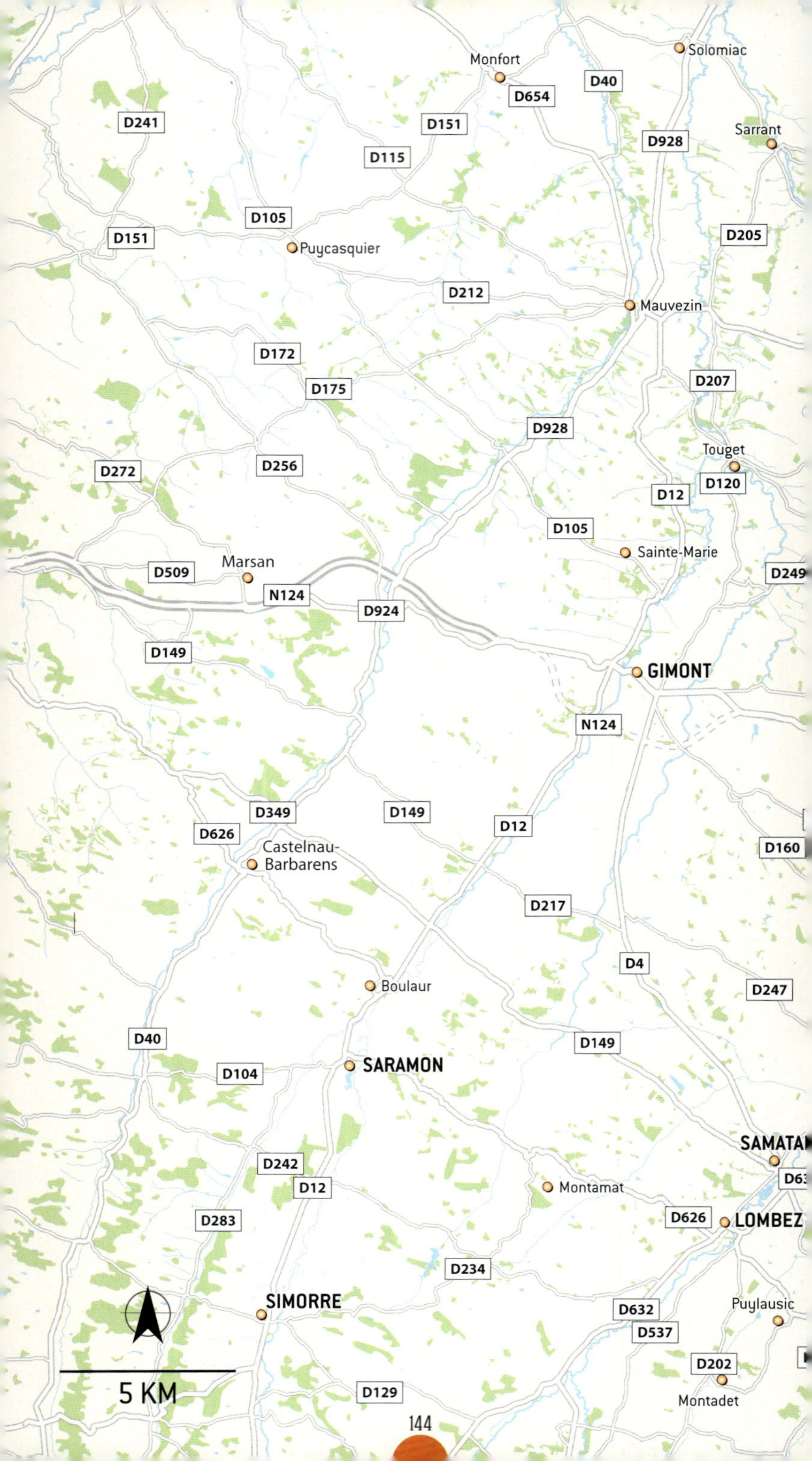
Monfort
Solomiac
D40
D654
D241
D151
D928
Sarrant
D115
D105
D151
Puycasquier
D205
D212
Mauvezin
D172
D175
D207
D928
Touget
D272
D256
D12
D120
D105
Sainte-Marie
D509
Marsan
D249
N124
D924
D149
GIMONT
N124
D349
D149
D12
D626
Castelnau-
Barbarens
D160
D217
D4
D247
Boulaur
D40
D149
D104
SARAMON
SAMATA
D242
D12
Montamat
D63
D283
D626
LOMBEZ
D234
SIMORRE
D632
Puylausic
D537
D202
D129
Montadet
5 KM

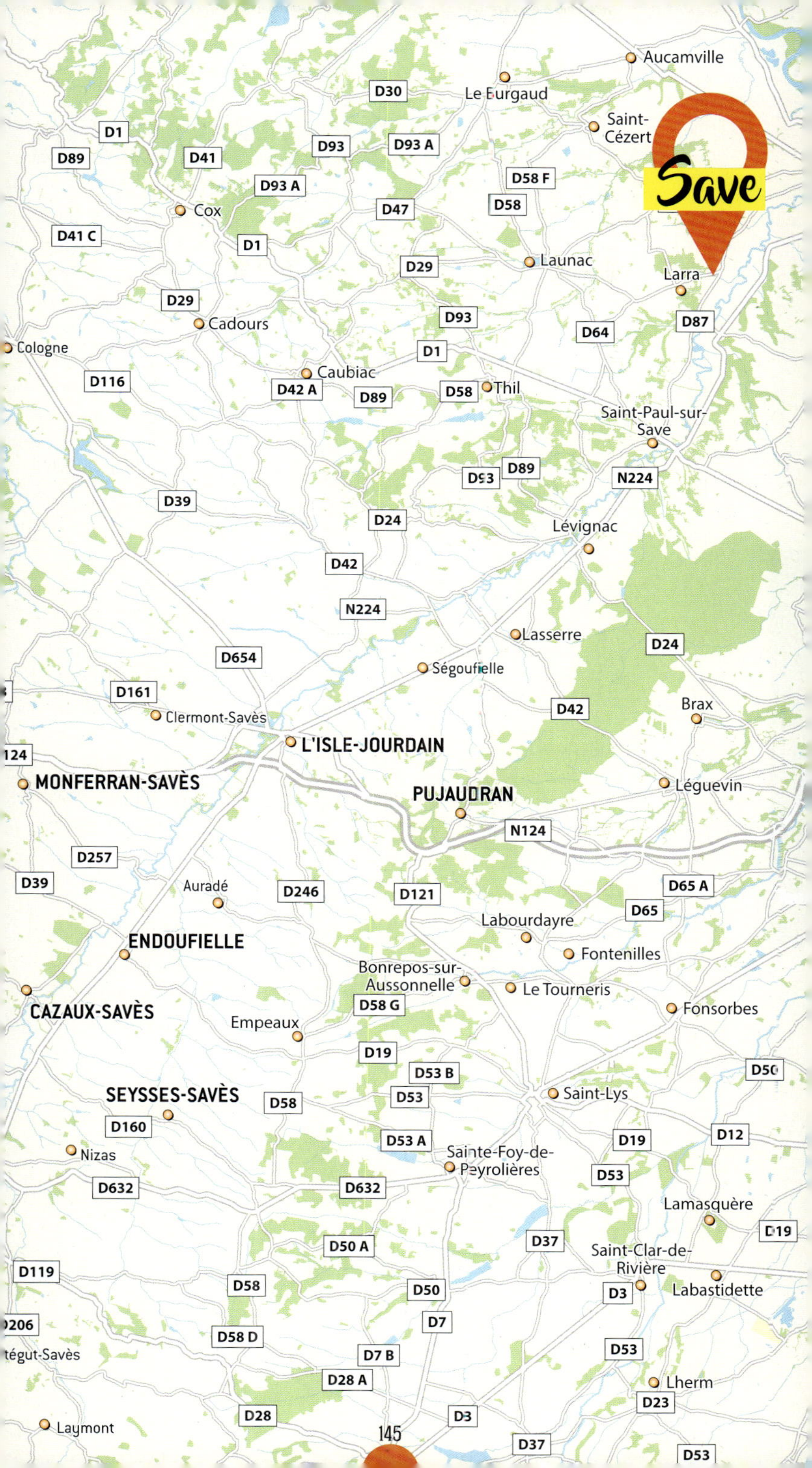
Save
Aucamville
Le Burgaud
Saint-Cézert
D30
D1
D89
D41
D93
D93 A
D93 A
D58 F
D58
D47
Cox
D41 C
D1
D29
Launac
Larra
D29
Cadours
D93
D64
D87
Cologne
D1
Caubiac
D116
D42 A
D89
D58
Thil
Saint-Paul-sur-Save
D89
N224
D39
D24
Lévignac
D42
N224
Lasserre
D24
D654
Ségoufielle
D161
D42
Brax
Clermont-Savès
L'ISLE-JOURDAIN
124
MONFERRAN-SAVÈS
PUJAUDRAN
Léguevin
N124
D257
D39
Auradé
D246
D121
D65 A
D65
Labourdayre
ENDOUFIELLE
Fontenilles
Bonrepos-sur-Aussonnelle
Le Tourneris
D58 G
CAZAUX-SAVÈS
Fonsorbes
Empeaux
D19
D53 B
D53
SEYSSES-SAVÈS
D58
Saint-Lys
D160
D53 A
D19
D12
Nizas
Sainte-Foy-de-Peyrolières
D53
D632
D632
Lamasquère
D50 A
D37
D19
Saint-Clar-de-Rivière
D119
Labastidette
D58
D50
D3
D7
D58 D
D53
D7 B
D28 A
Lherm
D23
D28
D3
Laymont
D37
D53

L'ISLE-JOURDAIN

L'Isle-Jourdain, capitale informelle de la Gascogne toulousaine, est la cité gersoise la plus proche de Toulouse. À l'origine, Elle était un fief mouvant, lorsque la forêt de Bouconne doublait encore la Garonne pour former une barrière entre Gascogne et Haut-Languedoc. Relais antique de la voie romaine qui reliait Bordeaux à Jérusalem, la ville s'appelait Ictium avant d'être rebaptisée Ics au Moyen Âge. Son nom actuel provient de la dynastie des seigneurs Jourdain, partis en croisade aux côtés du Comte de Toulouse. Le comté est vendu au début du XVe siècle au comte de Clermont puis racheté par Jean IV, comte d'Armagnac. Au gré des fortunes successorales, le comté atterrit dans le giron d'Henri de Navarre et est rattaché à la couronne de France lors de son accession au trône sous le nom d'Henri IV. L'Isle-Jourdain est alors un fief protestant. La ville connaît une période trouble et violente durant les guerres de Religion. À la révocation de l'Édit de Nantes, château comtal, fortifications et temple sont détruits. Les efforts réalisés en matière touristique ont conféré à la ville le titre de station verte de vacances. De nombreuses activités sportives sont proposées et le plan d'eau de la base de loisirs est dotée d'équipements ludiques dont un téléski nautique. Le site d'Airbus de Toulouse a conduit de nombreux sous-traitants à s'installer à L'Isle-Jourdain. Les deux villes ne sont qu'à 30 minutes l'une de l'autre : la commune connaît donc une forte croissance démographique : c'est désormais la 2e ville du département.

COLLÉGIALE SAINT-MARTIN ✝ ★

Rue du 14-Juillet
www.mairie-islejourdain.fr
Ouvert de 8h30 à 20h. Pas de visite pendant les offices (messe le dimanche à 10h30).

La collégiale de l'Isle-Jourdain a connu une histoire turbulente à travers les siècles. Le premier bâtiment du site était un prieuré attesté dès 1177. Érigée en collégiale en 1318 par le pape Jean XXII, l'église héberge un chapitre de 12 chanoines répondant à l'autorité d'un doyen. L'église est détruite en 1580 par les protestants venus avec Henri IV occuper la ville. Une nouvelle église est construite dont ne demeure que la tour à l'heure actuelle. Elle servait de tour de guet en raison de sa hauteur. Cela n'empêche pas Georges du Bourg, le gouverneur de l'Isle-Jourdain, d'envoyer ses hommes raser la nouvelle église en 1585. Après la promulgation de l'édit de Nantes en 1598, le chapitre fait construire une collégiale provisoire qui devient interdite au culte en 1779, car jugée trop dangereuse. Une quatrième version est construite sur le même site entre 1779 et 1785 dans un style néo-classique et sur les plans de l'architecte toulousain Arnaud Raymond. Le financement se fait en lançant une cagnotte à laquelle participent l'archevêque de Toulouse et le roi Louis XIV en personne. La Révolution française met un coup d'arrêt à l'aménagement de la collégiale. Il faut attendre 1820 pour que celle-ci reçoive ses ornements intérieurs et son mobilier. La collégiale présente la particularité assez rare de ne pas posséder de clocher. Elle se présente sous la forme d'une croix gréco-latine à nef unique. Le chœur et la nef possèdent peu ou prou les mêmes dimensions, offrant à l'édifice une harmonie plaisante.

ASINERIE D'EMBAZAC ★

Route de Goudourvielle
✆ 05 62 07 02 10
www.embazac.com
100% BIO. Réservation en ligne pour les visites ou sur RDV

Bénédicte et Jean-François se consacrent aux ânesses laitières. Respectueux de l'environnement, les produits sont certifiés bio et les animaux sont nourris avec du fourrage et un mélange de céréales. Venez visiter la ferme et assister à la traite. Vous pourrez déguster quelques gouttes de ce lait si vertueux et regarder le façonnage des savons au lait d'ânesse frais. Au Mag'Âsin, vous trouverez cosmétiques, gélules de lait d'ânesse lyophilisé, pâte à tartiner, foie gras au lait d'ânesse. Les Musik'ânes accueillent des groupes locaux lors de soirées estivales.

MAISON CLAUDE-AUGÉ ★

Place de l'Hôtel-de-Ville
✆ 05 62 07 30 01
Visite gratuite le samedi matin entre 10h et 12h d'avril à novembre sur rendez-vous.

Les vitraux, mosaïques, papiers peints de cet hôtel particulier traduisent l'éclectisme en vogue au début du XXe siècle. La maison marque surtout la fierté des Lislois pour le destin de Claude Augé, l'enfant du pays devenu directeur des célèbres éditions Larousse. L'association des Amis de Claude Augé organise des visites de la demeure au style très parisien. L'escalier d'honneur est éclairé par une superbe verrière Art nouveau. La maison compte aussi deux semeuses, la célèbre icône de la maison Larousse. Saurez-vous les trouver ?

MUSÉE EUROPÉEN D'ART CAMPANAIRE ★

Place de l'Hôtel-de-Ville
✆ 05 62 07 30 01
Ouvert du mardi au samedi de 10h à 12h et de 14h à 18h. Entrée : 4,50 € ; tarif réduit : 2 €.

L'ancienne halle aux grains abrite le musée européen d'art campanaire. La collection comprend un millier de cloches, dont le « Carillon de la Bastille », objet phare du musée. Il s'agit de la cloche de l'ancienne prison parisienne, sauvée de justesse lors des premiers jours de la Révolution française en 1789. Les autres sonnailles, grelots, et tambours sont répartis en sept zones thématiques. Le parcours retrace la fabrication et l'évolution des cloches et carillons du monde entier.

LE LOUBET €€

Le Loubet
✆ 05 62 07 48 32
www.leloubet.com
Deux chambres (dont un appartement indépendant) à partir de 85 €. Petit déjeuner 5 €.

Les amateurs de calme et d'espace tomberont sous le charme du Loubet : cette ancienne ferme de 1848 a été entièrement restaurée par ses propriétaires. L'aménagement des deux chambres, dont un appartement, a été réalisé avec beaucoup de goût et d'harmonie. La tonalité est champêtre, le papier peint fleuri et les couleurs pastel. Pour les longs séjours vous trouverez de quoi cuisiner et de quoi vous occuper, ainsi que vos enfants. Le petit déjeuner traditionnel est en supplément, les gourmands profiteront d'une formule encore plus copieuse sur demande.

OFFICE DE TOURISME GASCOGNE TOULOUSAINE

Avenue du Bataillon de l'Armagnac
✆ 05 62 07 25 57
www.tourisme-gascognetoulousaine.fr
En été, ouvert du lundi au samedi de 10h à 12h30 et de 14h à 18h. Le dimanche aux mêmes horaires en juillet et août.

Un petit tour par l'office de tourisme de la Gascogne toulousaine est indispensable pour connaître les activités proposées sur les lieux touristiques de la communauté de communes. Flyers et dépliants rendent compte d'une multitude de circuits touristiques, randonnées et hébergements propices à des escapades gourmandes, culturelles, sportives et ludiques. L'été, l'office organise une visite guidée gratuite de la ville, du musée d'art campanaire et de la Maison Claude Augé.

LE PIGEONNIER DE GUERRE €€

Route de Ségoufielle
✆ 05 62 07 29 17
www.terroir-gers.com
Compter de 80 à 85 € pour une chambre double, petit déjeuner compris. Table d'hôte : 25 €.

Au sommet d'un coteau, un superbe pigeonnier datant du XVIIe siècle et une maison de campagne vous attendent. Les Bajon prennent soin de cette belle propriété et ont aménagé un bâtiment en chambres d'hôtes de charme. Tout le domaine a été restauré avec des matériaux nobles et naturels : enduits à la chaux, briques, poutres en chêne massif. Les meubles et bibelots ont été chinés dans les brocantes du coin, pour une décoration chaleureuse et authentique. Les hôtes profitent d'une délicieuse table d'hôte où l'on retrouve tous les produits de la ferme familiale.

L'ÉCHAPPÉE BELLE €€

2, place Gambetta
✆ 05 62 07 50 05
www.echappee-belle.fr
Compter de 95 € à 135 € pour une chambre double selon la catégorie et 180 € pour une junior suite.

Ces chambres récemment rénovées invitent à l'échappée belle. Dans l'esprit contemporain, les chaises en plastique sont moulées, les vasques de bain sont en Corian®, le lin se décline en version brute, et des photos au format géant habillent les têtes de lit ; champ de coquelicot, forêt, hall de gare, vaste prairie... le confort a été pensé dans ses moindres détails pour un séjour agréable, de la climatisation à la literie haut de gamme. Le restaurant, labellisé Tables du Gers, propose une cuisine moderne avec des produits régionaux et de saison.

MAISON DE SAVE €€

10-12, rue de Save
✆ 05 62 07 45 86
https://www.maisondesavelofts.com
Compter 120 € par nuit pour deux personnes, pour un appartement de 60 m². 2 nuits minimum

Face au parc de la Marquise, impossible de manquer cette belle maison terre de Sienne aux volets gris. Au rez-de-chaussée, Catherine tient une magnifique boutique d'objets de décoration. À l'étage, deux appartements ont été aménagés avec soin et goût pour accueillir des hôtes de passage. Salon avec cheminée, cuisine équipée, chambre ouverte sur la salle de bain et baignoire îlot, tout est de très belle qualité. La première suite donne sur le parc, et la seconde sur le château de Panat. Les appartements sont prévus pour 4 personnes.

LE JOUG €€

5, rue de la République
✆ 05 42 54 48 85
Ouvert du mardi au samedi le midi ; du jeudi au samedi le soir.

Le Joug attire les locaux et les visiteurs par son ambiance conviviale, ses formules alléchantes et ses prix raisonnables. Dans un cadre tamisé et moderne, l'établissement se divise en trois univers : le restaurant à l'étage, le bar à pinxos et le bar à vins au rez-de-chaussée. Le bar à vins propose aussi une large gamme de whiskys, de champagnes et de digestifs pour agrémenter les fins de soirée. Les tables se forment et partagent de belles planches de charcuterie, de fromage, des portions de *patatas bravas* ou de couteaux persillés dans la bonne humeur.

LABEL BRAISE €€

27, route de Grenade - **SÉGOUFIELLE**
✆ 05 62 07 03 07
www.restaurant-labelbraise.com
Ouvert du jeudi au dimanche le midi ; le vendredi et le samedi le soir ; formule du midi à 22 €, menus à partir de 40 €.

Ce chaleureux restaurant est spécialisé dans les viandes grillées à la cheminée et poissons à la plancha, tout est frais, et fait maison. Le feu de bois qui rougeoie au fond de la grande salle rustique, et l'accueil souriant et dynamique des maîtres des lieux vous réchauffera instantanément. Les classiques de la maison, tels que le foie gras mi-cuit au chutney du moment, la parillada de poisson, la souris d'agneau, les poissons et homards grillés régalent les habitués. Les amateurs de viande pourront également partager une superbe côte de bœuf braisée…

RESTAURANT LE D'ARTAGNAN €€

35, avenue de Toulouse ✆ 05 62 67 83 94
Du mardi au vendredi de 9h à 15h ; le vendredi et le samedi de 17h30 à 0h. Compter 25 € à la carte.

Jason a ramené de ses nombreux voyages le goût des saveurs lointaines et exotiques. Australie, Inde, Panama ou Thaïlande sont susceptibles de se retrouver à la carte par des jeux d'épices, de marinades ou de cuissons. Il concocte un menu à l'ardoise qui change chaque jour. Des salades copieuses et des grillades viennent compléter les suggestions du jour. Le menu du soir change lui aussi régulièrement, afin de satisfaire une clientèle lisloise exigeante. Et la formule fonctionne. Le restaurant est souvent complet, en particulier au déjeuner, mieux vaut réserver !

FERME DE LAS CRABÈRES

Route de Toulouse
✆ 05 62 07 27 02
www.las-craberes.fr
Ouvert du lundi au samedi de 9h à 12h30 et de 15h à 19h. Visite de la ferme sur rendez-vous.

© FERME DE LAS CRABERES

Jean-Christophe Dardenne a repris le flambeau d'une exploitation devenue une institution locale, à laquelle Francis et Nicole Mauco ont donné ses lettres de noblesse. Les canards sont élevés en plein air, puis gavés au maïs en grain avant abattage et transformation. La ferme propose tous les produits traditionnels et de délicieuses conserves cuisinées, comme le tajine de canard aux amandes, ou le fameux « chili con canard ». La ferme propose également un service de commandes et de vente en ligne sur son site internet, mais n'hésitez pas à aller leur rendre visite.

MAISON DUCAUZE

1 et 8, place Saint-Bertrand
✆ 05 62 59 01 93
https://maison-ducauze.business.site/
Ouvert du mercredi au samedi de 8h à 13h et de 14h30 à 19h30, et le dimanche de 8h à 12h30.

La Maison Ducauze veille à n'introduire que des produits nobles dans ses créations. Depuis plus de dix ans, Frédéric Ducauze exprime son talent redoutable à travers des recettes toujours plus savoureuses et innovantes. Passionné et imaginatif, il sélectionne des cacaos rares pour exalter leur caractère, comme dans les Grattons Lislois, de délicieux éclats de fruits secs et de céréales pris dans trois chocolats. Tous les mois, une nouvelle pâtisserie s'invite dans le présentoir, ces créations éphémères sont très attendues. Une maison d'exception !

SAVE

BC VINS

35, route de Toulouse
✆ 05 62 61 99 98

Ouvert du mardi au samedi de 9h à 12h30 et de 15h à 19h. Une autre boutique au centre-ville, près de la collégiale.

Les initiales BC sont celles de Bertrand Cayrel, un enfant du pays devenu caviste il y a près de 20 ans, et qui est aujourd'hui un des meilleurs ambassadeurs des vins de Gascogne. Car ce sont bien les plus beaux domaines du Gers qui sont ici à l'honneur, en côtes-de-gascogne, madiran, pacherenc du vic-bilh... sans oublier les armagnacs. Bertrand Cayrel, en vrai passionné, a établi des liens solides avec les producteurs qu'il défend. Il se fait un point d'honneur à vendre ces vins soigneusement sélectionnés au prix du domaine. Une belle adresse à découvrir !

CAFÉS DI-COSTANZO

17, rue du Commandant-Cousteau
✆ 05 62 07 40 92
www.cafesdicostanzo.com

Ouvert du mardi au vendredi de 9h30 à 12h45 et de 14h30 à 19h, et le samedi de 9h30 à 13h et de 14h30 à 18h30.

Plus de mille professionnels de la restauration et de l'hébergement font confiance au café Di-Costanzo. Émilie et Étienne ne sont pas de simples torréfacteurs mais de vrais esthètes. Dans l'agréable boutique installée à côté de la brûlerie, vous trouverez des cafés en grains ou fraîchement moulus mais aussi sous forme de capsules compostables, des machines à café ainsi que des thés de marque et autres douceurs. La traçabilité est assurée depuis la fève, et les lieux de production soigneusement sélectionnés. Vous pouvez même goûter certains cafés sur place.

COMPTOIR DE NOS FERMES

13, place Gambetta
✆ 05 62 07 27 93
www.terroir-gers.com

Ouvert du mardi au jeudi de 9h30 à 14h et de 16h à 19h, jusqu'à 19h30 vendredi et samedi.

Le Comptoir de nos Fermes joue la carte du terroir en offrant une large gamme de produits régionaux sélectionnés dans les fermes des environs. On y retrouve les violettes de Toulouse, du miel, du pain d'épice, des amandins aux pruneaux, des calissons à la violette, des confitures… ainsi qu'une gamme de céréales et légumineuses respectueuses des sols et de l'écosystème. On s'y procure également les produits stars de la région tels que le foie gras, les confits, magret de canard et une sélection d'armagnacs et de côtes-de-gascogne à consommer avec modération.

LES DELICES DU TERROIR

45, avenue du Commandant Parisot
✆ 05 62 63 52 46
www.fermeencastera.com

Ouvert du mardi au samedi de 9h à 12h30 et de 15h à 19h.

Sous les arcades de la place Gambetta, cette boutique nichée dans une maisonnette de briques roses propose le meilleur du terroir gersois. Un grand panneau expose les produits, qui arrivent directement de la ferme. Celle-ci appartient à la famille Gesta, qui élève, gave et transforme des canards depuis plus de quarante ans. Les tarifs pratiqués ici sont les mêmes que sur l'exploitation. Vous pourrez donc vous ravitailler en rillettes, pâtés, plats cuisinés, foies gras, confits du terroir, ou repartir avec une belle corbeille toute préparée.

LE FIGULUS

Chemin de la Maniou
✆ 05 62 07 13 33
www.lefigulus.fr

Ouvert du mercredi au samedi de 14h à 18h30 ; tous les jours de 11h à 19h en été.

Hervé Guégan et son fils Nicolas sont artisans potiers et céramistes. Ils conçoivent et réalisent toutes leurs pièces à la main, de la simple tasse, jusqu'aux éléments de décoration les plus raffinés, en passant par les carrelages ou les abat-jour. Au bout de six semaines de travail en moyenne, ce sont des pièces uniques qui sortent du four. Ils proposent également à ceux qui le désireraient leurs services de rénovation, et produisent un certain nombre de créations ayant trait aux arts de la table ou, plus globalement, à la déco et à l'ornementation.

MAISON DUCAUZE

1 et 8, place Saint-Bertrand
✆ 05 62 59 01 93
https://maison-ducauze.business.site/

Ouvert du mercredi au samedi de 8h à 13h et de 14h30 à 19h30, et le dimanche de 8h à 12h30.

La Maison Ducauze veille à n'introduire que des produits nobles dans ses créations. Depuis plus de dix ans, Frédéric Ducauze exprime son talent redoutable à travers des recettes toujours plus savoureuses et innovantes. Passionné et imaginatif, il sélectionne des cacaos rares pour exalter leur caractère, comme dans les Grattons Lislois, de délicieux éclats de fruits secs et de céréales pris dans trois chocolats. Tous les mois, une nouvelle pâtisserie s'invite dans le présentoir, ces créations éphémères sont très attendues. Une maison d'exception !

MARCHÉ DE L'ISLE-JOURDAIN

✆ 05 62 07 25 57

Le samedi de 6h à 14h, sur la Place Gambetta et Place de l'Hôtel de ville, ainsi que ses ruelles attenantes

Tous les samedis matin, L'Isle-Jourdain ferme ses ruelles à la circulation et transforme son centre-ville en marché de plein vent. Vous y rencontrerez les producteurs de canard dans tous ses états, les maraîchers des environs. La bannière « Plus près, plus frais, plus vrai ! « permet au consommateur d'identifier en un coup d'œil les producteurs qui pratiquent la vente sans intermédiaires. Bien achalandé, mieux vaut venir tôt sur ce marché pour profiter des meilleurs produits.

BASE DE LOISIRS DE L'ISLE-JOURDAIN

Office de tourisme

✆ 05 62 07 25 57

www.tourisme-gascognetoulousaine.fr

Activités aquatiques d'avril à octobre. Accès gratuit. Activités payantes.

La base de loisirs de L'Isle-Jourdain s'étend sur près de 25 hectares à l'ouest de la ville. Deux lacs artificiels alimentés par la Save permettent de se livrer à un grand nombre d'activités très variées. Il est possible de se procurer des vélos à assistance électrique toute l'année à l'office de tourisme ou de parcourir à pied les chemins de randonnée. Ils sont au nombre de quatre et proposent des thématiques différentes : parcours cyclo ; parcours de découverte artistique et des fresques murales de L'Isle-Jourdain ; parcours de visite clé en main du centre-ville historique ; rallye de découverte du patrimoine pour les enfants. Le skate parc et les courts de tennis, situés entre les deux lacs, sont eux aussi accessibles toute l'année. Le mois d'avril marque le lancement de la saison. La piscine chauffée affiche une température idéale de 28 °C pour se remettre à l'aquagym, à l'aquabike ou prendre des cours de natation. Le téléski nautique voit revenir les accros à l'adrénaline et au wakeboard. Les figures s'effectuent à l'aide de structures posées sur le lac. Il faut attendre le mois de mai et que l'eau du lac se soit un peu réchauffée pour que la location de paddles et de pédalos redémarre. C'est aussi en mais que la société Bambou Gers réinstalle ses tyroliennes, passerelles et plateformes dans les arbres. Le minigolf anime journées et débuts de soirée en juillet et août. Renseignez-vous à l'office de tourisme pour toutes ces activités.

CANOË EN GASCOGNE

Les Tourniquelles - **SABAILLAN**

✆ 06 41 90 44 55

www.canoeengascogne.com

En mai, juin et septembre sur rendez-vous. Juillet et août tous les jours. Réservation obligatoire. Pas de CB

Au programme, la descente de la Save et de la Gesse, entre Puymaurin et Samatan. Mathieu, le sympathique patron, propose des embarcations à la location et vous conseille des parcours plus ou moins sportifs. Vous contournerez de magnifiques cascades, invitations à faire une pause ou à vous baigner. De belles émotions en perspective ! Prenez votre temps, la descente est libre. À votre retour, profitez du barbecue mis à disposition à la base. Pour varier les plaisirs, vous avez aussi à la location des *paddles* et des vélos électriques.

GOLF LAS MARTINES

Route de Sainte-Livrade

✆ 05 62 07 27 12

Ouvert tous les jours ; l'hiver de 9h à 17h30, l'été de 8h à 19h. Compter 30 € pour un 9 trous le week-end.

Inauguré en 1986, plus technique que physique mais adapté à tous les niveaux, ce golf se trouve à quelques kilomètres au nord de L'Isle-Jourdain, sur la route de Ségoufielle. Ses 9 trous se pratiquent en Par 35 avec un premier trou en 5 coups. Il sait se mettre à la portée des plus jeunes par ses tarifs, et dispense un enseignement de qualité assuré par Mathias Günzel. Des stages et challenges sont organisés régulièrement à la belle saison. Le restaurant, ouvert le midi, occupe une authentique et ravissante toulousaine en brique.

MONFERRAN-SAVÈS

Ce village de 800 habitants est intégré à l'aire d'attraction de Toulouse. La ville rose n'est qu'à 30 minutes. Comme beaucoup des communes du Gers, elle est née au XIIIe siècle du paréage entre Bernard Ier de Marestang et le chapitre de la cathédrale Saint-Etienne de Toulouse. Le fief s'étendait sur un petit territoire compris entre L'Isle-Jourdain et Samatan appelé Cogotois. A la Révolution, le vaillant vicomte du Cogotois se réfugie en Espagne. Ses biens sont confisqués et vendus Le territoire de Monferran-Savès compte de nombreux châteaux du XVIIIe tandis qu'une très ancienne statue de pèlerin vous accueille à l'entrée de l'église Saint-Louis.

RESTAURANT LA CAMPAILLE €€

252, chemin du Choucou ✆ 05 62 05 56 85
www.lafermeduchoucou.com
Ouvert le vendredi soir. Consulter le site internet. Réservation obligatoire

Il ne faut pas louper le panneau discret qui signale la Ferme du Choucou sur la RN 124. Un hangar a été aménagé en salle de restaurant et cuisine, et c'est une réussite : béton ciré, murs gris clair et plafond blanc. Les tables en bois sont espacées les unes des autres pour un peu d'intimité. Ici, pas de carte, c'est la patronne qui vous annonce le menu du jour. Les produits proviennent de la ferme du Choucou et de ses voisines. Le vendredi, c'est marché des producteurs et drive fermier. La Campaille prépare le plat et les autres producteurs fournissent le reste.

LE PUITS SAINT-JACQUES €€€

57, avenue Victor-Capoul ✆ 05 62 07 41 11
www.lepuitssaintjacques.fr
Ouvert du mercredi au dimanche le midi ; du jeudi au samedi le soir. Compter 120 € pour un repas complet (hors boissons)

Cette institution gastronomique a pour chef William Candelon, le neveu du chef historique Bernard Bach. La table et ses deux étoiles vous accueille dans un cadre élégant et avenant pour un moment d'exception. Les suggestions sont toujours aussi créatives, et portées par des produits fins et de qualité comme pour ces saint-jacques rôties sur sa purée de Butternut et son bouillon de champignons torréfiés et truffe fraiche ou encore le foie gras en croute, topinambour et anguille fumée. En supplément, vous pouvez également demander l'accord vins et fromages.

PUJAUDRAN

Situé à la frontière avec la Haute-Garonne, en position dominante sur un côteau, Pujaudran était situé sur l'ancienne route reliant Bordeaux à Jérusalem, puis, au XIe siècle, le village est devenu une étape sur le chemin de Saint-Jacques-de-Compostelle. La cité se développe au Moyen Âge, avec l'édification d'une commanderie religieuse, d'une belle église et d'un hôpital. Les biens du clergé ont été vendus et dispersés à la Révolution. Pujaudran a longtemps été un lieu important de fabrication de tuiles canal, en raison des marnes argileuses qui constituent les sols de la commune. L'église et son clocher-mur sont inscrits aux Monuments historiques.

ENDOUFIELLE

Cette petite commune de 537 habitants offre une belle vue sur la vallée de la Save et les Pyrénées. Ses origines remontent avec certitude au milieu du XIe siècle et avec probabilité à l'époque mérovingienne. Le village dégage un charme certain avec ses maisons de briques à colombages et ses rues pavées. Son monument remarquable est l'église Saint-Germier, dotée d'un beau clocher-mur. Tours et clochers semblent être le point fort du village : le clocher de la chapelle du cimetière ressemble à celui de l'église. Une étonnante maison à tour couverte de zinc fait face à l'église, et le pigeonnier de la salle des fêtes s'élève haut vers le ciel.

LE BISTROPHIL €€

425, Avenue du Roulage ✆ 05 62 61 42 44
www.lebistrophil.fr
Ouvert le midi du mardi au samedi. Le jeudi de 17h30 à 23h30 ; le vendredi et le samedi de 17h30 à 1h. Compter 30 €

À 5 minutes du cœur de Pujaudran, ce bistrot moderne et chaleureux propose une délicieuse cuisine locale et travaillée. Vous y dégusterez un éventail de magret de canard grillé au miel, une belle andouillette et ses frites maison ou encore un carré de porc grillé et mariné au Chimichuri. En dessert, craquez pour une brioche façon pain perdu ou le macaron aux 2 chocolats. L'été comme hiver, des retransmissions sportives sont proposées et de nombreux événements musicaux (concerts, karaokés, DJ sets) sont organisés, de quoi passer de beaux moments !

AU BONHEUR DES HÔTES €€

En Marchet
✆ 05 62 05 95 79
www.aubonheurdeshotes-gite-gers.fr
Compter 90 € pour une chambre double, petit déjeuner compris.

Corinne et Didier ont su redonner toute sa splendeur à cette ancienne grange dévastée par un incendie. Au rez-de-chaussée, un grand salon, une bibliothèque et une salle à manger forment un espace commun. Les chambres sont spacieuses, confortables et très bien décorées, climatisées, les salle de bains sont modernes avec douche à l'italienne. Un délicieux parc arboré de 1,3 ha, une belle piscine, un sauna et un bain bouillonnant complètent l'ensemble. Il est également possible de bénéficier d'une dégustation de vin en compagnie du fils sommelier (sur demande).

GIMONT

Bastide fondée en 1265 à l'instigation de l'abbaye cistercienne de Planselve, la ville recouvre la colline qui surplombe la Gimone. La rue principale se glisse curieusement sous une halle en bois du XIIIe siècle, tandis qu'une quinzaine de courtes rues pentues la traverse perpendiculairement. Quelques édifices sont à découvrir, tels que l'église et son clocher octogonal en brique, la chapelle de Cahuzac du XVIe siècle, les vestiges de l'abbaye cistercienne de Planselve et bien sûr la halle du XIVe siècle. Gimont est une cité gourmande, et son célèbre son marché au gras se tient le mercredi de novembre à mars, le même jour que le marché hebdomadaire.

MUSÉE CANTONAL ★

Place du Marché
✆ 05 62 67 71 66
www.tourisme-gers.com

Ouvert l'été du mardi au samedi de 10h30 à 12h30 et de 17h30 à 19h30 et le dimanche matin ; sur rendez-vous hors saison.

Situé près de la halle centrale, dans l'ancien local qui servait à abriter les poids et mesures en usage au marché, le musée cantonal présente une intéressante collection d'objets des périodes préhistorique, gallo-romaine et médiévale. Pierres, fossiles, céramiques, mosaïques : chacun y trouvera son compte, le joyau du musée restant une superbe poutre centrale à fleur de lys qui fait bien des envieux. On y devine le passé de bastide de Gimont, et la gloire du bon vieux royaume de France… La visite sera rapide, mais très sympathique !

PETR PAYS PORTES DE GASCOGNE

85, rue Nationale
✆ 05 62 67 97 10
www.paysportesdegascogne.com

Pour toute question, contacter le PETR par téléphone.

Le Pôle d'Équilibre Territorial et Rural (PETR) du Pays des Portes de Gascogne est né en 2001 d'une nécessité administrative d'encadrer le développement de l'est du Gers. La volonté était de créer un lien entre une population urbaine active et dynamique et un territoire rural et vieillissant. Le PETR veille à la préservation de l'environnement et du cadre de vie si chers aux Gersois. Il porteur des projets qui permettent de faire émerger une manière de vivre durable sur ce territoire.

GÎTE DU TOUNET €€

Chemin du Tounet
✆ 06 77 88 52 21
www.gitedutounet.com

Compter de 300 à 750 € par semaine selon la saison. Gîte pour 6 personnes.

Cette maison de campagne en haut d'une colline offre de belles vues sur les coteaux gascons. Elle a été entièrement rénovée en 2011, dans le respect des matériaux d'origine et de l'environnement. Le chauffage est assuré par une pompe à chaleur, les enduits ont été réalisés au plâtre ou à la chaux, les menuiseries sont traitées à l'huile de lin, et la charpente, faite avec les pannes d'un ancien moulin, a été conservée avec soin. Vous aimerez la cuisine parfaitement équipée et le barbecue sur la terrasse pour passer d'agréables vacances en famille ou entre amis.

BRASSERIE DE LA HALLE €

5, place du marché
✆ 05 62 67 77 68
www.brasserie-de-la-halle.com

Ouvert à 7 h tous les jours, restauration du lundi au samedi à midi, du jeudi au samedi le midi et le soir.

Le principal atout de ce bar-brasserie de village sans prétention, c'est sa situation, et surtout son agréable terrasse donnant sur la belle halle centrale de la bastide gimontoise. Vous serez accueilli avec le sourire dans cet établissement familial, prisé des habitués. La carte propose des plats de brasserie simples à prix raisonnables, une formule du midi généreuse, un plat du jour et un bon choix de classiques (tartare, confit de canard, entrecôte…), de pizzas et de burgers maison. Le soir, vous y trouverez également des planches de charcuterie-fromage.

BRASSERIE FORNO VIVO €€

2, rond-point de Cahuzac
✆ 05 62 06 53 81

Ouvert du mardi au samedi midi et soir. Compter 25 € pour un repas.

La brasserie-pizzeria Forno Vivo propose une cuisine gasconne et italienne préparée sous vos yeux avec des produits frais, dans une ambiance conviviale et familiale. Confectionnées avec générosité, les pizzas traditionnelles cuites au véritable feu de bois parfument la salle de restaurant. Ici, la reine de la cuisine italienne est pétrie, façonnée, composée, garnie avec savoir-faire et finesse, à la croisée des chemins italiens et gascons. La brasserie propose également des plats traditionnels très bien réalisés, à base de viande et autres produits locaux.

LES DÉLICES D'ALIÉNOR - CROUSTAD'OC

Boulevard du Nord
✆ 05 62 67 87 89
Ouvert du lundi au vendredi de 9h à 17h.

Lorsque l'on a mordu une fois dans la dentelle délicate et croustillante d'une croustade ou d'une tourtière landaise, goûté à la saveur fondante du beurre et de la pomme parfumée, détecté la fine touche de l'armagnac… on ne l'oublie plus ! Cette pâtisserie locale vient grossir les rangs des délices gersois. Les parfums sont variés : pomme, poire, pruneaux, fruits rouges et une très originale croustade poire et chocolat qui est tout simplement délicieuse. À savourer sans modération !

MARCHÉ AU GRAS DE GIMONT

Halle au gras
✆ 05 62 67 77 87
www.gimont.fr/agenda.vdom
Le dimanche matin à partir de 10h, de octobre à mars.

À Gimont, venez faire la « Grasse Matinée » le dimanche matin sous la Halle au Gras ! Entre octobre et mars, les amateurs et professionnels se retrouvent autour des carcasses exposées sur de longues tables, nettoyées, mais entières, à l'exception du foie vendu séparément. Les produits sont contrôlés par les services vétérinaires. Le marché, respectant les normes sanitaires en vigueur, démarre au sifflet et les plus aguerris se précipitent sur les plus beaux produits. Les restaurateurs du Toulousain se pressent pour se fournir à cette source de premier choix.

BASE DE LOISIRS DE GIMONT

Boulevard du Nord
Ouvert de fin juin au 31 août de 12h à 20h. Entrée piscine : 1,50 € et 1,10 € pour un enfant.

Le lac de Gimont est un plan d'eau de 2 hectares réservé aux pêcheurs et aux promeneurs. Vous trouverez sur ses rives quelques équipements de loisirs comme une piscine et des courts de tennis. Une aire de camping-car permet de stationner en effectuant le paiement à la borne. Pas vraiment aménagé, le lac est surtout un petit paradis pour les pêcheurs. On en remonte gardon, tanche ou sandre. Il est également possible de pêcher dans les rivières de l'Arrats et de la Gimone.

SARAMON

Aux XIe et XIIe siècles, un petit bourg ecclésial se développe autour de l'ancienne abbaye des moines de Sorèze. Il se fortifie au XIVe siècle et abrite la demeure du comte d'Astarac. Aujourd'hui, Saramon est une ville rurale paisible et attachante, avec une belle place à couverts, des maisons anciennes, et une église tout à fait singulière. Une foire aux magrets clôt la fête patronale de la Saint-Victor en mai : de midi à minuit, les magrets crépitent sur les barbecues et on se laisse gagner par l'ambiance conviviale qui règne alors sur la place principale. En été, la base de loisirs propose de nombreuses activités à pratiquer en famille.

RESIDENCE LES TOURNESOLS €€

6, chemin de Saint-Roch
✆ 06 08 06 04 69
https://residence-les-tournesols.fr
8 appartements type T1, 28 m2.

Dans un agréable village aux paysages typiques de vallons gersois, Saramon accueille une résidence moderne conçue spécialement pour un public senior. Les 8 studettes ont été pensées et équipées pour accueillir un public âgé, mais profitant encore de son autonomie. Ainsi, la résidence est construite de plain-pied sur un terrain clos et sécurisé. Chaque appartement de 28 m² dispose de sa terrasse, de sa kitchenette, d'une salle d'eau et d'un coin de nuit. Ils peuvent être loués meublés ou non dans le respect des baux classiques.

L'ÉGLISE SAINT-PIERRE

Place Saint Joseph
✆ 05 62 65 40 19
www.mairie-saramon.fr
Accès libre tous les jours de 9h à 18h. Pas de visite durant les offices.

Cette église est étonnante, avec son clocher à une extrémité et sa tour fortifiée à l'autre, qui lui donnent une silhouette originale. L'église a été érigée au XIIe siècle, adossée à une abbaye. Si les fonctions de sa tour carrée s'est perdu dans les annales, elle s'est maintenue au travers des siècles. Au XIXe siècle, la voûte de l'église s'est effondrée. D'importants travaux de remaniement ont été entrepris : 4 chapelles ont été ajoutées sur les côtés, un clocher-porte a été construit à l'avant, et la tour Saint-Victor a été dotée de créneaux et de mâchicoulis.

ABBAYE CISTERCIENNE SAINTE-MARIE ✞ ★★

Au village
BOULAUR
✆ 05 62 65 40 07
www.boulaur.org
Visite à 11h et à 16h et boutique ouverte, tous les jours sauf le mardi.

Il s'agit de l'un des plus beaux monuments du Gers. Fondée en 1142 par l'abbesse de Fontevraud, l'archevêque d'Auch et le comte d'Astarac, l'abbaye Sainte-Marie de Boulaur tire son nom du latin *Bonus locus* qui signifie « bon lieu ». La première abbesse fut Longuebrune, veuve du comte d'Astarac, qui entra dans les ordres à la mort de son époux comme cela se faisait chez les nobles au Moyen Age. L'abbaye possède une magnifique église à la structure romane, dont les voûtes du chœur sont couvertes de fresques remontant au XIVe siècle. L'église a subi plusieurs remaniements et travaux d'agrandissement au cours des siècles. Ainsi, trois des travées sont de style gothique, tandis que les deux suivantes datent de la Renaissance. Le cloître, lui, date du XVIIe siècle. Il conserve une statue de Vierge à l'Enfant du XIVe siècle retrouvée sous un carrelage au hasard de travaux. Monastère toujours en activité, les sœurs obéissent à la règle de saint Benoît. Elles ouvrent leurs portes au public pour lui faire découvrir l'édifice. La boutique met en vente fromages, pâtés et confitures fabriqués par les sœurs à partir d'animaux élevés et de fruits cultivés par elles. L'intégralité des offices sont ouverts au public. Le monastère compte une vingtaine de chambres qui accueillent les personnes désireuses d'effectuer une retraite ou un service bénévole. Nombreux sont les étudiants qui viennent ici en période d'examen afin de réviser dans le calme et la sérénité.

SIMORRE

Ce beau village médiéval aux ruelles pittoresques étonne en particulier par son impressionnante église fortifiée. Massive, austère, elle donne l'impression de remonter le temps et nous renvoie au cœur du Moyen Âge. Après un incendie dévastateur en 1141, le village, ancienne capitale de l'Astarac, est reconstruit autour de l'abbaye bénédictine qui donne des terres aux habitants pour la reconstruction de leurs maisons. Une paix relative dans la région permet à l'abbaye de s'enrichir. Elle fait élever une nouvelle église, plus grande, que Viollet-le-Duc réhabilitera au XIXe siècle, au gré de son inspiration, dans un style rappelant celui de la Ville Rose.

ÉGLISE NOTRE-DAME-DE-L'ASSOMPTION ✞

Place de l'Église
✆ 05 62 66 36 34
Ouvert de 9h à 19h. Pas de visite pendant les offices.

La légende attribue la fondation de l'abbaye de Saint-Cérase à Clovis. Il aurait voulu honorer le saint qui a évangélisé la région au Ve siècle. Elle subit de lourds dégâts lors de l'invasion des Sarrasins en 722, puis avec le passage des Vikings au IXe siècle. Le retour au calme à partir du Xe siècle lui permet de s'enrichir. D'autant que le concile d'Aix-la-Chapelle de 817 lui reconnaît le droit de ne devoir à l'Etat ni service militaire ni tribut. En l'absence d'impôt, tous les revenus de ses terres lui reviennent. Les moines entament la reconstruction et l'agrandissement de la chapelle à la fin du XIIe siècle. L'abbatiale est devenue de facto église paroissiale avec la relocalisation des habitants de Simorre autour de l'abbaye en 1141. La nouvelle église est consacrée en 1309. À noter, son chapiteau roman du début du XIIe siècle, sa nef, les coupoles de la croisée et sa voûte de chœur avec étoiles découvertes dans le sacraire en 1964. Certains vitraux sont très anciens et remontent eux aussi à la consécration de l'abbatiale. Ainsi, la verrière à 4 lancettes se trouvant au-dessus du chevet a été offerte en 1357 par Bernard de Lafite, le prieur de l'abbaye. Le vitrail représentant saint Cérats (dans le transept sud) est une commande de l'abbé de Labarthe passée vers 1500. Mais ce sont les stalles de la fin du XVe siècle qui emportent l'admiration. Elles sont réparties de part et d'autre du chœur et encadrent le siège abbatial. Seuls les accoudoirs sont ornementés.

MONUMENT DU MAQUIS DE MEILHAN 📷

Maquis de Meilhan
https://resistance-gers.fr/
Accès libre.

Le maquis de Meilhan rassemblait une centaine de résistants. Le 7 juillet 1944, ils subissent l'assaut d'un détachement de la Wehrmacht. Une voiture explose, le combat fait rage et les ennemis achèvent les blessés. Seuls 16 résistants parviennent à échapper au massacre. 76 tombes sont alignées dans ce mémorial érigé en 1948. Une grande fresque sculptée rappelle le sacrifice héroïque des maquisards, tandis que la carcasse de la voiture et les ruines des bâtiments ajoutent à l'émotion.

MUSÉE PAYSAN D'ÉMILE

Avenue de la Bourdette
© 05 62 62 36 64
www.museepaysan.fr
Ouvert de 14h30 à 18h30, tous les jours l'été. Autres horaires sur le site web. Entrée 5 €, enfant 2,50 €.

Tout au long de sa vie, Émile Castex a réuni une belle collection d'objets, de meubles, de vêtements, d'outils, d'ustensiles, de vaisselles issus de l'univers du paysan gascon du début du XXe siècle. Cet ensemble étonnant est exposé depuis 1990 dans une maison du village. L'authenticité y règne, jusqu'aux notes explicatives écrites à la main, avec pleins et déliés. Les objets fleurent bon la nostalgie, comme la salle de bains à l'ancienne, la toute première cocotte minute, les vêtements d'autrefois, qui réveilleront des souvenirs chez certains.

MAIRIE DE SIMORRE

Place de la Mairie
© 05 62 65 30 22
www.simorre.com
Mairie ouverte le matin du lundi au vendredi de 9h à 12h30, l'après-midi les lundi, jeudi et vendredi de 14h30 à 16h.

Soucieuse de valoriser le patrimoine et le cadre naturel exceptionnel de la commune, la mairie de Simorre soutient de nombreuses initiatives qui font de ce charmant village un lieu dédié à l'écotourisme, et au bien-vivre ensemble : chemins de randonnée, festival et parcours de pêche pour les enfants, bar-restaurant culturel... Ce travail a été récompensé par l'obtention du label international Cittaslow, distinguant les villes qui s'engagent à promouvoir un rythme de vie plus respectueux de la nature, et propice au bien-être des habitants comme des visiteurs.

OFFICE DE TOURISME COTEAUX ARRATS GIMONE

Rue Paul Saint-Martin
© 05 62 67 77 87
www.tourisme-3cag-gers.com
Ouvert le vendredi de 10h à 12h30 et de 14h à 18h. Point d'information supplémentaire en mairie.

Simorre est un joli village médiéval dans une vallée très agricole entourée de bois et de coteaux. Son syndicat d'initiative est aussi charmant. Ce petit bâtiment renferme une importante documentation pour vous renseigner sur les plus beaux endroits à visiter. Simorre, c'est aussi tout un éventail de gîtes et chambres d'hôtes, le festival bien nommé Festi'Drôle dédié aux enfants, le chemin des Orchidées... Mais tout cela vous sera expliqué en détail au syndicat d'initiative !

LOMBEZ

Village monastique puis cité épiscopale du XIVe au XVIIIe siècle, Lombez a eu pour évêque Fénelon au XVIIe siècle mais aussi le cardinal Jacques Colonna, ami de Pétrarque. Le poète italien résida à Lombez en 1330 et écrivit ces quelques lignes : « Cet homme illustre et incomparable, Jacques Colonna, alors évêque de Lombez, [...] m'emmena en Gascogne et je passai au pied des Pyrénées un été presque céleste [...] ». L'imposante cathédrale Sainte-Marie impressionne, avec son architecture de briques et son superbe clocher octogonal. Le centre-ville est très préservé, avec une belle halle, un damier de rues médiévales, et de hautes maisons XVIIIe.

CATHÉDRALE SAINTE-MARIE ★★

Place de la Cathédrale
© 05 62 62 37 58
www.tourisme-saves.com
Ouvert toute l'année, tous les jours de 9h à 18h. Grand-messe à 10h le dimanche.

Elle se distingue dans ce pays du Savès gersois où les églises arborent traditionnellement des clochers-murs. La cathédrale Saint-Marie est comme un phare visible tout autour de Lombez avec son magnifique clocher octogonal dans les tons rosés. Elle doit son existence au Pape Jean XXII en Avignon qui décide de renforcer la puissance et les actions de l'église dans la région en créant cinq évêchés nouveaux sur les terres de l'archevêché de Toulouse. C'est ainsi qu'en 1317, l'abbaye bénédictine Notre-Dame de Lombez est élevée au rang d'évêché, ce qu'elle demeurera jusqu'à la Révolution. L'allure de forteresse de la cathédrale, avec ses contreforts massifs et son chemin de ronde, s'explique par la lutte contre les hérésies et la guerre de Cent ans. Sa construction durera deux siècles, du XIVe au XVe, en commençant en 1346 par le clocher haut de 42 m de type méridional, inspiré par ceux des églises Saint-Sernin et des Jacobins de Toulouse. Classée Monument Historique depuis 1846 pour son architecture, elle abrite plusieurs éléments de mobilier remarquables. Signalons en particulier dans le baptistère la cuve baptismale en plomb du XIIIe siècle entourée de vitrines où sont exposées un trésor religieux du XIXe siècle ; dans le chœur de la grande nef, des vitraux du XVIe siècle ; également dans le chœur, les stalles et le trône épiscopal en bois sculpté du XVIIe siècle, les grilles en fer forgé du XVIIIe siècle ; enfin, en tribune au-dessus du porche, les orgues de Guillaume de Monturus, du XVIIIe siècle.

SAVE

VISITE GUIDÉE AUDIO DU CENTRE HISTORIQUE

10, place de la Cathédrale ✆ 05 62 62 37 58
www.tourisme-saves.com
Visite audio libre en flashant les QRcodes avec son smartphone ou sa tablette, au départ de l'office de tourisme.

Lombez est marquée par son passé d'évêché, datant de l'installation du Saint-Siège en Avignon. La ville garde les vestiges de la Révolution Française. En partant de l'Office de Tourisme, flashez avec votre smartphone ou votre tablette les 15 QRcodes que vous rencontrez sur votre chemin lors de cette visite audio libre. Vous y découvrirez les secrets de la ville et la magnifique cathédrale Sainte-Marie, la halle couverte du XIXe siècle, le moulin à eau... Laissez-vous conter Lombez !

LA RÊVERIE €

48, boulevard des Pyrénées
✆ 05 62 61 83 75
https://la-reverie.jimdo.com
3 chambres dont une suite familiale. À partir de 62 € la nuit, pour 2 personnes.

Ancien relais de poste, comme en témoignent encore les anciennes écuries, puis hôtel particulier, la demeure, installée près du vieux Lombez, est devenue une maison d'hôtes en 2012 grâce à Agnès et Eric qui l'ont entièrement rénovée. La maison compte deux chambres et une suite parentale. Celles-ci donnent sur la charmante cour où il fait bon prendre son petit-déjeuner en été. Le tout est charmant, avec vieux parquets, couleurs pastel et boutis moelleux jetés sur les lits. La Rêverie porte bien son nom : on y rejoint les bras de Morphée en toute sérénité !

LE PARC DE PÉTRARQUE €€

11, rue Notre-Dame
✆ 06 20 51 45 20
www.leparcdepetrarque.com
Compter 64 € pour une chambre double, petit déjeuner compris.

Coup de cœur et accueil chaleureux pour cette maison de maître du XVIIIe siècle implantée dans le parc privatif de l'ancien évêché déployé sur 4 ha, avec étang et prairie. Pétrarque, premier poète humaniste, a dit avoir passé un « été céleste » à Lombez. La maison propose 5 chambres de caractère aux enduits et pigments naturels et meubles anciens. On aime celle de l'écrivaine, nommée en hommage à la grand-mère du propriétaire, écrivaine et critique littéraire. Nombre d'écrivains viennent se ressourcer ici. A voir la collection d'affiches et de tableaux d'époque.

CAZAUX-SAVÈS

Blotti dans la verdure sur la rive gauche de la Save, Cazaux-Savès est un joli petit village, avec un beau patrimoine et un environnement très préservé. Sa dénomination vient du gascon *casau*, jardin potager, enclos ou domaine, et l'occupation humaine y est avérée depuis le Néolithique. La rivière est omniprésente et contribue au charme des lieux. Une chute d'eau anime les bords de Save non loin de l'église. Le village est surtout connu pour abriter le magnifique château de Caumont, ouvert à la visite. Construit par Pierre Nogaret de la Valette, favori d'Henri III, il est le berceau de la famille des Castelbajac, qui l'occupent toujours.

CHÂTEAU DE CAUMONT

Château de Caumont
✆ 05 62 07 94 20
www.caumont.org
Ouvert de mi-mai à fin novembre. Horaires variables selon saison. Adulte : 8 €. Enfant : 6 €.

C'est le plus grand château Renaissance de la région et fait partie des sites touristiques les plus visités du Gers. Habité par la famille de Castelbajac, l'une des plus anciennes de la Gascogne, depuis plusieurs siècles, le château de Caumont, implanté au sein d'un immense terrain arboré et sauvage, présente un ensemble architectural classé Monument historique et affilié à la Demeure historique. Ce joyau surnommé « château de la Loire perdu en Gascogne » domine la vallée de la Save et regarde la chaine des Pyrénées. Il fut édifié par Pierre Nogaret de La Valette à son retour des campagnes d'Italie auprès de François Ier. La bâtisse, construite sur les plans de l'architecte Nicolas Bachelier, dans un appareillage de pierres et de briques, est flanquée de quatre tours fortes. Les trois ailes sont arrangées en U autour d'une grande cour d'honneur récemment restaurée. À l'entrée du domaine, se dresse un autre bâtiment, construit sur les vestiges d'un ancien château fort. Plus petit et plus ancien, séduisant et romantique avec ses allures de château de conte de fées, il accueille des mariages, des réceptions et des tournages de films.

En marge des visites guidées, le château de Caumont propose plusieurs animations et prestations : un concert de musique baroque en mai ; des chasses aux trésors pour les enfants, tous les mercredis matin de juillet et août (sauf en cas de pluie), et même un *escape game* dans les souterrains du château (déconseillé aux âmes sensibles !) en juillet et août, ainsi qu'un salon d'antiquaires en septembre.

SEYSSES-SAVÈS

Ce village de 245 habitants domine la vallée de la Boulouze, et jouit d'un beau panorama sur les coteaux et les Pyrénées. Le monument remarquable de Seysses-Savès est l'église de l'Exaltation de la Sainte Croix (XIVe siècle), classée Monument historique. Celle-ci est dotée d'un clocher-mur édifié en 1766 et 1767 qui impressionne avec ses solides contreforts et ses pinacles en forme de bulbe, que l'on retrouve dans des chapelles espagnoles dues à des artisans mozarabes. On peut aussi y voir l'influence baroque des églises d'Europe centrale à la mode au XVIIIe siècle. La sacristie et le sacrarium ont conservé leurs voûtes du XIVe siècle.

AU CANARD GOURMAND €€

La Rente

✆ 05 62 62 49 81

Compter de 86 à 95 € pour une chambre double selon la saison. 120 € pour une suite.

Cette jolie maison à la façade bleue se trouve un peu à l'écart de Samatan. Son restaurant est renommé dans toute la région pour sa gastronomie autour du canard. L'hôtel, plus récent, offre 6 chambres dont une suite, confortables et atypiques. Chacune, pop et colorée, a son style : blanc, indigo, prune... et vous accueille avec un plateau de courtoisie. La suite maison bois séduit par son style exotique et son espace de 48 m² réparti sur deux niveaux, pour 4 personnes. Ne manquez pas le bain bouillonnant, sans supplément, ni le solide petit-déjeuner au réveil.

SAMATAN

Samatan fut longtemps une châtellenie de Comminges, à seulement 3 km de Lombez la Gasconne. Aujourd'hui, Samatan compte près de 2 500 habitants et dispute le titre de « capitale du foie gras » à Gimont grâce à ses marchés au gras qui se tiennent toute l'année et attirent de nombreux restaurateurs du Toulousain. Sa prospérité commerciale remonte au Moyen Âge, et encore aujourd'hui, Samatan est plus vivante et dynamique que sa belle voisine Lombez. Ravagée par les troupes du Prince noir, la ville offre peu de monuments, mais ne manquez pas la charmante place de la Fontaine, très animée les jours de marchés, et bordée de très bons restaurants.

LE BAR DE LA FONTAINE €€

9, place de la Fontaine

✆ 05 62 62 30 34

Restaurant ouvert le midi du lundi au samedi.

Un PMU rural très fréquenté qui voit passer le tout Samatan et au-delà. Ce bar-restaurant à deux pas de la fontaine de Samatan, d'où son nom, dispose d'une terrasse très agréable sur la place. On aime s'y attabler autour d'un apéritif convivial et de plats 100 % Gers. Le service est très rapide, attentionné, et les plats sont généreux et savoureux, à des prix très raisonnables. Les pièces de bœuf et de canard sont locales, tout comme les cassoulets, parmentiers ou garbures artisanales. C'est le rendez-vous traditionnel de fin de marché le lundi matin.

SAVE

Samatan.

LA TABLE D'OLIVIER €€

1 bis, place de la Fontaine
✆ 05 62 62 63 29
www.college-culinaire-de-france.fr
Ouvert tous les midis et vendredi et samedi soir. Fermé mercredi et dimanche. Menu unique à 22,50 € le midi.

Sur la place centrale de Samatan, cet établissement estampillé Tables du Gers est unique en son genre, à l'image de son chef passionné et engagé Olivier Andrieu. Ce dernier a le terroir du Gers chevillé au cœur, et a su nouer des relations privilégiées et durables avec des producteurs locaux, devenus ses amis. Il travaille ces produits nobles avec brio, et se fait un point d'honneur à maintenir des tarifs très abordables, au regard de la qualité exceptionnelle de sa cuisine. L'accueil est chaleureux et direct, le service impeccable : une adresse en or !

AU CANARD GOURMAND €€€

La Rente
✆ 05 62 62 49 81
Ouvert tous les midis sauf le mardi et le soir du mercredi au dimanche. Compter 40 € pour un repas.

Une maison estampillée Table du Gers qui fait la part belle au canard et vous accueille depuis plus d'un quart de siècle. Aujourd'hui la relève est assurée par Alexandre Mouton qui maitrise ses gammes traditionnelles et les pimente d'une touche d'exotisme. La salle de restaurant est végétalisée, comme la terrasse, avec sa belle pergola de bambous. On aime la cave à déguster, avec ses étiquettes qui racontent chaque bouteille, chaque vigneron... Aux 25 kg de canard frais et fermier travaillés par semaine s'ajoutent bœuf, agneau et même la poule au pot d'Henri IV.

FERME DES MOULIOTS

477, route de Saint-Loubé
✆ 05 62 62 35 75
www.fermedesmouliots.fr
Boutique à la ferme ouverte du lundi au vendredi de 9h à 13h et de 14h30 à 18h ; le samedi de 10h à 12h30.

À la ferme des Mouliots, nichée dans un vallon du Savès, Isabelle Bossetto et son frère Thierry perpétuent une tradition familiale d'élevage de canards gras, depuis quatre générations. Les canards de Barbarie passent leurs journées en extérieur. Ils sont gavés avec le maïs blanc cultivé sur place, abattus et travaillés à la ferme. La boutique propose une gamme très étendue de produits maison délicieux : foies gras, confits, magrets frais ou séchés, plats cuisinés, traditionnels (cassoulets, tajines...) ou de fête (canard royal entier, magret farci au foie gras...)

FLEURONS DE SAMATAN

11, place des Halles
✆ 05 62 62 33 17
Ouvert du lundi au samedi de 9h à 12h30 et de 15h à 19h.

Cette boutique du centre-ville, à proximité des halles, est dédiée aux bons produits des terroirs. Les volailles sont régionales et fermières, engraissées et cuisinées traditionnellement. Une large gamme de produits frais IGP est proposée à la vente, tels que les foies gras frais et mi-cuit, les magrets et les confits, la découpe de canards. Cette boutique lumineuse et bien agencée met l'eau à la bouche et donne envie de cuisiner le Sud-Ouest ! Vous trouverez aussi en rayon vins, Armagnacs et d'autres spécialités du Gers et du Sud-Ouest.

LA LIBRAIRIE BUISSONNIÈRE

10, Avenue de Lombez
✆ 05 62 06 70 66
https://lalibrairiebuissonniere.fr
Ouvert du lundi au samedi de 9h30 à 13h et de 15h à 19h.

Installée dans une belle demeure historique, la Librairie Buissonnière a été fondée par Magali et Vladimir, qui ont voulu participer ainsi à la vie culturelle de leur terre d'élection. Dans la grande salle, un piano, des salons de lecture ainsi qu'une agréable terrasse vous accueillent dans une atmosphère conviviale. La librairie se double d'un salon de thé et organise de nombreux événements : ateliers d'écriture, clubs de lecture, rencontres avec des auteurs et concerts.

MARCHÉ AU GRAS - LES MATIN'HALLES

Allée du 14 juillet ✆ 05 62 61 77 40
www.samatan-gers.com
Le lundi à partir de 9h30 pour les carcasses, dès 10h30 pour les foies gras et volailles. Marché de plein vent dès 8h30.

Au marché de plein air des primeurs, fromages, viandes, pains, vêtements et ustensiles, s'ajoute un célèbre marché au gras tenu sous la halle selon une vente réglementée assurant qualité, fraîcheur et hygiène. Le terme marché « au gras » regroupe le marché aux carcasses et le marché aux foies gras frais entiers, d'oie ou de canard. Le marché « aux carcasses » propose des produits issus d'oies et de canards pour vos confits, magrets et aiguillettes. Service de découpe disponible.

LOMAGNE

Souvent qualifiée de « Toscane française », la Lomagne séduit par les rondeurs de ses paysages, le grain de sa lumière, la blondeur de sa pierre et de ses blés. Terre d'Histoire, elle a très tôt été occupée, et Lectoure fait partie avec Auch et Eauze des toutes premières cités du Gers. La Lomagne compte de nombreuses bastides, ces villes-nouvelles du Moyen Âge au plan régulier comme un métronome, conçu autour d'une place centrale. Les maisons affichent encore leurs colombages comme à Sarrant, les places entourées d'arcades couvertes comme à Fleurance ou Montfort, les halles accueillent encore des marchés de producteurs, comme celles de Cologne ou de Saint-Clar. La culture s'y épanouit. Autant celle du melon ou de l'ail, que celle qui nourrit l'âme et procure des émotions. Nombreux sont les festivals à animer les jours et les nuits de Lomagne : astronomie ou cuivres à Fleurance, photographie à Lectoure, peinture à Flamarens...

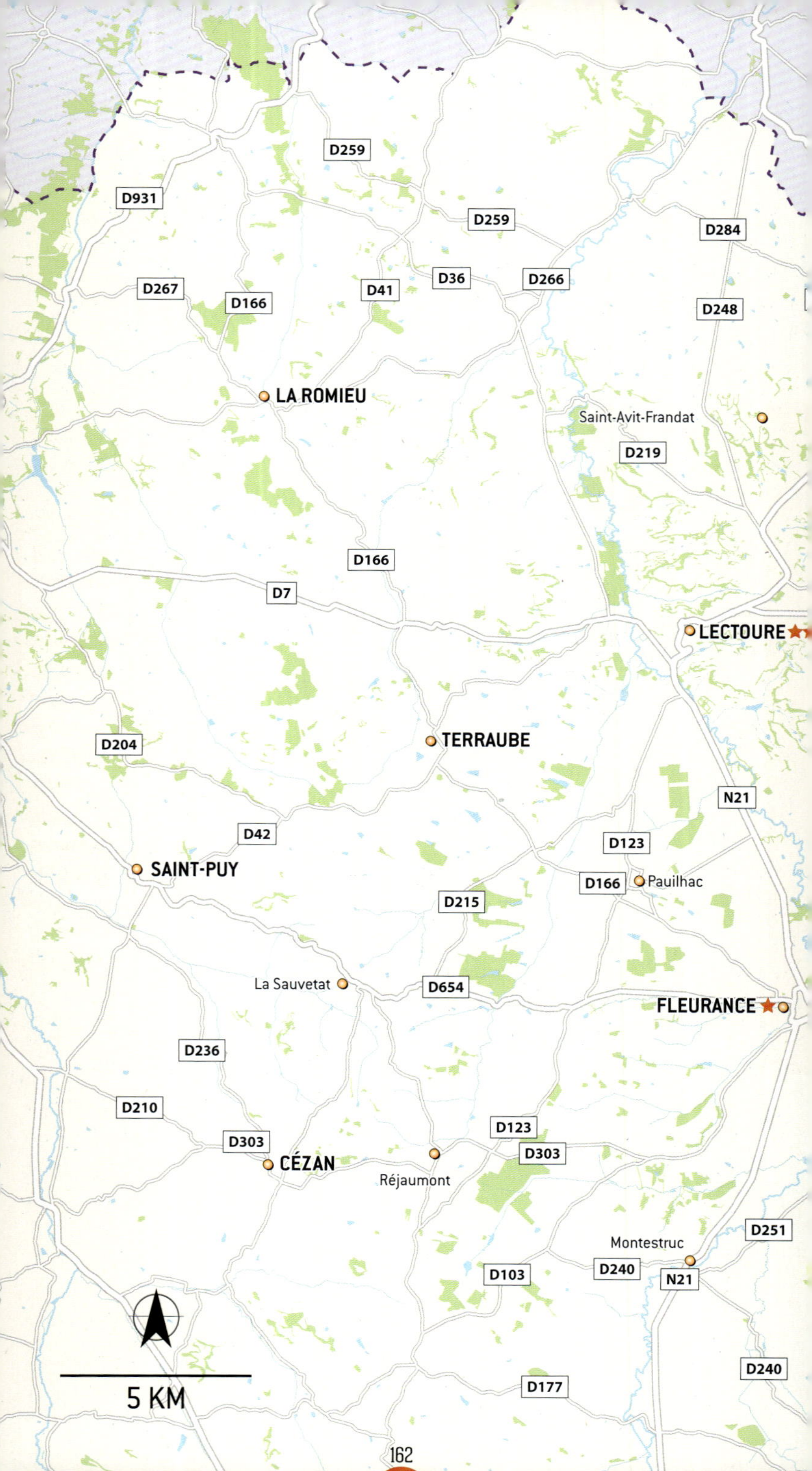
D259
D931
D259
D284
D267
D166
D41
D36
D266
D248
LA ROMIEU
Saint-Avit-Frandat
D219
D166
D7
LECTOURE
TERRAUBE
D204
N21
D42
D123
SAINT-PUY
D166
Pauilhac
D215
La Sauvetat
D654
FLEURANCE
D236
D210
D123
D303
D303
CÉZAN
Réjaumont
D251
Montestruc
D103
D240
N21
D240
D177
5 KM

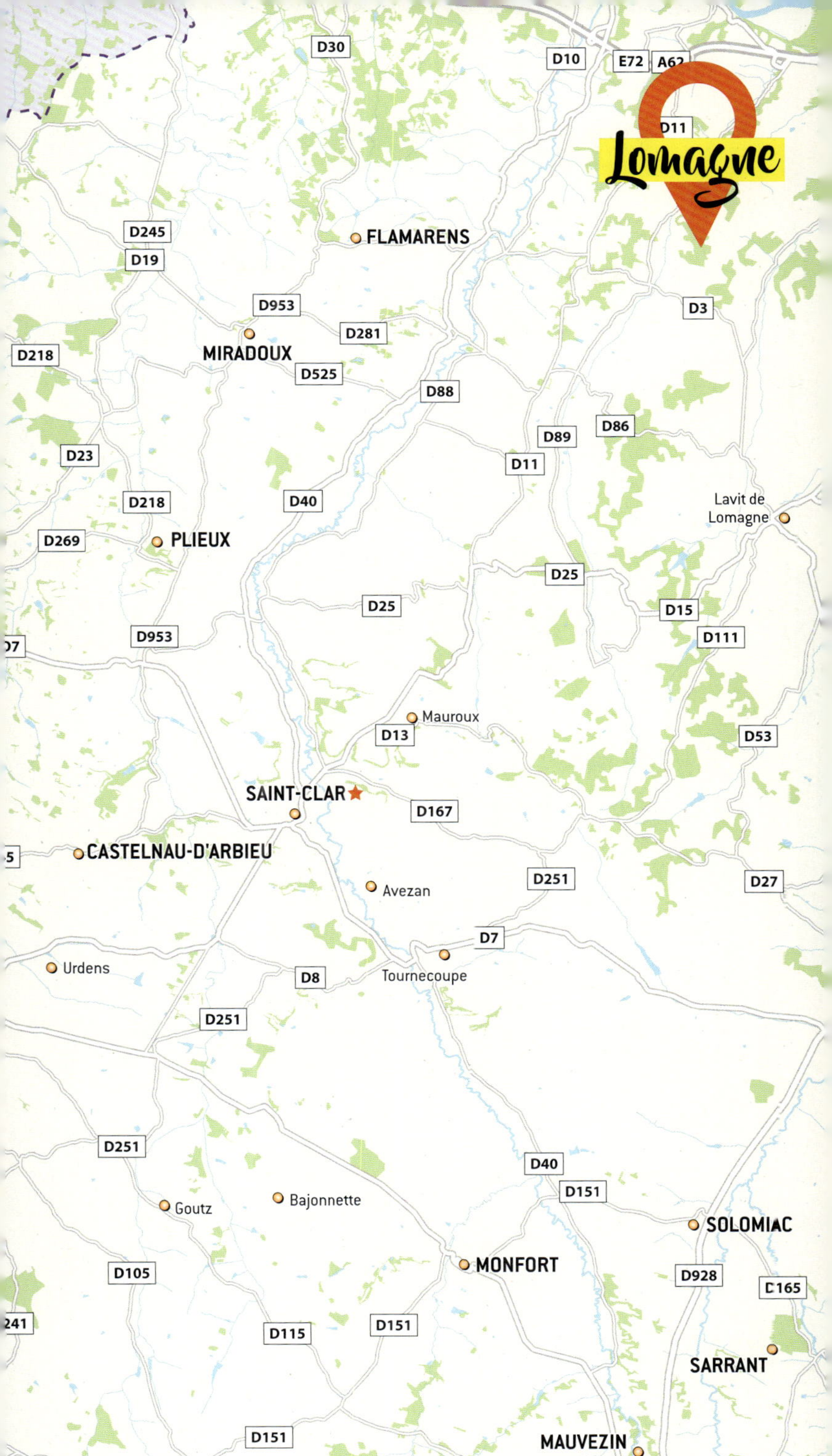
Lomagne
D30
D10
E72
A62
D11
D245
D19
FLAMARENS
D953
D281
D3
D218
MIRADOUX
D525
D88
D89
D86
D23
D11
D218
D40
Lavit de Lomagne
D269
PLIEUX
D25
D25
D15
D953
D111
Mauroux
D13
D53
SAINT-CLAR
D167
CASTELNAU-D'ARBIEU
D251
D27
Avezan
D7
Urdens
D8
Tournecoupe
D251
D251
D40
D151
Goutz
Bajonnette
SOLOMIAC
MONFORT
D928
D105
D165
D115
D151
SARRANT
D151
MAUVEZIN

PAGES

165 ● ● LOMAGNE

FLEURANCE ★

165 Fondée au XIIIe siècle, la ville de Fleurance affiche un plan de bastide typique : des rues qui se croisent perpendiculairement et une place centrale à couverts, où trône la halle-mairie en son centre. Celle-ci date du XIXe siècle, la halle d'origine étant partie en fumée en 1833. L'église Saint-Laurent présente un beau portail voussuré et des vitraux d'Arnaud de Moles.

168 CÉZAN

MONFORT

168 L'ancienne bastide de Montfort fut fondée en 1275 par le comte d'Armagnac Géraud V. Sa position dominante sur les vallons lui confère un rôle éminemment stratégique. On peut toujours apprécier sa halle couverte en bois qui trône entre les maisons à embans et face à l'église Saint-Clément du XIIIe siècle.

SARRANT

169 Il faut passer une porte percée dans une tour médiévale pour pénétrer dans ce village fortifié reconnu par "les plus beaux villages de France". Les maisons à pans de bois sont arrangées en cercle au centre duquel trône l'église. Rien ne semble avoir bougé depuis le Moyen-Âge.

169 SOLOMIAC

170 COLOGNE

171 MAUVEZIN

LECTOURE ★★

172 Lectoure fait partie des secrets les mieux gardés du Gers. La petite ville de 3 700 habitants offre une belle structure de bastide fortifiée parée d'une cathédrale, d'hôtels particuliers du XVIIIe siècle ou d'une fontaine du XIIIe siècle. La ville attire de nombreux touristes en été grâce à ses thermes, son Eté Photographique, ses nombreux brocanteurs et son patrimoine enchanteur.

LA ROMIEU ★★

178 Légèrement excentrée sur le chemin de Compostelle, La Romieu est pourtant une des plus belles étapes de ce tronçon classé au patrimoine mondial de l'UNESCO. Son imposante collégiale et son cloître finement ouvragé méritent une visite. La vue sur la campagne depuis le clocher est tout simplement splendide.

179 TERRAUBE

179 CASTELNAU-D'ARBIEU

SAINT-CLAR ★

180 Cette ancienne bastide médiévale rend hommage au martyr lectourois Saint-Clair. Elle est aussi la capitale de l'ail blanc de Lomagne et elle célèbre la gousse au début du mois d'août à l'occasion d'une grande fête populaire qui se tient dans la halle du XIIIe siècle.

180 PLIEUX

182 MIRADOUX

182 FLAMARENS

FLEURANCE ★

La ville tire son nom d'une des plus importantes capitales de l'Europe médiévale, Florence. Elle est fondée au XIIIe siècle, sous l'impulsion du seigneur local, Géraud de Cazaubon. Avec le paréage du sénéchal de Toulouse et la protection royale, il élit la plaine du Gers pour nouvelle résidence et baptise sa ville Florença. La cité voit donc le jour en 1272, sous le règne de Philippe III le Hardi, selon un plan de bastide, très en vogue alors en Gascogne. Une halle marque le centre du village, d'où partent les rues en damier. La guerre de Cent Ans amène de nombreux troubles et la ville passe de mains en mains, jusqu'à atterrir entre celles du Pape en 1350 et 1354. Cela n'empêche pas le développement économique de la ville, qui devient renommée pour son tissage de la serge. Le rattachement de la Gascogne au domaine royal d'Henri IV permet à Fleurance de devenir la capitale administrative de la Lomagne. Elle accroît son importance économique malgré les épidémies de peste et de famine qui déciment sa population. Au XVIIIe siècle, la fabrication de tuiles, de plumes à écrire et de chaussures assure une certaine prospérité à la ville, qui se développe. Un grand incendie détruit la halle en 1833, qui est reconstruite en y intégrant les locaux de la mairie à l'étage. Aujourd'hui centre touristique important, la ville accueille deux festivals d'été incontournables : Cuivro-Foliz en juillet, qui célèbre les bandas et instruments à vent, et le festival d'astronomie en août, le plus important de France.

ÉGLISE SAINT-LAURENT ✞ ★

Rue Pasteur

✆ 05 62 06 11 05

Ouvert toute l'année. Pas de visite pendant les offices.

Dédiée au diacre martyr saint Laurent, cette belle église, classée monument historique depuis 1907, abrite une chapelle dédiée à la Vierge, appelée « Notre-Dame de Fleurance ». L'église est le seul vestige datant de la fondation de la bastide, à la fin du XIIIe siècle. De style gothique méridional, elle impressionne par ses dimensions qui se rapprochent plus de la cathédrale que de l'église de village : 70 m de long et 37 m de large. Sa construction s'est étendue sur une longue période, comme on peut le constater en observant les décrochements de la toiture. Le clocher présente une structure étonnante. Sa base carrée est surmontée d'un lanternon à 3 étages de forme octogonale et terminé par une flèche pyramidale en tuiles plates. Le portail voussuré d'origine est encadré de niches aux arches ciselées. À l'intérieur, la nef sans transept est typique du Sud-Ouest. Elle est bordée de huit chapelles éclairées de vitraux. Outre celle dédiée à Notre-Dame de Fleurance, la chapelle Saint-Jude est également remarquable. Les vitraux du chœur sont attribués au maître verrier Arnaud de Moles, l'auteur des somptueux vitraux de la cathédrale d'Auch. Le vitrail central représente la Sainte Trinité encadrant la Vierge, tandis que les grands saints illustrent celui de gauche et l'Arbre de Jessé celui de droite. L'église Saint-Laurent abrite un bel orgue de facture romantique. Inauguré en 1865, il a été construit par Jules Magen. Il possède 1 816 tuyaux, 34 jeux répartis sur 3 claviers manuels et un pédalier.

ÉGLISE SAINT-ROCH ✞

GOUTZ

✆ 05 62 64 03 52

www.villefleurance.fr

Visite en contactant un(e) bénévole dont les numéros sont affichés sur la porte latérale de l'église.

Le clocher crénelé de cette église émerge du paysage gascon. De style néogothique, elle a été érigée entre 1880 et 1883, probablement sur les fondations de l'ancienne église. Ses murs et ses voûtes sont intégralement ornés de fresques. Certaines d'entre elles sont l'œuvre de Paul Lasseran, un artiste régional. La mosaïque du carrelage, d'origine, a été entièrement démontée, nettoyée et recollée lors de la restauration entreprise en 2009 et 2010. Vous constaterez qu'à cette occasion, les initiales de la Vierge ont été recollées à l'envers...

HALLE-HÔTEL DE VILLE ★★

Place de la République

✆ 05 62 06 10 01

www.villefleurance.fr

Marché le mardi et le samedi de 8h à 13h.

La halle constitue l'épicentre de la bastide gasconne. Celle de Fleurance a été emportée par un incendie en 1833. Elle était montée sur 24 piliers de bois, soutenant la maison consulaire au centre. L'architecte auscitain Ardenne a été choisi pour reconstruire une halle à la fin du XIXe siècle. Il a proposé d'installer la maison communale à l'étage, tout en respectant le principe médiéval primitif : un maximum d'espace avec un minimum d'emprise au sol. La halle repose sur 60 piliers, autour desquels se tiennent les marchés du mardi matin et du samedi matin.

STATUES-FONTAINES ★

Place de la République

Visite libre sur la place.

Prenez le temps de faire le tour de la place de la République pour admirer les fontaines situées aux quatre coins de la halle. Ces quatre statues en bronze représentent les quatre saisons : le printemps au nord-est, l'été au sud-est, l'automne au sud-ouest et l'hiver au nord-ouest. Elles ont été réalisées au XIXe siècle grâce au legs d'Adolphe Cadéot, alors maire de Fleurance. Ces « statues-fontaines » ont été réalisées selon les modèles du sculpteur Albert-Ernest Carrier-Belleuse par l'atelier Durenne de Sommevoir en Haute-Marne.

SUITE DE PAN, ITINÉRAIRE ARTISTIQUE

Chemin de la Biodiversité

✆ 05 62 64 00 00

Visite libre.

La Suite de Pan est une création originale de Thierry Boutonnier pour le Pays Portes de Gascogne. Implantée en un site écologique et perchée dans un chêne, cette œuvre consiste en un espèce d'observatoire de la biodiversité en danger à travers un globe céleste contemporain aux constellations prenant la forme d'espèces disparues ou menacées : une projection de la biodiversité et de la richesse du vivant et un rappel des liens d'interdépendance entre infiniment grand et infiniment petit.

MAIRIE DE FLEURANCE

Place de la République

✆ 05 62 06 10 01

www.villefleurance.fr

Ouvert du lundi au vendredi de 8h30 à 12h30 et de 13h à 17h30 (jusqu'à 16h30 le vendredi).

La mairie de Fleurance vous accueille à l'étage de la belle halle. Elle œuvre au rayonnement de la ville, encourage les projets culturels et veille sur le patrimoine architectural. Ce travail de longue haleine a permis à Fleurance d'obtenir le label d'excellence « Commune touristique » en 2013. Le festival d'Astronomie et celui de Cuivro'Foliz attirent les visiteurs en nombre. Deux entreprises spécialisées dans les produits végétaux naturels et un laboratoire de recherche sur les propriétés thérapeutiques des plantes placent la ville au sommet de cette filière.

CHAMBRES CHEZ UN ARTISTE €

114, avenue de la côte d'argent

✆ 06 62 78 91 73

Deux chambres atypiques chez l'artiste, 50 € la nuit, petit déjeuner maison inclus.

Voici une maison d'hôte très agréable, au concept original. Vous résiderez chez l'artiste peintre Christophe Dougnac et sa femme Bénédicte, dans l'une des deux vastes et belles chambres à thème : la Musicienne, pourvue d'une multitude de disques à découvrir, ou la Romancière, qui abrite une grande bibliothèque riche d'ouvrages très divers. Bénédicte vous préparera de délicieux petits déjeuners faits maison, depuis le pain jusqu'aux confitures. Vous les dégusterez en compagnie de l'artiste, et pourrez même prolonger l'expérience en vous initiant au dessin avec lui.

LE HAMEAU DES ÉTOILES €€

Le Hameau des Étoiles ✆ 05 62 07 58 56

www.hameau-des-etoiles.com

Compter de 500 € à 865 € la semaine en chalet 4 personnes.

Un parc de 42 hectares, un lac de pêche, une piscine, un dôme d'observation, une salle de spectacles... voilà qui va vous mettre la tête dans les étoiles. Loin, très loin de la planète Terre, évadez-vous et admirez les astres depuis ce camping à thème. La propriété bénéficie d'une installation et d'instruments qui permettent d'observer l'univers. Des soirées et des randonnées nocturnes d'observation sont organisées pour percer en famille les secrets de l'univers. L'hébergement se fait en chalets équipés, de 4 ou 6 personnes, avec une kitchenette à disposition.

LE PIOT €€

Chemin du Piot

✆ 05 81 67 03 17

www.lepiot.eu

À partir de 79 € pour une chambre double, petit-déjeuner inclus. Une chambre plus petite à partir de 59 €.

Cette maison bourgeoise a séduit Danny et Kerry, venus d'outre-Manche. Ils ont patiemment rénové cette vieille dame née en 1914 pour un résultat absolument charmant. Les parquets et les meubles sont parfaitement cirés, les murs sont peints de couleurs chaudes ou pastel. La maison compte cinq chambres, dont une plus petite. L'une d'elles est indépendante et occupe un petit bâtiment au fond du jardin. Tout est pensé pour passer un été agréable : table et salon de jardin installés sous la terrasse du 1er étage, belle piscine, parc arboré.

PERLE D'ASIE €

24, rue Anatole-France
✆ 05 62 64 35 75

Ouvert du jeudi au mardi le midi et le soir. Compter 18 € pour un repas.

Perle d'Asie s'est installé dans l'ancienne gare de Fleurance il y a plus de 10 ans. Le rouge est à l'honneur, couleur synonyme de chance et de bonheur au Vietnam d'où sont originaires les patrons. Le néophyte s'initie ici aux délices de la cuisine asiatique avant de devenir un fidèle comme nombre des clients présents ce soir-là. Luc prépare de délicieux nems au porc, des raviolis frits, une salade au crabe, des beignets de crevette, des brochettes de poulet ou de porc, des crevettes au curry... Il y a peu de tables exotiques dans le Gers, ne manquez pas celle-ci.

CHEZ MONSIEUR RENART

26, Place de la République
✆ 06 62 36 31 12

Ouvert du mardi au samedi de 8h à 12h30 et de 15h à 18h. Boutique de thé en vrac

Sylvain Raynard-Lloan a récemment transformé l'ancien « Poulailler décalé » en nouveau salon de thé et boutique de thé en vrac. Vous pourrez y déguster de délicieux thés choisis avec soin et conseillés par Sylvain, ainsi que des cafés et chocolats chauds mais également des sirops et thés glacés maison. Côté sucré en vitrine, vous avez le choix parmi les viennoiseries traditionnelles, les madeleines artisanales, les crêpes ou encore les muffins à la pâte à tartiner. Ce lieu de vie accueille parfois aussi de jolies expositions et des petits concerts.

L'AUBERGE €€

8, place de l'Union
TOURNECOUPE
✆ 05 62 59 63 77

Ouvert le midi du mercredi au dimanche et le samedi soir. Compter 25 € pour un repas.

Dans une agréable bourgade lomagnole surplombant l'Arratz, la terrasse de L'Auberge offre une vue remarquable sur les vallons des alentours. Guillaume Dinet travaille avec grand soin ses cuissons pour mettre à l'honneur des produits du terroir issus d'une agriculture raisonnée et de producteurs locaux. La carte est régulièrement remaniée, conservant cependant toujours son accent terroir, saison et classique. Une très bonne ambiance règne dans ce petit restaurant, à l'image de la commune qui l'accueille et où il fait bon vivre.

LES TABLES D'URDENS €€

9, place de l'Église
URDENS
✆ 05 62 59 70 03

Ouvert le midi du mardi au dimanche et le soir du jeudi au samedi. Compter 30 € pour un repas.

Le label « Tables du Gers » récompense une cuisine de qualité basée sur des produits frais et essentiellement locaux. Ici, comme se plaît à le rappeler le chef, tout est fait maison. La qualité de cette cuisine est démontrée par une affluence importante, par tous les temps. L'hiver les clients se réfugient au coin du feu qui crépite dans la cheminée et l'été ils s'emparent de la terrasse. Voici une adresse authentique qui profite du cadre chaleureux d'une ancienne étable, et ceci à seulement quelques petits kilomètres de Fleurance.

LA CAVE D'EMBIDOURE

3, place de la République
✆ 05 62 06 27 62
www.domaine-embidoure.com

Ouvert du mardi au samedi de 9h à 12h et de 15h à 19h.

La Cave d'Embidoure ne se contente pas d'écouler les stocks de vins et spiritueux du domaine d'Embidoure, c'est aussi une épicerie fine. La belle boutique propose des produits estampillés « Gascogne » aux gastronomes. Vous y trouverez des denrées parmi les plus délicieuses et appréciables du département : vins, armagnacs, canard, oie, huiles bio, plats et desserts cuisinés... Le magasin travaille avec des producteurs connus, comme Maison Tête (de Valence-sur-Baïse) pour le foie gras et les rillettes, ou Marcel Trépout (de Vic-Fezensac) pour l'armagnac.

ÉTHIQUABLE

Allée du Commerce-Équitable
✆ 05 62 06 05 06
www.ethiquable.coop

Visite libre et gratuite toute l'année. Visite guidée + dégustation sur réservation (dès 7 personnes) : 5 € / pers

En 2021, Ethiquable ouvre la première chocolaterie bio et équitable française, à Fleurance. Afin de partager ses valeurs, son savoir-faire et sa vision engagée du commerce équitable, la chocolaterie ouvre ses portes au grand public en 2022 pour le plus grand bonheur des petits et des grands. Avec un parcours pédagogique de 400 m², cette SCOP invite les visiteurs à découvrir les étapes de production du chocolat et les valeurs portées par Ethiquable. Pour une expérience ultime, offrez-vous l'atelier dégustation en fin de visite guidée !

BASE DE LOISIRS

Rue de la Première-Armée-Française
✆ 05 62 06 12 18
www.villefleurance.fr/
Ouvert tous les jours de 12h à 19h30 (sauf le mardi de 14h à 19h30). Pour l'Aquagym, voir sur le site de la mairie

Bassin aqualudique de plus de 360 m², espace balnéo, rivière à courant, cascades, pataugeoire, bassin d'entraînement : la municipalité de Fleurance a tout mis en œuvre pour offrir à ses habitants une base de loisir estivale digne de ce nom. La pelouse attenante affiche souvent complet, surtout par forte chaleur, et il devient très difficile de trouver une place pour se garer à proximité. La baignade est surveillée et les maîtres-nageurs assurent des cours de natation et d'aquagym. Parfait pour une journée pique-nique avec les enfants.

LA FERME DES ÉTOILES

MAUROUX
✆ 05 62 06 09 76
www.fermedesetoiles.com
Ouvert toute l'année. Consulter le site Internet.

Cette belle demeure gasconne, à l'écart du village de Mauroux, labellisée Oasis Nature, est le repère idéal pour profiter d'un ciel d'exception dans de bonnes conditions. Le site dispose d'un télescope de 620 mm de diamètre, d'un planétarium numérique de 7m et autres instruments, et propose un large panel d'activités, séjours d'astronomie, dîners-veillées du samedi, séjours astronautiques grâce à un simulateur de vol numérique. La ferme propose des chambres d'hôtes et des astrobulles sous les étoiles disposées dans le parc. Repas de terroir et piscine en été.

GOLF DE FLEURANCE

Lassalle
✆ 05 62 06 26 26
www.golfdefleurance.fr
Ouvert tous les jours de 8h à 19h. Compter 33 € pour un 18 trous de mai à octobre.

Le parcours de 9 trous est ponctué d'obstacles naturels faits de ruisseaux et d'arbres, ou artificiels comme les vallons et les bunkers aménagés aux abords des greens. Il est dessiné autour d'une ancienne maison gasconne du XVIIIe siècle à colombages. Une fois le parcours terminé, il est possible de l'emprunter dans l'autre sens afin de vous donner l'illusion de faire un 18 trous. Les revues *Fairway* et *Golf Européen* ne s'y trompent pas et ont d'ailleurs retenu ce golf dans leur classement respectif des meilleurs 9 trous de France.

CÉZAN

Cézan est une petite commune gersoise typique située entre Fleurance et Valence-sur-Baïse. Entouré de champs de moutarde ou de blé, le village arbore un profil de carte postale avec ses grosses maisons carrées au toits de tuiles rouges arrangées en rond autour de son église. Le village était autrefois fortifié, comme celui de Larressingle, mais seules quelques traces du chemin de ronde subsistent et sont visibles en bout de rue principale. La tour carrée massive de l'église Sainte-Eulalie arborait également un rôle défensif en plus de sonner les cloches qui rythmaient la journée. Aujourd'hui le village compte à peine plus de 220 habitants.

DOMAINE D'EMBIDOURE

RD303 - **RÉJAUMONT**
✆ 05 62 65 28 92
www.domaine-embidoure.com
Ouvert du lundi au vendredi de 9h à 12h et de 14h à 18h30.

Le domaine d'Embidoure est une affaire de femmes. Nathalie et Sandrine Menegazzo ont hérité de ce domaine en 2006. Elles perpétuent le travail d'encépagement du vignoble, en pratiquant une culture raisonnée et en apportant un grand soin aux méthodes de vinification. On apprécie particulièrement les blancs, en sec ou moelleux, plusieurs fois récompensés. Ainsi, la Cuvée des Filles 2017 présente un bel équilibre entre le chardonnay, le sauvignon et le petit manseng. Il accompagne parfaitement poissons et viandes blanches et collectionne les médailles dans les concours.

MONFORT

Cette très belle bastide fondée en 1275 sur un promontoire tient son nom de *mons fortis* qui signifie « Montagne fortifiée ». Son fondateur, le comte d'Armagnac Géraud V, avait décidé de l'appeler ainsi en raison de sa position géographique éminemment stratégique. Aujourd'hui, le village offre une halle centrale couverte de 1852, des galeries, de sublimes maisons anciennes en vieilles pierres et à colombages, mais aussi l'impressionnante église Saint-Clément du XIIIe siècle. D'anciens remparts courent aux abords du bourg et on peut y découvrir le lavoir-abreuvoir-fontaine. Le poète Guillaume du Bartas (1544-1590) est originaire de la cité.

LAVOIR, ABREUVOIR ET FONTAINE

www.monfort.fr

Accès libre.

Non seulement le bourg est très joli à visiter, mais en plus il cache de belles surprises. En longeant les remparts côté nord, vous arrivez à un imposant lavoir rectangulaire de 1856. Il fait partie intégrante d'un ensemble très bien conservé qui comprend des abreuvoirs pour le bétail, et une fontaine monumentale de 1819. On imagine les lavandières battant le linge, les vaches faisant entendre leur voix et leurs cloches et les paysans se saluant en occitan.

CAMPING MUNICIPAL €

Rue des Écoles

✆ 05 62 06 83 26

Compter 5 € pour un emplacement électrifié et 4 € par personne. Fermé de mi-octobre à fin avril.

Au calme, mais à seulement 200 m de la place centrale, vous apprécierez ce modeste camping, accueillant et ombragé. Le lieu est paisible et invite à une pause bucolique. De là, vous pourrez partir à la découverte des paysages et du patrimoine de la Lomagne en randonnée ou en voiture. La commune met à disposition quelques équipements pour les sportifs. Tennis, football ou pétanque peuvent être pratiqués gratuitement. Le village de Monfort en lui-même, aussi petit soit-il, est particulièrement charmant : un véritable écrin de pierre au sein de la verdure !

LA GRIGNOTIÈRE €€

Place de la Mairie

✆ 05 62 06 96 33

www.la-grignotiere-monfort.fr

Ouvert du mardi au dimanche midi et du mercredi au dimanche soir. Compter 25 € pour un repas.

Au cœur de la paisible bastide de Monfort, ce café-restaurant sympathique est niché sous les arcades de la place de la Halle. Les murs en pierres apparentes des deux salles toutes simples sont ornés de jolis dessins de pigeonniers de la région. La cuisine est traditionnelle, le menu du jour, bon et copieux, est tout à fait plaisant. Le restaurant propose aussi une carte, des menus plus élaborés, et un menu enfants. Cécile, la patronne, vous accueillera chaleureusement, et vous vous sentirez vite comme chez vous dans ce lieu modeste et authentique.

SARRANT

À la limite nord-est du Gers, aux portes de la Lomagne et de la Gascogne Toulousaine, Sarrant est un îlot fortifié de 400 habitants. On y pénètre en passant une porte percée dans une tour du XVIe siècle. L'église Saint-Vincent trône au centre de cet étonnant complexe médiéval. Elle est encerclée de maisons à pans de bois qui forment un ensemble charmant repéré par « les Plus Beaux villages de France ». En 1307, Sarrant est placée sous la protection du roi de France et demeure indépendante de tout féodalisme . Aujourd'hui, le village abrite l'une des meilleures librairies du Gers et la Maison de l'illustration, résidence d'artistes et galerie.

L'AZINET

L'Ange

✆ 05 62 65 00 30

www.azinet.org

Ouvert tous les jours. Réservation indispensable. Accueil enfants. Animations.

Cette ferme pédagogique axée sur la culture bio, permet de découvrir de nombreux animaux. Lapins, volailles, chèvres, cochons, moutons et âne. Vous pouvez également partir en promenade sur l'un des quinze ânes de la ferme. Après une rapide formation à la marche et à l'approche des animaux, brossage, installation du bât, vous pourrez partir sur les chemins boisés autour de la ferme. Selon le temps dont on dispose, quatre sentiers sont proposés avec des variantes. Les balades en attelage sont aussi possible avec ânes ou chevaux de trait accompagnés par un meneur.

SOLOMIAC

Au XIIe siècle, les terres de Solomiac étaient la propriété de l'abbaye de Gimont. En 1322, un acte de paréage est souscrit par Bernardus de Solemniaco. Il marque la naissance de l'une des dernières bastides de la région. Elle devait s'appeler Francheville, mais son fondateur a préféré lui donner son nom. Solemniaco est devenue Solomiac au fil de l'évolution de la langue. Elle arbore aujourd'hui un patrimoine foisonnant : église, halle, pigeonniers, château, fontaine, lavoir, ou encore le local des « poids publics » où l'on pesait les transports de marchandises. Solomiac est la capitale régionale du veau, avec foire et concours à la fin de l'hiver.

BASE DE LOISIRS DE SOLOMIAC

Village
✆ 05 62 65 02 82
Ouvert début juillet à fin août de 10h30 à 19h30. Entrée : 3,50 € ; tarif réduit : 1 € (de 2 à 4 ans).

Plusieurs bassins permettent à chacun de passer un bon moment ici. Piscine pour les nageurs, bassin surveillé pour les petits avec un champignon arroseur. Mais ce qui plaît le plus, ce sont les toboggans : 13 descentes qui sont prises d'assaut l'été. Le « jetgliss » procure une impressionnante sensation de vitesse, les autres toboggans plus classiques offrent nombre de boucles et de virages. Un mini-golf, un parcours santé et un terrain de volley complètent l'offre de loisirs.

LE PARADIS DES 3 MOUSQUETAIRES €€

Lasserre
✆ 06 21 35 99 64
Compter de 950 € à 1 500 € pour la semaine, selon saison. Gîte 8 personnes.

Cette belle maison de campagne isolée fut restaurée par la mairie de Solomiac. Elle offre tout le confort nécessaire pour des vacances paisibles : de grandes chambres, une salle de bain et une salle de douche, salon pourvu d'un grand écran. La cuisine est très bien équipée, et le barbecue dans le jardin est un vrai plus. Le gîte dispose d'une belle piscine avec terrasse en bois et vue sur la campagne. Un lieu idéal pour des vacances en famille ou en tribu.

COLOGNE

Si ce nom vous évoque des contrées allemandes, vous êtes pourtant bien en Gascogne. Quand la bastide de Cologne a été fondée en 1284, on a voulu lui donner, comme il était souvent de coutume pour ces villes nouvelles, le nom d'une cité prospère ayant une renommée internationale. C'est sans doute l'une des plus belles bastides du département, de par l'enchaînement incessant des façades à colombages, à peine rompu par les maisons à cornières. La perspective régulière est cassée par une magnifique halle du XIVe siècle, tandis que l'église fortifiée se dresse aux abords de la bastide. Le charme intemporel de Cologne mérite définitivement une visite.

RANDONNÉES DE SOLOMIAC

✆ 05 62 65 01 02
www.solomiac.fr
Plus d'information à la mairie.

Solomiac propose de belles randonnées dans ses environs, avec notamment le sentier des Pigeonniers ou le sentier de la Gimone. Les 17 tracés différents permettent de profiter de la beauté de la campagne gersoise et de ses panoramas bucoliques. Les plans de randonnée peuvent être retirés à l'Office de Tourisme de Mauvezin ou à la mairie de Solomiac, qui a notamment financé un formidable livret pédagogique permettant aux enfants de découvrir les rives de la Gimone.

▸ **Sentier Découverte de la Gimone**. Ce sentier long de 1,7 km à 3 km est idéal à parcourir avec des enfants. Imaginé par l'association Arbre et Paysage 32, il a été financé par la Communauté de communes. Un livret pédagogique accompagne le parcours et permet aux plus jeunes de se familiariser avec la nature. Explications, jeux, anecdotes permettent d'aborder différents thèmes : eau, sol, faune, flore, biotope, écosystème et développement durable. Les jeux ont été imaginés par les élèves des écoles de Solomiac et de Sarrant. Le livret, gratuit, peut être retiré à la mairie de Solomiac ou dans les Offices de Tourisme. Le plan du sentier peut être téléchargé sur le site Internet de la commune.

▸ **Randonnée des Pigeonniers**. Cette boucle de 14 km s'adresse aux adultes ou cyclistes. Elle traverse la campagne environnant Solomiac et vous mènera à la découverte des pigeonniers, emblématiques de la culture du Sud-Ouest. Vous pourrez aussi apercevoir des moulins à vent et profiter d'un superbe panorama. Le circuit est décrit en détail sur le site de la commune.

LE COMPTOIR DES COLIBRIS €

6, place de la Halle
✆ 05 62 06 73 45
www.lecomptoirdescolibris.fr
Ouvert du mardi au jeudi de 9h à 16h ; le vendredi et le samedi de 9h à 15h et de 18h à 22h30 ; le dimanche de 9h à 16h.

Le Comptoir des Colibris est un café-restaurant solidaire devenu en quelques années le rendez-vous de choix des Colognais. La salle épurée aux tables en bois et chaises vintage fait face à une terrasse ensoleillée donnant sur la halle. Le café-restaurant est né de la volonté de quelques-uns de redonner un peu d'animation à la commune. Les produits arrivent des environs dans le respect du circuit court et d'une agriculture respectueuse de l'environnement. Concerts et expositions sont régulièrement organisés. Ici, la nourriture est autant terrestre que spirituelle.

MAUVEZIN

Sa situation géographique lui a probablement valu son nom, lequel signifie « mauvais voisin ». Cette redoutable forteresse faisait frontière entre l'antique Narbonnaise et la vieille Aquitaine. En 920, la ville devient la capitale du Fezensaguet. Au XIIIe siècle, elle grandit, se dote d'une halle, de remparts, s'impose un peu plus avec un château fortifié aujourd'hui disparu. Elle se modernise en prenant des allures de bastide qu'elle n'est pas, étant beaucoup plus ancienne. Aujourd'hui, Mauvezin invite à la flânerie avec sa place centrale lumineuse, ses arcades, son clocher hexagonal du XIIIe siècle ainsi que ses ruelles médiévales.

BRASSERIE L'EXCUSE

En Burret
✆ 09 84 23 09 96
www.brasserie-lexcuse.com
Accueil le jeudi et vendredi de 17h à 19h et de 19h à 21h de mai à septembre. Bar de la brasserie ouvert l'été.

Romain Biscan, le fondateur de cette micro-brasserie artisanale, a appris les subtilités de son métier auprès du maître-brasseur Frédéric Sannier. En 2014, il se lance avec le soutien de plusieurs acteurs régionaux et locaux. Depuis, épaulé par Guillaume depuis 2016, il a mis au point une large gamme de bières : blanche, ambrée, blonde, tourbée ou IPA. Beaucoup de restaurateurs du Gers, conquis, les proposent à leur carte. La brasserie se visite afin de découvrir l'art subtil du dosage du houblon, du malt, de la levure et de l'eau.

LES DÉLICES D'ISABELLE

Aux Barthes
✆ 05 62 06 72 51
www.delicesdisabelle.fr
Ouvert du lundi au samedi de 9h à 17h ; le dimanche de 9h à 12h. Appeler avant toute visite.

Les produits du terroir sont à l'honneur aux Délices d'Isabelle, une exploitation qui privilégie la convivialité. Ici le mot d'ordre est la simplicité. Dans la cour de la ferme, les coqs, les poules, les poussins, les chats, les chiennes se côtoient en toute indifférence. Vous croiserez oies et canards gambadant en plein air avant le gavage. Isabelle sera là pour vous accueillir et vous donner des explications sur l'élevage et la transformation. Elle a développé une large gamme de produits en vente à la boutique ; foie gras, confits, pâtés, plats cuisinés...

LA FABRIQUE DES COLIBRIS €€

2, Rue des Justices
✆ 05 62 58 94 54
Ouvert le lundi de 9h à 17h ; le mardi de 9h à 15h30 ; le mercredi et le jeudi de 9h à 18h ; le vendredi de 9h à 22h.

À Mauvezin, c'est à travers le restaurant La Fabrique des Colibris que le Mouvement Colibris prend forme. Le restaurant fait aussi salon de thé, location d'espace, repas de groupes, mais aussi centre de formation pour les personnes qui souhaitent se reconvertir ou s'émanciper en se tournant vers les métiers de la restauration, mais aussi du tourisme. On y retrouve une cuisine savoureuse avec des produits frais issus de circuits courts, comme ce délicieux poulet au floc ou encore le hachis Parmentier aux lentilles corail, mais la carte change régulièrement.

LOMAGNE

MARCHÉ DE MAUVEZIN

Place de la Libération
✆ 05 62 06 81 45
www.mauvezin.fr
Le lundi de 8h à 13h et marché des producteurs sous la halle le samedi de 8h à 13h.

Chaque lundi matin, la place centrale de Mauvezin se métamorphose. Sa grande et superbe halle du XIVe siècle ainsi que les arcades accueillent les marchands. Voilà l'occasion pour les fidèles habitués ou les chalands de passage de remplir leur panier de bons produits. C'est aussi la possibilité de découvrir la cité dans une ambiance animée et commerçante qui la rend d'autant plus chaleureuse. Cela nous ramène au temps où les supermarchés n'existaient pas et où ces rendez-vous en plein air étaient une composante indispensable du lien social.

LECTOURE ★★

Lectoure est l'une des plus anciennes cités du Gers, ce dont témoignent de nombreux vestiges gaulois et gallo-romains. Si la ville s'étalait initialement dans la plaine, elle a fini par migrer sur un vaste éperon calcaire, dominant la plaine du Gers, et lui donnant sa fière silhouette, reconnaissable entre mille. La pierre blonde et claire des bâtiments XVIIe et XVIIIe confèrent à la vieille ville une homogénéité et un charme inégalé dans la région. Le patrimoine historique de Lectoure est très riche, et la visite vous mènera du bastion à l'ancien château des comtes d'Armagnac, en passant par la cathédrale, l'ancien Palais de l'évêché, la halle ou la fontaine Diane. Au sud de la cathédrale, le panorama sur les vallons gersois depuis les remparts est exceptionnel. Le musée archéologique Eugène-Camoreyt conserve une importante collection d'autels tauroboliques gallo-romains et le musée d'Art sacré abrite un riche ensemble d'objets religieux. Mais Lectoure est bien plus qu'une ville-musée. C'est une cité vivante, qui a su allier traditions du passé et modernité culturelle. Étape majeure sur le chemin de Saint-Jacques, Lectoure perpétue sa très ancienne vocation d'accueil des pélerins, et si vous n'êtes pas vous-même de l'aventure, nul doute que vous croiserez nombre d'entre eux, harassés par leur dernière grimpette vers la cité, mais éblouis par sa beauté. La ville accueille aussi un centre d'art dédié à la photo, qui organise le festival de l'Été photographique.

BASILIQUE SAINT-GÉNY ✝ ★

Monastère Saints-Clair-et-Maurin
✆ 05 62 68 52 94
www.monasteresaintgeny.fr
Ouvert au public en certaines occasions (contacter la communauté). Messe certains dimanches à 10h.

Dans la ville basse, cette magnifique chapelle laissée sans usage a été acquise par une communauté monastique dépendant de l'Église orthodoxe serbe. Elle a été reconsacrée en 2000 en présence de 600 personnes. Désormais, le site accueille le père Antoine ainsi qu'une dizaine de religieux. La basilique abrite les reliques du martyr lectourois saint Gény, une icône miraculeuse de la Mère de Dieu de Chilandar, des ostensoirs, des ciboires, un sarcophage, une iconostase sculptée et, plus insolite, une très belle icône représentant le roi Louis XVI. Juste à côté de la basilique se tient un petit musée renfermant une importante collection de santons. Elle peut être visitée en prenant rendez-vous auprès du Père Antoine. Le monastère de Saint-Gény a été fondé au Xe siècle par Guilhem Sanche de Gascogne. L'évêque Gothescalc y fit étape lors de son pèlerinage pour Compostelle en 950. L'évêque parti du Puy en Velay est considéré comme le premier pèlerin pour la ville de Galice. Les pèlerins continuent d'être accueillis à la Maison Béthanie qui jouxte le monastère. La chapelle actuelle remonte au XVIe siècle. Elle fut reconstruite sur les fondations de l'ancienne église, elle-même bâtie sur le tombeau de l'ermite Saint-Gény. Les guerres de Religion qui ont fortement sévi dans cette région ont laissé des pans entiers de territoires dévastés, dont beaucoup ont mis du temps à se relever. Il ne reste d'ailleurs plus aucun bâtiment d'origine du prieuré, complètement mis à sac. Seuls quelques puits et un mur d'enceinte subsistent.

CATHÉDRALE SAINT-GERVAIS-SAINT-PROTAIS ✝ ★★

Rue Nationale
✆ 05 62 64 00 00
www.tourisme-occitanie.com
Visite du Trésor sur réservation. Se renseigner à l'office de tourisme.

Érigée à partir du XIIIe siècle, la cathédrale a connu de nombreuses modifications. Façade, nef et clocher ont été détruits en 1473. La nouvelle tour-clocher s'élève à 45 mètres. L'intérieur abrite un musée d'art sacré exposant objets liturgiques, reliquaires, images pieuses, sépultures et chasubles. Il est possible de grimper au clocher en compagnie d'un guide de l'Office de tourisme et d'admirer le panorama et le plan bien ordonné de la ville. Il y a des concerts d'orgues en été.

BLEU DE LECTOURE

55, rue Alsace-Lorraine
✆ 05 62 28 14 93
www.bleu-de-lectoure.com
Boutique ouverte du mardi au samedi de 10h à 12h30 et de 14h à 18h. Visites de 10h30 à 12h et de 14h30 à 17h.

Le Sud-Ouest de la France se lance dès la Renaissance dans la production intensive de l'*Isatis Tinctoria*, autrement dit, le pastel, cette plante qui, une fois broyée et fermentée, donne un bleu éclatant à nul autre pareil. La Gascogne devient alors un pays de Cocagne, les « cocagnes » dénommant les boules de pastel. Dès lors, Toulouse s'impose comme le cœur d'un commerce européen d'un commerce florissant, du moins jusqu'à la découverte de l'indigo et bien pire encore... des teintures synthétiques. Heureusement une petite forme de résistance s'est organisée pour permettre au bleu dit de Lectoure de perdurer au pays. Ici, vous découvrirez l'histoire du pastel et son processus de transformation en teinture naturelle. Cette fabrique qui avait été fondée en 1994 a bien failli cesser toute activité et disparaitre en 2016, avant d'être sauvée in-extremis et de renaître tel un phénix sous la houlette de l'ancien patron et deux de ses employées associées dans sa sauvegarde. Passionnés et déterminés à sauver un outil et valoriser un savoir-faire local, ils entrainèrent dans l'aventure un agriculteur qui poursuit la production de la plante tinctoriale. Ils ont déménagé leur atelier à l'entrée de la ville et développé une gamme de produits bio. On trouve dans leur boutique une large gamme de vêtements, foulards, savons, produits de beauté, peinture qui ont tous pour point commun, vous vous en doutez, le pigment naturel proche du bleu du ciel. Merci à Henri, Cécile et Séverine de faire perdurer la tradition du bleu pastel de Lectoure !

CENTRE D'ART ET DE PHOTOGRAPHIE ★

8, Cours Gambetta ✆ 05 62 68 83 72
www.centre-photo-lectoure.fr
Ouvert d'octobre à juin du mercredi au dimanche de 14h à 18h. L'été : du mercredi au lundi de 14h à 19h. Pass Été 6 €

Le Centre d'art et de photographie de Lectoure est l'unique centre d'art contemporain du Gers, l'un des sept consacrés à la photographie en France. Il organise des expositions gratuites, monographiques ou collectives, et accueille des artistes en résidence. Très dynamique, le centre est à l'origine d'un formidable festival : l'Eté photographique, à l'occasion duquel les œuvres d'artistes contemporains, photographes, plasticiens investissent plusieurs lieux emblématiques de Lectoure.

FONTAINE DIANE ★

Rue Fontélie
Accès libre.

Ouvrage du XIIIe siècle classé Monument Historique, la fontaine est cachée sous les remparts. Il s'agit en réalité d'un vaste bassin voûté, avec une ouverture en double arcade ogivale fermée par une grille de fer forgé. Les murs de la fontaine étaient ornés de fresques murales, que l'on devine à peine aujourd'hui. Il est probable que dès l'Antiquité la fontaine ait été dédiée à une divinité, et qu'un temple de Jupiter ait été construit au-dessus. François-Paul Alibert qui accompagnait André Gide lors de sa venue en 1907 lui a dédié un poème, *A la source Fontélie*.

MUSÉE EUGENE CAMOREYT

Place Général-de-Gaulle
✆ 05 62 68 55 19
www.lectoure.fr
Toute l'année, Du mercredi au lundi de 10h à 12h et de 14h à 18h. Entrée 3 €. Gratuit pour les moins de 18 ans

Les origines de ce musée remontent au XVIe siècle. Il compte certainement parmi les plus anciens établissements de ce genre en France. C'est à la suite de la découverte d'autels de culte dits « tauroboliques » que le tout premier musée est inauguré. Les 20 stèles des IIe et IIIe s. sont trouvées à l'occasion de travaux de réfection du chœur de la cathédrale Saint-Gervais Saint-Protais en 1540. Elles sont alors transportées à la maison commune qui se tenait à la place de la halle actuelle. Deux autres stèles seront trouvées plus tard dans le bastion. Après l'incendie de la halle, l'Hôtel de Ville prend ses quartiers dans le palais épiscopal. Les stèles y sont transportées et installées au sous-sol en compagnie d'autres pièces remontant à l'antiquité comme un somptueux sarcophage en pierre. Ces stèles étaient gravées et datées à l'occasion du sacrifice d'un boeuf ou d'un bélier en l'honneur de la déesse Cybèle. En complément de cette visite, trois salles peuvent être vues. La première est dédiée au maréchal Lannes, la deuxième à l'amiral Boué de Lapeyrère tous deux enfants du pays. La troisième salle mérite une attention toute particulière. Il s'agit de l'ancienne pharmacie d'Astaffort remontant au XIXe s. et qui fut donnée à la ville en 1970. On peut y voir de vieux piluliers, des bocaux mystérieux et pleins d'objets insolites. La salle des Illustres à l'étage (accès libre et gratuit) présente aux visiteurs le portrait des principaux généraux et amiraux nés ou formés à Lectoure et dans les environs.

LE BOUDOIR €

17, rue du 14 Juillet
✆ 06 75 90 32 81
www.giteleboudoir-lectoure.com
Compter 67 € pour une chambre twin (2 personnes), petit déjeuner compris.

À l'origine, cet immeuble abritait une biscuiterie. Désormais, c'est une maison d'hôtes et un relais pour pèlerins. L'endroit, habité à l'année par un teckel, un chat et la délicieuse Patricia, est absolument charmant. Après avoir eu un coup de cœur pour Lectoure, elle a acheté cette petite maison qu'elle a transformée avec beaucoup de goût. Elle a fait faire de jolis lits superposés pour la chambre-dortoir, habillé la petite chambre mansardée de bleu paon. Légèrement à l'écart de la rue principale animée, vous n'aurez que quelques pas à faire pour la rejoindre.

COLLÈGE DES DOCTRINAIRES**** €€€

148, Rue Nationale
✆ 05 62 68 50 00
www.doctrinaires.fr
Studios de 112 € à 303 € ; suites de 127 € à 585 €, selon la saison et la catégorie.

L'ancien lycée de la ville a été converti en hôtel-résidence de luxe destiné aussi bien aux curistes qu'aux touristes de passage. Il est relié aux thermes, parfait pour une escapade bien-être. L'hôtel a ouvert ses portes en 2019 et l'architecte Sébastien Desroches a veillé à préserver l'esprit des lieux de cette bâtisse du XVIIe s. Les 44 chambres-appartements, décorée de façon raffinée, offrent des prestations exclusives et surtout beaucoup d'espace.

LA MANUFACTURE ROYALE DE LECTOURE €€€

19, rue Claude Ydron
✆ 06 83 51 28 67
Chambre double à partir de 280 € la nuit (2 nuits minimum). Gîte pèlerin à 40 € la nuit par personne.

Cette ancienne tannerie royale de cuirs date du XVIIIe siècle. Elle a été construite en 1754 par l'architecte Pierre Racine et est restée à l'abandon ces trente dernières années. Trois ans de labeur ont été nécessaires pour rénover la bâtisse qui aujourd'hui accueille des évènements et propose également un hébergement très haut de gamme. Les chambres y sont spacieuses et élégantes. C'est un lieu est propice à la quiétude et au bon vivre, et ouvre aussi ses portes aux pèlerins.

LE BONHEUR EST DANS LE PRÉ €

123, Rue Nationale
✆ 05 62 29 67 81
Vente à emporter du mardi au samedi de 10h à 14h et de 17h à 19h30 ; le dimanche de 10h à 15h. Plus d'horaires l'été.

Ce tout nouveau « prêt-à-manger » est tenu par Marc-Antoine et Daphné. Ils ont décidé de lancer un concept hybride entre le restaurant et le traiteur, tout à emporter. La carte, à l'empreinte italienne mais aussi locale, change régulièrement et propose par exemple un délicieux parmentier de canard, un croque monsieur à la truffe ou encore une traditionnelle mousse au chocolat. Tout est fait maison, et avec amour ! Le restaurant propose depuis peu la restauration sur place.

AUBERGE DES BOUVIERS €€

8, rue Montebello
✆ 05 62 68 95 13
www.aubergedesbouviers.eatbu.com
Ouvert du jeudi au samedi le soir ; le week-end le midi. Environ 50€/repas le soir.

Le chef Bastien Boulard a quitté sa Normandie natale pour animer les fourneaux de cette auberge médiévale. Les repas sont servis dans une salle aux poutres apparentes, aux fenêtres vitrail et à la grande cheminée en pierre qui donne toute son âme à la pièce. Les plats évoluent au fil des saisons, faisant la part belle aux produits nobles et de qualité souvent teintés de saveurs iodées. Les assiettes, généreuses, font montre d'une grande technicité au service d'une inspiration mêlant classicisme et originalité. Elles s'accompagnent d'un beau choix de vin.

LE BASTARD €€

2, Rue Lagrange
✆ 05 62 68 82 44
www.hotel-de-bastard.com
Ouvert le midi du mercredi au dimanche et le soir du mardi au samedi. Menu du midi en semaine à 26 €

Dans cette belle demeure du XVIIIe siècle, le chef travaille les produits du terroir avec originalité. Il met en avant des produits marqués par la saisonnalité, tels que la courge butternut ou l'endive en hiver. Foie gras, canard ou soufflé aux pruneaux et à l'Armagnac sont présents toute l'année pour le plus grand plaisir des touristes de passage. La table historique de Lectoure s'attache à proposer une cuisine bourgeoise servie sous les parasols en été. Elle est d'ailleurs reconnue et récompensée par plusieurs labels et guides de qualité.

© LAC DES 3 VALLÉES

© LAC DES 3 VALLÉES

© LAC DES 3 VALLÉES

CAMPING YELLOH VILLAGE LE LAC DES 3 VALLÉES €€€

camping Lac des 3 Vallées ✆ 05 62 68 82 33
https://www.lacdes3vallees.fr/

De mi-mai à début sept. À partir de 57 € par nuit pour un cottage pour 2 pers. Prix variables selon saison et prestation

Ce camping grand luxe et tout confort profite d'un immense terrain de 300 hectares, de trois lacs, dont un réservé à la baignade des chiens et de nombreuses animations et activités. Parc aqualudique, espace de pêche, terrains de sport, piscine avec toboggans, mini-club pour les enfants et les ados, salle de fitness, spectacles, la famille Dumas sait recevoir. Une boutique, un restaurant, un snack et une pizzeria vous permettront de passer une semaine (ou plus) en toute autarcie.

© LAC DES 3 VALLÉES

© LAC DES 3 VALLÉES

RACINE €€

6, rue Fontélie
✆ 05 62 28 07 41
www.racinerestaurant.fr
Du mardi au vendredi midi et soir. Réservation impérative. Menu du jour 30 €, menu enfant 15 €.

Coup de cœur pour ce joli petit restaurant tenu par Lionel et Laurence. Depuis leur ouverture en 2019, le succès a été immédiat. Laurence, formée en école hôtelière, œuvre avec Lionel qui a fait ses classes chez les plus grands de Bruxelles. Il y a acquis une technique et une volubilité qui emportent tout ! Les saveurs se télescopent, aériennes, pour créer des instants de grâce. Lectoure possède désormais son bistro gastronomique qui, offrant une cuisine du terroir contemporaine, affiche complet midi et soir. Pensez à réserver quelques jours à l'avance.

CHARCUTERIE MAZZONETTO

33, rue Nationale
✆ 05 62 28 67 73
Ouvert du mardi au samedi de 8h30 à 12h30 et de 15h30 à 18h45 ; le dimanche de 8h30 à 12h30.

On ne trouve pas un Lectourois qui ne connaisse Pascal Mazzonetto, grand gaillard gascon roi de la salaison. Ses charcuteries sont des morceaux de bravoure : saucissons, saucisses sèches, magrets séchés, lomos, chorizos et aussi terrines et pâtés comme le délicieux cochon de lait farci ou la terrine de joue de porc persillée. On trouve aussi de la viande fraîche, essentiellement de porc. Pascal se fournit chez les producteurs de la région, notamment en porc noir de Bigorre. Il a également démarré un élevage biologique. Les plats préparés sont également délicieux.

CIGALE É FOURMI

31, rue Nationale
✆ 05 64 25 05 06
Ouvert le mardi et le mercredi de 9h à 13h ; du jeudi au samedi de 9h à 1h. Menus de 19€ à 30€.

Émilie et Damien Lemontagner ont repris cette brasserie en juillet 2020. Situé en retrait de la rue principale, derrière la tour d'Albinhac, le restaurant profite de la terrasse la plus agréable de la ville. Il fait bon s'attabler sous les grands parasols et se laisser porter par l'inspiration du chef. Ses plats soigneusement travaillés adoptent des attitudes bistrotières comme cette poitrine de porc fondante et son potimarron au thym. Durant l'année, des menus spéciaux sont proposés (moules-frites, raclette...) et des soirées à thèmes et concerts sont organisés.

LE COCHON BLEU

52, rue Nationale
✆ 09 50 53 22 90
www.lecochonbleu.fr
Ouvert du mardi au samedi de 9h à 18h30.

Le Cochon Bleu nourrit aussi bien l'esprit avec une sélection soignée d'ouvrages littéraires que les estomacs avec une restauration simple à l'heure du déjeuner. Le magret de canard façon Ginette remporte tous les suffrages depuis l'ouverture en 2011. Romans, beaux livres, BD, œuvres pour enfants se feuillettent à toute heure en dégustant un café, un thé ou l'incontournable « chocolat du Cochon ». Aux beaux jours, les habitués occupent souvent la petite terrasse palissée. L'hiver, on se réfugie à l'intérieur en profitant du cadre chaleureux bien qu'un peu exigu.

MAISON BAUDEQUIN

13 bis, rue Nationale
✆ 09 80 75 20 25
Ouvert du mercredi au samedi de 9h à 12h30 et de 14h30 à 18h ; le dimanche de 9h à 12h30.

La Maison Baudequin est bien plus qu'un salon de thé, c'est aussi une pâtisserie familiale et un chocolatier. On pourra s'y arrêter pour prendre un délicieux petit déjeuner, un en-cas ou le goûter de l'après-midi, accompagné d'un chocolat chaud bien crémeux, la spécialité de la maison. Les gâteaux, servis en part généreuse, sont à l'honneur : Cheesecake, *carrot cake*, tartes aux fruits, au chocolat... vous aurez l'embarras du choix ! Quelques tables sont installées en terrasse l'été. Une adresse hautement recommandable, et prisée des Lectourois.

DOMAINE D'ARTON

Arton
✆ 05 62 68 84 33
www.arton.fr
Visite du lundi au samedi de 9h à 13h et de 14h à 18h. Le dimanche sur rendez-vous.

Cette belle propriété familiale est située sur la route de Miradoux. Le domaine d'Arton s'étend aujourd'hui sur plus de 80 ha. Victoire et Patrick de Montal cultivent leur vignoble de manière traditionnelle, dans le respect de la vigne et de la matière brute. Ils produisent une large gamme de vins, blanc sec, doux ou moelleux, rosé, rouge, et aussi le fameux spiritueux gascon : l'armagnac, sous l'appellation rare du haut-armagnac. Didier Billes distille également d'autres eaux-de-vie. Il se fera un plaisir de vous faire découvrir le domaine et ses produits.

FLEURONS DE LOMAGNE

7, rue Nationale

✆ 05 62 68 76 24

www.fleuronsdelomagne.com

Ouvert de 9h à 12h30 et de 14h à 19h et le dimanche de 9h à 12h30.

Cette belle boutique en cœur de ville fête ses 20 ans. Les produits locaux y sont soigneusement sélectionnés : foie gras, magrets, saucisse de canard, pâtés, ail noir, fruits au sirop, mais aussi vins et armagnacs. Nombreux sont les Lectourois à venir composer des paniers gourmands avant de rendre visite à leurs famille et amis à travers la France. La boutique porte haut le savoir-faire local. La fromagerie attenante permet de se ravitailler en produits laitiers et en produits fins venus de plus loin : huiles d'olive, gressins, charcuteries...

DE LA TERRE AU VERRE

25, rue Nationale

✆ 05 62 68 51 40

Ouvert du mardi au samedi de 9h30 à 13h et de 15h30 à 19h ; le dimanche de 9h30 à 13h.

Romain vous accueillera dans cette chaleureuse cave et vous impressionnera par ses connaissances techniques et ses qualités de dégustateur. Il propose une belle sélection de vins de la région (Chiroulet, Pellehaut, Côte d'Heux, Uby...) et pourra vous expliquer toutes les subtilités des côtes-de-gascogne, dont certains domaines méritent vraiment d'être découverts. Armagnacs hors d'âge, folle blanche, champagnes millésimés, alcools d'exception et une exploration poussée du Languedoc permettent toujours de dégoter un flacon intéressant.

MARCHÉ DE LECTOURE

✆ 05 62 68 70 22

https://lectoure.fr/agenda/

Tous les vendredis de 8h à 13h. Puces, brocantes, marché bio et des producteurs l'été

Le vendredi matin l'effervescence est à son comble rue Nationale, l'artère traversant la ville d'un bout à l'autre. Les marchands investissent la rue, et vous trouverez de tout : produits du terroir, vêtements, rempailleur, plantes, marchand de tapis ou de matelas... En été, le marché s'agrandit, rejoint par les camelots venant répondre à la demande touristique. Le dimanche matin, des producteurs locaux investissent le parvis de la cathédrale. On y trouve notamment le fameux melon de Lectoure et un producteur d'huile d'olive du Gers.

VILLAGE DES BROCANTEURS

Cours d'Armagnac

✆ 06 73 01 72 45

Ouvert du mardi au dimanche et les jours fériés de 10h à 13h et de 14h à 19h

Longtemps laissé à l'abandon, le château des comtes d'Armagnac et l'ancien hôpital ont été investi par une trentaine de brocanteurs en 2017. Ces lieux historiques accueillent des boutiques aux univers différents : années 1950, baroque dans l'ancienne chapelle, linge d'époque, disques vinyles… Les galeries du sous-sol ont, elles, été transformées en ateliers d'artiste. Lieu atypique, Le Village des Brocanteurs vaut le coup d'œil et attire les visiteurs par milliers. Rançon du succès, y dénicher une bonne affaire relève de l'exploit : les prix sont très élevés.

MONSIEUR L'ÉPICIER

81, rue Nationale

✆ 05 62 06 14 34

Ouvert du mardi au samedi de 9h à 12h30 et de 15h à 19h. Plus d'horaires sur Facebook et Instagram

Après le succès de la première boutique à Saint-Clair, cette nouvelle épicerie fait l'unanimité depuis son ouverture au cœur de Lectoure. Ce véritable magasin général, comme autrefois, a été joliment décoré à la main par une artiste peintre locale. Dans une ambiance conviviale, Gaëtan, le gérant, vous propose une large sélection de produits alimentaires et non-alimentaires de qualité, naturels, bio et locaux, tous dans une démarche écologique ou responsable. Vous y trouverez également plus de 90 références d'aliments en vrac et des fruits et légumes frais.

MONTGOLFIÈRES DE GASCOGNE

Bordes

✆ 05 62 64 69 92

www.montgolfieres-gascogne.fr

Compter 200 € par personne pour un vol, 120 € pour un enfant -12 ans. Sur réservation et selon la météo.

Cela fait plus de 25 ans que Guy fait voler ses montgolfières blanches et bleues au-dessus de Lectoure. Aujourd'hui, ses fils Thomas et Vincent ont pris la relève. Tôt le matin, alors que le soleil étire ses rayons sur la plaine du Gers, ou en fin de journée quand le ciel s'empourpre, le spectacle offert depuis la montgolfière est superbe. Vous profiterez de la vue saisissante sur la ville et de ses alentours vallonnés : une expérience absolument magique.

CHEMIN DE SAINT JACQUES DE COMPOSTELLE

✆ 05 62 68 70 22
https://lectoure.fr/decouvrir
Ouvert toute l'année.

Certains tronçons des chemins de Saint-Jacques-de-Compostelle en France sont inscrits sur la liste du patrimoine mondial de l'Unesco. Celui qui mène de Lectoure à Condom fait partie des sept tronçons classés de la *Via Podensis* qui court du Puy-en-Velay à Saint-Jacques-de-Compostelle. Long de 27 kilomètres, il faut compter 6 h 45 pour le parcourir. Il passe par des chemins de terre qui traversent prés et arrière-cours de fermes, et par de petites routes de campagne peu fréquentées. Le chemin traverse les villages pittoresques de Marsolan et de Castelnau-sur-l'Auvignon. À la chapelle d'Abrin, il se dédouble. Les randonneurs les plus fervents optent pour le détour par le village de La Romieu qui recèle une somptueuse collégiale et un cloître également répertoriés au patrimoine mondial de l'Unesco. Ce détour nécessite de marcher 5 kilomètres de plus. Il est bien sûr possible de faire étape à La Romieu. Arrivé à Condom, vous pourrez visiter la cathédrale Saint-Pierre. Le chemin se poursuit ensuite vers Montréal-du-Gers et emprunte le pont d'Artigues du XIIe siècle, là encore inscrit au patrimoine mondial de l'Unesco. Nous vous recommandons le petit détour de quinze minutes vers le joli petit village fortifié de Larressingle. Le chemin de Saint-Jacques-de-Compostelle est très fréquenté de Pâques à la Toussaint, avec un pic indéniable durant l'été. Il devient alors nécessaire de réserver son hébergement, surtout si vous souhaitez profiter du tarif pèlerin.

VALVITAL - THERMES DE LECTOURE

125, rue Nationale
✆ 05 62 68 56 00
Ouvert du lundi au samedi de 14h à 18h45 ; le dimanche de 10h à 12h30 et de 14h à 17h (hors cure). Entrée : 17 €

Installé dans un joli hôtel particulier du XVIIIe siècle, ce centre thermal est l'un des plus beaux de France. La source sulfatée, chlorurée et sodique de Lectoure est reconnue pour son efficacité sur les pathologies rhumatismales. Les soins sont prodigués le matin dans le cadre des cures médicalisées. L'après-midi, le centre s'ouvre au public. Piscine et bains à jets, soins de beauté relaxants ou détoxifiants, hammam et aquagym vous redonneront tonus et vitalité.

CASINO DE LECTOURE

4, avenue Jacques Descamps
✆ 05 32 26 31 40
https://casino-lectoure.com
Ouvert du dimanche au jeudi de 11h à 2h, jusqu'à 3h le vendredi et samedi. Interdit aux -18 ans.

Le casino de Lectoure a ouvert ses portes en mai 2019. Dans un premier temps, il accueille une table de blackjack, une roulette anglaise, 50 machine à sous et un restaurant très agréable. L'ouverture de l'établissement était très attendue à Lectoure, non seulement pour dynamiser les soirées et élargir la gamme d'activités, mais aussi pour booster l'emploi dans cette région très rurale. Ainsi, les curistes peuvent y faire un tour pour occuper leur soirée. En plus, le casino propose chaque semaine plusieurs animations et concerts gratuits.

LA ROMIEU ★★

En gascon, roumiou signifie « pèlerin ». Le village a gardé dans son nom le souvenir du moine allemand Albert qui, revenant d'un pèlerinage à Compostelle, s'y arrêta pour fonder une petite communauté qui prospéra. Aujourd'hui comme hier, le pèlerin de la *via Podiensis* s'émeut de la splendeur de la collégiale Saint-Pierre de La Romieu et de la finesse de son cloître. La Romieu est un charmant village fleur. Non loin, vous trouverez également les Jardins de Coursiana, de très beaux jardins privés. En flânant dans les rues, on remarque de curieuses statuettes de chats, hommage à la légende d'Angéline qui sauva le village de la peste grâce à ses félins.

LES JARDINS DE COURSIANA

✆ 05 62 68 22 80
www.jardinsdecoursiana.com
Ouvert tous les jours de 14h à 19h, le samedi de 14h à 17h en été. Autres horaires sur Internet. Adulte : 8,50 €.

Il s'agit de l'un des plus grands arboretums de France, avec plus de 700 essences venues du monde entier. Le parc paysager recèle une belle collection scientifique et c'est un lieu de contemplation où il fait bon se ressourcer. Les jardins ont reçu de nombreuses distinctions. En l'an 2000, la collections de tilleuls a été classée nationale par le Conservatoire des collections végétales spécialisées (CCVS). La visite se fait parmi quatre espaces principaux : l'arboretum, le jardin à l'anglaise, le jardin de plantes médicinales et le verger-potager familial.

COLLÉGIALE SAINT-PIERRE DE LA ROMIEU ✝ ★★★

Rue du Docteur-Lucante
✆ 05 62 28 15 72
www.la-romieu.fr

Ouvert toute l'année. Horaires variables selon les mois. Consulter le site web. Adulte : dès 6 €. Tarif réduit : 5 €.

Cette splendide construction, classée monument historique et au patrimoine mondial de l'Unesco, est sans doute l'un des plus beaux édifices du Gers. Avec ses tours carrées et octogonales, sa magnificence du XIVe s. s'impose en plein centre du village avec une splendeur absolue. La collégiale est le fruit du projet d'Arnaud d'Aux, un enfant du village, fils d'un riche seigneur et devenu au fil du temps cardinal très influent auprès de la cour pontificale de Clément V. En 1314, consul privé du roi Édouard II d'Angleterre, il entreprend la construction de ce fleuron patrimonial. Un cloître, dont on peut apprécier les chapiteaux romans sculptés, est ajouté en 1320. L'entrée au nord permet d'y pénétrer directement mais on accède principalement à cet ensemble d'architecture méridionale par l'office de tourisme. C'est alors un spectacle incroyable qui vous attend, digne d'un voyage hors du temps. Entre arcs, sculptures, murs peints et voûtes de l'église à nef unique, la montée au clocher, ses deux tours octogonales dont une renferme un passage secret avec escalier à double révolution, tout est absolument magistral. Au détour des étages, vous pourrez enfin admirer les fresques de la sacristie qui ont été restaurées et qui n'étaient jusqu'alors visibles que derrière une grille. Le chemin de ronde et les jardins demeurent mystérieux, emplis d'une aura historique qui fait frissonner. La vue au sommet qui court jusqu'à l'horizon est exceptionnelle.

LA MAISON D'AUX 🛏 €€€

Place Étienne Bouet
✆ 05 62 28 14 89
www.lamaisondaux.com

Compter de 125 € à 145 € la nuit pour une chambre double, petit déjeuner compris. Réduction à partir de 2 nuits.

Hervé et Martin ont eu un véritable coup de cœur pour cette maison du XVIIIe siècle. Riche d'histoire, elle a été construite par les descendants, qu'on espère indirects, du cardinal d'Aux, le fondateur de la collégiale. Nul doute que vous succomberez également à son charme. Les deux chambres donnent sur le jardin et sont précédées d'un salon installé sous la colonnade. On adore la chambre du vestibule avec son carrelage à damier ancien et son plafond à poutres apparentes. Une belle piscine, tout en longueur, vous attend pour une baignade rafraîchissante.

TERRAUBE

Niché dans un repli de terrain, le village de Terraube s'étale sur un plateau rocheux. Les maisons de pierre blonde, le château et l'église prodiguent ce charme caractéristique des villages préservés du Gers. Terraube n'a pas toujours connu cette sérénité affichée. Elle fut le lieu d'un terrible massacre durant les guerres de Religions. Blaise de Monluc, lieutenant du Roi, y fait égorger une garnison protestante retenue prisonnière. Tous les 19 juin, les habitants défilent en procession autour de la statue de Saint-Joseph qui les aurait sauvé de la Grande Peste de 1653. C'est l'un des derniers villages de France à se livrer encore à cette pratique.

LA TERRAUBOISE 🍴 €€

Place de Gascogne
✆ 05 62 68 94 83

Ouvert de 9h à 14h et de 18h à 21h. Fermé le mercredi. Compter 35 € pour un repas.

Adossé au village de Terraube, le café-restaurant La Terrauboise offre une vue panoramique imprenable depuis sa terrasse couverte du premier étage. Le chef, Denis Darras, un Breton de Paris, s'est largement acclimaté à la cuisine locale, depuis vingt ans qu'il en conjugue les produits avec une touche de sophistication. Ses profiteroles de foie gras de canard ou sa soupière de volaille, ris de veau et morilles sont un régal de gourmets. Le chef propose aussi des plats plus simples bien réalisés, comme des salades composées ou une entrecôte sauce au poivre.

CASTELNAU-D'ARBIEU

C'est un très beau village typique, comme la Gascogne en a tant produit. Ce castelnau est né au XIIIe grâce au noble Arbieu de Labatut qui lui a laissé son prénom en héritage. Ses 200 habitants jouissent de points de vue magnifiques, d'une fière église au clocher élancé, de pavements tout neufs, de beaucoup d'espace, de belles pierres et d'un hameau plus que remarquable : Aurenque. Son pont de pierre remontant au Xe siècle a subi d'importantes dégradations lors des intempéries de l'hiver 2020. Il a été restauré au printemps 2021 et peut de nouveau être emprunté par les promeneurs. Divers parcours de randonnée serpentent sur le territoire de la commune.

SAINT-CLAR ★

La bastide de Saint-Clar fut fondée en 1274 par acte de paréage entre le roi d'Angleterre et l'évêque de Lectoure. En parcourant les rues étroites aux maisons à colombages vous croiserez deux places à cornières et aboutirez sur la place principale où se dresse une remarquable halle du XIIIe siècle. L'ancienne église de la même époque avec son clocher roman trilobé ne sert plus de lieu de culte. Elle a été remplacée par une église plus récente donnant sur un vaste parvis. Saint-Clar est aussi la capitale de l'ail blanc de Lomagne qu'elle célèbre sur son marché tous les jeudis matins et chaque début août avec une grande fête populaire.

LA MAISON DE L'AIL

Barban
✆ 07 69 84 76 68
www.maison-de-lail.com
Ouvert du lundi au samedi de 14h30 à 17h30. Fermé du 15 octobre au 15 juin.

Producteurs d'ail blanc de Lomagne, Francis et Marie Gamot ont transformé un vieux chai de ferme en musée-boutique. Celui-ci permet de découvrir les spécificités de cet ail bénéficiant d'une IGP et ses bienfaits. Une salle vidéo permet de visualiser le cycle complet de sa culture, du semis à la commercialisation. Dans la grande salle, des tresses, mais aussi des recettes de terroir, des conserves et même des sculptures en peau d'ail vous attendent. L'escapade est d'autant plus agréable que la Maison de l'Ail se trouve en plein cœur de la campagne lomagnole.

MUSÉE DE L'ÉCOLE PUBLIQUE ★

1, rue de la Poste
✆ 05 62 66 32 78
www.musee-ecole-publique.fr
En été, ouvert du mardi au samedi de 14h à 19h et le jeudi de 10h à 12h. Entrée : 6 € ; 4 € entre 6 et 16 ans.

Installé dans les bâtiments de l'ancienne école communale de Saint-Clar, ce musée présente une riche collection d'objets scolaires de la Révolution française jusqu'aux années 1960. Lors de la visite, on se plonge dans la reconstitution d'une classe très « IIIe République », on regarde des photos d'un autre temps, on feuillette de vieux manuels. Des animations sont régulièrement organisées, comme la lecture de contes ou les épreuves du certificat d'études.

MARCHÉ DE SAINT-CLAR

Place du village
✆ 05 62 66 40 45
www.mairie-st-clar.com
Toute l'année le jeudi et le samedi matin sous la halle

Tous les jeudis et les samedis matin, producteurs, commerçants et chalands s'installent sous la halle de Saint-Clar. On vient des hameaux et villages avoisinants pour faire le plein de produits frais : légumes, fruits, volailles. En été, le cortège des camelots rejoint le bataillon des producteurs. Ils animent le centre du village, lui donnant un air joyeux et bon enfant. Le marché bat son plein au moment de la fête de l'ail début août. Les producteurs de l'ail blanc de Lomagne y font étalage de leurs tresses de têtes d'ail, à ramener en souvenir.

LA GARLANDE €€

12, place de la Mairie
✆ 05 62 66 47 31
www.lagarlande.com
Compter de 75 € à 108 € pour une chambre double, petit déjeuner compris. Fermé de début novembre à fin avril.

Cette grande maison de maître du XVIIIe siècle fait face à la halle classée du XIIIe siècle. Sous les arcades se cachent trois belles chambres et un jardin de curé fleuri. Baignée de lumière, la maison révèle des éléments anciens préservés, comme les tommettes, le parquet craquant ou l'escalier en pierre. Il flotte dans l'air un doux parfum de vacances, de celles où l'on descend avec sa pile de livres délaissée dans l'année, faute de temps. La chaise longue sous les lilas ou le vieux rosier blanc vous attend pour une sieste ou un verre à l'heure de l'apéro.

PLIEUX

Cet ancien village fortifié s'est développé autour de son remarquable château du XIVe siècle construit en position dominante et s'est ensuite allongé à l'est, c'est-à-dire vers l'église. Cette dernière est d'un caractère plutôt unique en son genre, avec un superbe clocher du XVe siècle, tout en pierre, jusqu'à la pointe de sa flèche ! Plieux est un charmant petit village, qui vaut le coup d'œil. Il s'en dégage une atmosphère de bien-être et de vie douce. Vous pourrez flâner dans ses ruelles typiques en admirant la belle vue sur le château, la véritable star du village, dans un cadre enchanteur, où la nature n'a pas perdu tous ses droits.

© MAIRIE DE SAINT CLAR

© MAIRIE DE SAINT CLAR

© MAIRIE DE SAINT CLAR

MAIRIE DE SAINT-CLAR

2, Place de la Mairie ✆ 05 62 66 40 45
www.mairie-st-clar.com/

Mairie ouverte le lundi, le mardi et le jeudi de 8h à 17h ; le mercredi de 8h à 12h ; le vendredi de 8h à 16h.

Premier centre de production d'ail du Gers, Saint-Clar est un joli village de 1 087 habitants, surplombant la vallée de l'Arratz et situé au nord-est de Fleurance au milieu de coteaux. Le village vous charmera par son patrimoine médiéval avec ses halles, ses deux places à arcades, l'église Sainte-Catherine, le jardin des quatre saisons ou encore le palais de l'évêque accueillant aujourd'hui la médiathèque. L'été, Saint-Clar est animé par des concerts et des représentations théâtrales ainsi que des soirées gourmandes sur les places. Un village à absolument découvrir !

© MAIRIE DE SAINT CLAR

© MAIRIE DE SAINT CLAR

CHÂTEAU DE PLIEUX

Au village ✆ 05 62 28 60 86
www.renaud-camus.net/chateau-de-plieux
Visites sur rendez-vous hors saison d'été. Se renseigner sur le site internet. Entrée : 5 € ; tarif réduit : 3 €.

Entre Lectoure et Miradoux, ce château surplombe les collines de Lomagne depuis 1340. Parmi les dernières citadelles gasconnes à avoir été construites, elle est dotée de deux tours : la tour Sainte-Mère et la tour Saint-Clar, dont seule la première a conservé sa hauteur d'origine. L'ensemble a été remanié à plusieurs reprises, avec l'ouverture de fenêtres notamment. Sachez que le château est désormais la propriété de l'écrivain sulfureux Renaud Camus, qui en a fait un centre d'exposition d'art contemporain, détenant notamment le fonds Jean-Paul Marcheschi.

FLAMARENS

C'est un tout petit village, intrigant, sur le chemin de Saint-Jacques-de-Compostelle, aux portes du Tarn-et-Garonne. On y passe nécessairement en empruntant la sortie « Lectoure » de l'A62. Perché sur sa colline, il vaut vraiment le détour, ne serait-ce que pour ses vues sur la campagne. Il a été fondé au Moyen Âge, mais des vestiges de villas gallo-romaines prouvent que les lieux ont été habités très tôt. Aujourd'hui, ce beau village abrite toujours un superbe château, où sont régulièrement organisés des concerts de qualité, ainsi qu'une très ancienne église du XIVe siècle, dont le clocher-mur à fenêtres géminées devrait vous surprendre.

MIRADOUX

Perché sur un promontoire, Miradoux jouit d'une position dominante parfaite pour contempler les vallons de la Lomagne gersoise. Sa belle église, sa halle, ses maisons à colombages, ses vieilles pierres lui assure un charme authentique qui vous séduira. Traversée par le chemin de Compostelle, la petite cité accueille les pèlerins en provenance de Saint-Antoine. Des parcours de randonnées permettent de découvrir les environs et en particulier « les haies paysagères ». Celles-ci représentent un atout écologique inégalable pour l'amélioration et la protection des cultures et des sols, mais aussi pour le développement des écosystèmes locaux.

BRASSERIE VAILLANT-FOURQUET

Rounac
✆ 06 46 35 42 45
www.vaillant-fourquet.com
Ouvert du lundi au vendredi de 9h à 18h.

Nicolas, Yann et Sébastien ont découvert la bière pendant leurs années étudiantes à Amiens et Lille. Ils l'ont tellement aimée, qu'ils ont décidé de devenir brasseurs. Ils s'installent à Miradoux en 2012 et s'équipent d'un brassin de 100 litres. Ni trop grand, pour pouvoir continuer de brasser à la main, ni trop petit, pour pouvoir satisfaire les fans. Les trois compères perpétuent une tradition de bonnes bières bio, non filtrées, non pasteurisées et refermentées en bouteille.

CHÂTEAU DE FLAMARENS ★

22, Village
✆ 06 20 30 03 52
http://chateaudeflamarens.org
Ouvert du 1er juillet au 31 août. Tous les jours sauf le mardi. 10h-13h et 15h-18h. Visite guidée 5€ (45 mns).

Ce château impressionnant est représentatif du style gascon : massif, imposant voire austère. Il est construit au XIIIe s. pour être apporté en dot à la nièce du Pape Clément V. Il est d'abord utilisé comme forteresse durant la guerre de Cent Ans avant de passer entre les mains de Jean de Grossoles en 1466. Ce dernier va lui donner l'aspect d'un vrai château en ajoutant un donjon qui abrite aujourd'hui l'escalier à vis et un corps de logis. En 1535, Barnard de Grossoles fait construire une tour de 12 mètres reposant sur les deux pièces de la structure originelle. Mais c'est réellement aux XVIIe et XVIIIe s. que le château va connaître son apogée. Il devient alors demeure d'agrément et n'a plus guère de fonction défensive. Des décors somptueux sont conçus avec des plafonds en gypse, des colonnes en marbres, des caissons peints... En 1878, la lignée des 15 seigneurs-marquis de Grossoles s'éteint avec la mort de Jules Alexandre qui ne laisse aucun héritier. Le château est acheté 4 ans plus tard par la famille Galard-Magnas qui l'occupe jusqu'au milieu des années 20. Mais elle est obligée de l'abandonner pour cause de toitures en mauvais état. N'ayant pas les moyens de les faire réparer, la famille de Galard essaye de vendre l'édifice sans succès. En 1963, il est racheté par un dentiste parisien, qui fait classer le bâtiment monument historique dans son entièreté. Il entame les travaux de sauvegarde avant que le propriétaire actuel ne s'en saisisse en 1983 et entreprend des travaux de restauration régulièrement.

LOMAGNE

ORGANISER SON SÉJOUR

Le plus « compliqué » pour organiser un séjour dans le Gers est d'y arriver. Le territoire demeure assez enclavé, les réseaux de transport sont peu denses : pas d'autoroute, pas d'aéroport (le plus proche est celui de Toulouse-Blagnac, à une demi-heure de route), peu de gares, et une seule quatre-voies. Mais c'est ce qui fait son charme aussi : dans le Gers, on apprend à prendre son temps. Une fois les difficultés du transport et de l'arrivée résolues, le reste est beaucoup plus simple. Les possibilités d'hébergement sont nombreuses et variées, de la chambre d'hôte de charme à l'hôtel-spa de luxe, en passant par le gîte pèlerin, le camping, la location saisonnière ou la roulotte. Il y en a pour tous les goûts et toutes les bourses, ce qui constitue un atout non négligeable quand vient l'heure de définir son budget pour les vacances. Les offices de tourisme vous réserveront un accueil chaleureux et sauront vous guider.

S'Y RENDRE

Le Gers est un département très rural, et soyons honnêtes, assez mal desservi. Le plus simple est donc d'y venir en voiture ou d'en louer une à votre arrivée à l'aéroport ou à la gare. Elle vous sera de toute façon nécessaire pour vous ravitailler et entreprendre des visites. Le Gers n'est traversé par aucune autoroute. Seule une quatre-voies (non terminée) relie Auch à Toulouse. L'A62, Bordeaux-Toulouse, longe le département sur son flanc Est. Il existe une sortie « Gers-Lectoure » entre Agen et Montauban. Si vous décidez de venir en train, il ne demeure plus qu'une seule ligne qui effectue Toulouse-Auch. Les TER marquent l'arrêt dans les villes gersoises traversées : L'Isle-Jourdain, Gimont, Aubiet et Auch. Pour le nord du département, la gare la plus proche est Agen, dans le Lot-et-Garonne. Si vous venez assister au festival Jazz in Marciac dans le sud, il faut alors prendre le train ou l'avion jusqu'à Tarbes.

SNCF CONNECT

www.sncf-connect.com

SNCF Connect, le site et l'application qui vous permettent d'organiser vos voyages. Pensez à bien réserver vos billets de train le plus tôt possible afin de les obtenir au meilleur prix. Ainsi, en plus de l'achat de billets, vous pouvez acheter des cartes de réduction qui valent le détour : par exemple, la carte Avantage à 49 € (Carte Jeune, Adulte et Senior) permet de bénéficier de 30 % de réduction sur vos voyages, ainsi que d'une réduction supplémentaire pour les enfants accompagnants. Elle est rentabilisée dès le trajet suivant le premier aller-retour.

AÉROPORT DE TOULOUSE-BLAGNAC

✆ 08 25 38 00 00

www.toulouse.aeroport.fr

Point info ouvert tous les jours 6h-22h, niveau arrivées Hall C.

Situé à moins de 30 minutes de route du département du Tarn, l'aéroport Toulouse-Blagnac permet de rejoindre plusieurs destinations internationales et nationales en quelques heures. Il est très facile d'accéder à la gare de Toulouse-Matabiau depuis le réseau ferré tarnais. Depuis la gare, le métro toulousain ou la navette de l'aéroport vous amènera jusqu'à l'aéroport de Toulouse-Blagnac en dizaines de minutes. L'aéroport est moderne et à taille humaine.

GARE SNCF DE AUCH

Avenue Pierre-Mendès-France - **AUCH**

✆ 36 35

www.ter.sncf.com

Gare ouverte du lundi au samedi de 5h50 à 22h et les dimanches et jours fériés de 8h à 22h.

La gare de Auch assure des liaisons régulières de trains TER avec Toulouse, via l'Isle-Jourdain et Colomiers. Toutes les autres liaisons ferroviaires ont été supprimées dans le Gers. Par conséquent, le seul moyen de se déplacer dans le département en utilisant les transports publics est l'autocar. La gare est équipée d'un distributeur automatique de titre de transport, d'un parking de 51 places et d'accroche-vélos. Le service « Accès Train LIO » pour les personnes en situation de handicap est disponible gratuitement en réservant au moins 48 heures à l'avance.

AÉROPORT INTERNATIONAL DE TARBES-LOURDES-PYRÉNÉES

BP3, Route de l'aéroport

JUILLAN

✆ 05 62 32 92 22

www.tlp.aeroport.fr

Parking 750 places.

L'aéroport de Tarbes-Lourdes-Pyrénées est tout indiqué si vous vous rendez dans le sud du Gers comme au festival Jazz in Marciac. Air France assure une liaison avec Paris-Orly trois fois par jour. Cet aéroport est le deuxième plus grand de l'ancienne région Midi-Pyrénées. Par conséquent, vous y trouverez tous les services nécessaires à un atterrissage en douceur : restauration, bar, location de voiture, transports publics. L'aéroport dessert aussi de nombreuses destinations en Europe.

SE DÉPLACER

Une voiture vous sera indispensable dans le Gers, d'autant plus si vous souhaitez visiter et vous ravitailler en croissants le matin et en fruits et légumes frais sur les marchés. Vous trouverez les loueurs de voiture traditionnels à la sortie des gares et des aéroports. Auch, le chef-lieu du Gers, est relié à ses sous-préfectures et les cités incontournables du département par un service de bus maintenu par la région. Ainsi, il existe une ligne Auch-Agen (calée sur les horaires de TGV et de TER) qui traverse Fleurance et Lectoure, Auch-Tarbes qui traverse Mirande et Miélan, Auch-Aire-sur-l'Adour qui traverse Vic-Fezensac et Nogaro, Auch-Toulouse qui dessert Gimont et L'Isle-Jourdain. Parcourant les vallons et les collines, les petites routes de campagne sont vraiment bucoliques et agréables mais bien souvent sinueuses et la vue est bouchée par les arbres et les champs de tournesol. Prudence.

CARS DETHOMAS

23, rue de la République
L'ISLE-JOURDAIN
✆ 05 62 07 87 85
www.voyagesdethomas.com
Tarifs selon devis.

Depuis plus de 50 ans, la société de transport en autocar Cars Dethomas à L'Isle-Jourdain est spécialisée dans le transport scolaire, touristique, privé, professionnel et conventionné. Que ce soit pour du ramassage scolaire régulier ou l'organisation d'un voyage scolaire, ses véhicules et son personnel formé et expérimenté sont en mesure de prendre en charge tous les types de demandes, pour des trajets vers les établissements scolaires de la région, mais également pour des voyages scolaires en France, en Europe et à l'étranger.

POINT LOC BY ADA AUCH

27, Rue Federico Garcia Lorca
AUCH
✆ 05 62 05 66 40
Ouvert du lundi au vendredi de 8h à 12h et de 14h à 18h (à 9h le lundi).

Dans la zone d'activité de Auch, vous retrouvez un des leader de la location de proximité : Point Loc by Ada, la franchise d'une marque reconnue dans le domaine. Afin de vous déplacer sans contraintes, vous avez le choix parmi plusieurs catégories de véhicule, allant du tourisme à l'utilitaire. Citadine, berline, minibus aménagé et même super éco, vous trouverez forcément votre bonheur. La location se fait suivant vos besoins, à l'heure, à la journée, ou même directement livrée à votre lieu de résidence si celui-ci correspond à la zone définie.

EUROPCAR

2, avenue de la Marne
AUCH
✆ 05 62 60 09 19
Ouvert du lundi au vendredi de 8h à 12h et de 14h à 18h ; le samedi de 9 à 12h et de 14h à 17h.

Ce franchisé Europcar propose différentes voitures de tourisme à la location, pour une journée, une semaine… voire plus ! La flotte des véhicules disponibles est récente (engagement d'Europcar), tandis que vous bénéficierez d'un service rapide et, si besoin, d'une assistance routière 24h/24. Au cas où les horaires d'ouverture ne vous conviendraient pas, vous pouvez vous mettre d'accord avec l'agence pour trouver un autre créneau (moyennant supplément). Sinon, le groupe Europcar s'efforce d'être le plus transparent possible quant aux prix et conditions.

AUSCITAIN TAXI

13, route d'Engachies
AUCH
✆ 06 09 35 49 35
https://www.auscitaintaxi.fr/
24h/24 et 7jr/7.

La compagnie Auscitain Taxi dispose de 3 véhicules confortables et spacieux pour vos trajets à Auch et sa région. Ils sont disponibles 24h/24 et tous les jours de la semaine, sur réservation. La compagnie agréée par la CPAM peut vous conduire à vos rendez-vous hospitaliers et s'occupe des démarches administratives pour vous. Elle peut aussi vous emmener faire la fête (mariage, festival, concert, bandas…) et vous ramener en toute sécurité afin que vous profitiez pleinement de l'évènement. Enfin, la compagnie a passé un partenariat avec des hôtels de la région.

S'INFORMER

Le Gers, quelque peu oublié entre les pôles d'attraction que sont les Pyrénées au sud et l'océan à l'ouest, peut sembler indolent de prime abord. Pourtant, il s'y passe toujours quelque chose, surtout en été. Les festivals, expositions et manifestations culturelles sont nombreux et prennent place dans les villes comme dans les villages. Rien de tel pour s'informer sur les événements à venir que les offices de tourisme qui effectuent un formidable maillage territorial et se font l'écho des bruissements ruraux. Le Gers compte également des stations de radio locales et un ou deux « canards ». *La Dépêche du Midi* édite des versions localisées, *Le Journal du Gers* rapporte les infos locales toutes les semaines et *Le Canard gascon*, un gratuit, se fait le reflet d'un territoire qui bouge toute l'année. Côté radio, Hit FM 32 est sans conteste celle qui vous faut écouter pour vous tenir au courant en direct. Elle dispose de quatre fréquences.

LA DÉPÊCHE DU MIDI

FOIX ✆ 05 61 05 45 00

www.ladepeche.fr

Quotidien papier ou web.

C'est évidemment le quotidien de cette région, et cela dure depuis plus de cent ans. Plus qu'un journal, c'est une institution, une habitude, un rituel dans certains cafés. En dehors des informations nationales et régionales, plusieurs pages sont entièrement consacrées au département que vous visitez : spectacles, faits divers, politique, petites infos ou grands événements. Indispensable pour savoir ce qui se passe au quotidien. Le site Internet reprend également quelques articles locaux. Sur abonnement, accès à des reportages et aux vidéos en ligne.

HIT FM 32

✆ 05 82 95 62 62

www.hit-radio.fr

92.3 FM à Auch, Mirande sur le 99.9 ; Fleurance sur le 96.4 ; L'Isle-Jourdain ; 92.4 ; Agen sur le 92.4

La station locale gersoise Hit FM 32 dispose de 5 fréquences, à Auch, Mirande, Fleurance, L'isle Jourdain et Agen. Tous les matins, une émission spéciale vous réveille dans la bonne humeur, avec un flash info tous les quarts d'heure qui fait le point sur l'actu, l'info trafic et les meilleurs hits. L'après-midi, musique et infos rythment la journée. Entre informations locales, sport, une belle *playlist* et des sketchs humoristiques, la station gasconne offre une jolie variété de programmes avec une large place à l'actualité locale et régionale.

CDT DESTINATION GERS

3, boulevard Roquelaure

AUCH

✆ 05 62 05 95 95

www.tourisme-gers.com

Ouvert du lundi au vendredi de 8h30 à 13h et de 14h à 17h30.

Pour organiser votre séjour dans le Gers ou une fois sur place, le Comité Départemental du Tourisme Destination Gers saura vous inspirer. Idées de circuits, agenda des manifestations, patrimoine, rendez-vous culturels, hébergements, restauration, gastronomie, activités loisirs : vous y trouverez toute l'offre touristique détaillée. Destination Gers promeut le tourisme durable à travers sa brochure « Terra Gers®, l'expérience slow tourisme ». Elle rassemble les prestataires engagés dans cette démarche et qui en partagent les valeurs.

LE JOURNAL DU GERS

www.lejournaldugers.fr

Journal d'information en ligne, sans abonnement, consultation gratuite.

Avec une diffusion uniquement en ligne, *Le Journal du Gers*, créé par d'anciens correspondants du quotidien *Sud-Ouest*, est le partenaire d'une information en temps direct et réactive par ville et par village. Politique, faits divers, sports, économie, culture : il est assez complet pour assurer une vitrine efficace de l'actualité de la Gascogne tout en proposant quelques articles d'envergure nationale. On apprécie surtout son esprit micro-local. Idéal pour ne rien manquer de ce qui se passe sur le lieu de vos vacances, cliquer c'est s'informer !

Communauté de communes du BAS-ARMAGNAC

Toutes les sensations se vivent en Bas-Armagnac !

- Sentiers de randonnée
- Chemin de Compostelle
- Monuments historiques (Castet de Ste Christie d'Ac, château d'Espas, Collégiale à Nogaro, etc.)
- Musée du Paysan Gascon
- Ferme aux Cerfs et aux Sangliers
- Palmeraie du Sarthou
- Course landaise
- Circuit de Nogaro (courses auto, moto, camion et initiation conduite)
- Aéroclub
- Armagnac, floc et autres spiritueux
- Foie gras et conserverie à la ferme et sur le marché de Nogaro (mercredi et samedi matin), Le Houga et Caupenne (dimanche matin)
- Clubs sportifs
- Associations culturelles
- Tissu économique riche
- Les echapeés curueuse, programmation culturelle estivale

Découvrez toutes les richesses du Bas-Armagnac sur

www.cc-basarmagnac.fr

@ccbasarmagnac

Partagez vos découvertes sur Instagram avec #basarmagnac

@ccbasarmagnac

Communauté de communes du Bas-Armagnac
77, rue Nationale
32110 NOGARO
05.62.69.01.16
www.cc-basarmagnac.fr

LE PETIT JOURNAL DU GERS

✆ 05 63 20 80 00

www.lepetitjournal.net

Hebdomadaire de 40 pages, parution le vendredi, 1,50 €.

C'est dans le Tarn-et-Garonne que *Le Petit Journal* est né en 1995, son siège est à Montauban. L'hebdomadaire a fait son apparition dans le Gers en 2003 et, s'appuie sur un riche réseau de correspondants. Une belle place est laissée aux photos. Une excellente source d'infos locales. Vous aurez les horaires des messes, les assemblées générales, tout ce qui concerne la vie du monde agricole et bien d'autres sujets encore, notamment les animations et les sorties incontournables. Tous les vendredis en kiosque et dans de nombreux commerces.

SUD RADIO

104, avenue du Président-Kennedy

PARIS (16ᵉ) ✆ 08 26 30 03 00

www.sudradio.fr

Fréquence FM Gers : 102.

Née dans les années 1960 en Andorre, la station Sud Radio n'a cessé de se développer. Allongeant ses ondes tout d'abord dans le Sud-Ouest, elle a conquis l'Ile-de-France, et donc Cergy-Pontoise et ses environs, en 2011. La radio propose un programme de débats et de libre expression. L'animation est assurée par des personnalités reconnues. Enfin, même si elle émet dorénavant exclusivement de Paris, elle conserve une journaliste correspondante à Toulouse et reste fidèle à l'Ovalie en faisant une large part aux retransmissions de matches de rugby.

RADIO 100 POUR 100

www.centpourcent.com

Auch : 106.9 ; Condom : 88.8 ; Mirande : 106.9 ; Lectoure : 106.9.

Radio 100 %, radio locale, couvre l'ensemble du sud-ouest, avec des éditions décentralisées en plusieurs secteurs pour épouser au plus près les départements et l'actualité locale. Fort logiquement, la Gascogne tient toute sa place ! Ainsi diverses fréquences locales agrémentent le tout, afin d'offrir une information calibrée sur mesure aux nombreux auditeurs de la station. Le département du Gers n'est pas oublié avec la fréquence d'Auch, chef-lieu départemental et siège archiépiscopal. La bonne antenne pour se tenir au courant de l'actualité du Savès gersois.

RADIO D'ARTAGNAN

Avenue Perie

NOGARO

✆ 05 62 69 06 66

www.radiodartagnan.com

Fréquences : 97.6 ; 95.1 et 104.00

Courageuse et tenace comme le célèbre mousquetaire, Radio d'Artagnan a commencé à diffuser en 1986 depuis une petite caravane munie d'une antenne. De nombreux bénévoles mettent depuis la main à la pâte pour faire perdurer cette radio locale et associative qui diffuse des musiques de toutes les époques, avec des tranches réservées aux années 1960-1970 et 1980-1990. Aujourd'hui, Radio d'Artagnan perdure comme radio en ligne appréciée dans les coteaux, tout particulièrement pour les moments consacrés aux informations et traditions locales.

RADIO COTEAUX

SAINT-BLANCARD

✆ 05 62 66 92 25

www.radiocoteaux.com

Fréquences : 104.5 FM et 97.7 FM

Le village de Saint-Blancard, dont le château domine les vallons gersois, abrite les locaux d'une petite radio associative du terroir. Cette radio originale, aux sons différents, met en avant de jeunes artistes méconnus et traite nombreux sujets autour de l'emploi, l'écologie, l'agriculture, l'art, la langue et la littérature... Des groupes de musique sont régulièrement invités, pour des entretiens pouvant être réécoutés en podcast. Une radio authentique complétée par un site Internet très riche et illustré. Un vrai magazine de terroir.

TOUTE L'HISTOIRE

www.toutelhistoire.com

Toute l'Histoire est assurément la plus connue des chaînes historiques hexagonales. Initialement lancée sur l'un des premiers bouquets satellite, elle est aujourd'hui reçue également sur les nombreuses box. Elle propose des documentaires historiques mais aussi des films et des témoignages pour explorer tous les évènements de notre histoire et, pour compléter sa grille, elle diffuse également des reportages sur des sujets n'ayant pas de relations directes avec l'Histoire, mais plus sociétales, à l'image des affaires criminelles, etc.

INDEX

EDITION

Directeurs de collection et auteurs : Dominique AUZIAS et Jean-Paul LABOURDETTE

Responsable d'édition : Anne DUCOS

Auteurs : Samantha ROCHER, Astrid LATAPIE, Julien PATUREAU DE MIRAND, Pierre LEOUTRE, Aude PINSOLLE, Hermance HITTE, Marine PUERTOLAS, Philippe DE LACVIVIER, Oïhana IGOS, Jean-Paul LABOURDETTE, Dominique AUZIAS et alter

Directeur Editorial : Stéphan SZEREMETA

Rédaction France : Briséis TEMPLE-BOYER, Audrey VEDOVOTTO, Marie VIGNERON, Nicolas WODARCZAK, Mélanie PEILLET

Rédaction Monde : Laure CHATAIGNON, Morgane VESLIN, Pierre-Yves SOUCHET, Natalia COLLIER, Julie BEZ

FABRICATION

Maquette et Montage : Romain AUDREN, Julie BORDES, Delphine PAGANO

Iconographie et Cartographie : Anne DIOT, Julien DOUCET

WEB ET NUMERIQUE

Directeur Web : Louis GENEAU DE LAMARLIERE

Technical Project Manager : Hervé MARION

Développeurs : Guillaume BARBET, Adeline CAUX

Intégrateur Web : Mickael LATTES, Antoine DION

Webdesigner : Caroline LAFFAITEUR

Community Traffic Manager : Alice BARBIER, Noémie LE SAUX

Content Manager : Aliénor de PERIER

DIRECTION COMMERCIALE

Directeur commercial : Guillaume VORBURGER

Coordinatrice des Régies commerciales : Manon GUERIN

Account Manager Marketplace : Leila ROUGEOT

Responsable Régies locales : Michel GRANSEIGNE

Responsables Développement régie inter : Jean-Marc FARAGUET et Guillaume LABOUREUR et Camille ESMIEU

Assistante commerciale Régie internationale : Leila ANTRI-BOUZAR

Chefs de Publicité Régie nationale : Caroline AUBRY, François BRIANCON-MARJOLLET, Perrine DE CARNE MARCEIN et Jonathan TOUTOUX

DIFFUSION ET PROMOTION

Directrice des Ventes : Bénédicte MOULET assistée d'Aissatou DIOP

Responsable des ventes : Jean-Pierre GHEZ assisté de Nelly BRION

Relations Presse-Partenariats : Jean-Mary MARCHAL

ADMINISTRATION

Président : Jean-Paul LABOURDETTE

Directrice des Ressources Humaines : Dina BOURDEAU assistée de Sandra DOS REIS et Eva BAELEN

Directrice Administrative et Financière : Valérie DECOTTIGNIES

Comptabilité : Guillaume PETIT, Aminata BAGAYOKO, Jeannine DEMIRDJIAN, Adama DIABY

Recouvrement : Fabien BONNAN assisté de Sandra BRIJLALL

Responsable informatique : Elie NZUZI-LEBA

PETIT FUTÉ GERS GASCOGNE

LES NOUVELLES EDITIONS DE L'UNIVERSITE
18, rue des Volontaires - 75015 Paris.
✆ 01 53 69 70 00 - Fax 01 42 73 15 24
Internet : www.petitfute.com
SAS au capital de 1 000 000 € - RC PARIS B 309 769 966
Couverture : Statue de d'Artagnan à Auch © Oleg Mit - Shutterstock.com
Impression : IMPRIMERIE CHIRAT - 42540 Saint-Just-la-Pendue
Achevé d'imprimer : juin 2023
Dépôt légal : 15/07/2023
ISBN : 9782305093475

Pour nous contacter par email, indiquez le nom de famille en minuscule suivi de @petitfute.com
Pour le courrier des lecteurs : info@petitfute.com

IMPRIMÉ EN FRANCE

H

I

J

L

M